Hieroglyphenschlüssel

Petra Vomberg und Orell Witthuhn

Hieroglyphenschlüssel

Entziffern · Lesen · Verstehen

Mit einer Schreibfibel
von Johanna Dittmar

2008
Harrassowitz Verlag · Wiesbaden

Umschlagabbildung: Hieroglyphen aus Glaspaste, eingelegt in den Kiefernsarg des Petosiris aus Tuna el-Gebel (Kairo, Ägyptisches Museum JE 46592)

Bibliografische Information der Deutschen Nationalbibliothek
Die Deutsche Nationalbibliothek verzeichnet diese Publikation in der Deutschen Nationalbibliografie; detaillierte bibliografische Daten sind im Internet über http://dnb.d-nb.de abrufbar.

Bibliographic information published by the Deutsche Nationalbibliothek
The Deutsche Nationalbibliothek lists this publication in the Deutsche Nationalbibliografie; detailed bibliographic data are available in the internet at http://dnb.d-nb.de.

Informationen zum Verlagsprogramm finden Sie unter
http://www.harrassowitz-verlag.de

ISBN 978-3-447-05286-3

Inhalt

Abbildungsnachweise VIII

1 Vorwort IX

2 Benutzerhinweise XI

2.1 Aufbau der Seite XIII
2.2 Terminologie XV
2.3 Abkürzungen und Begriffe XVII
2.4 Das ägyptologische Alphabet XIX

3 Einführung XX

3.1 Die Sprache XX
3.2 Die Schrift und Schriftprinzipien XXVIII
3.3 Paläografie und Epigrafik XLIV
3.4 Die Entzifferung der Hieroglyphen L

Danksagung LVIII

Liste der Zeichen nach Gruppen A–Aa LIX

Liste der Zeichen nach Klassifikationen/
Sign list of classifications

A. Der Mann und seine Tätigkeiten/
A. Man and his Occupations 1
B. Die Frau und ihre Tätigkeiten/
B. Woman and her Occupations 33
C. Menschengestaltige Gottheiten/
C. Anthropomorphic Deities 37

D. Teile des menschlichen Körpers/
D. Parts of the Human Body 46
E. Wirbeltiere (Vertebrata): Säugetiere (Mammalia)/
E. Vertebrates: Mammals 87
F. Teile von Säugetieren/
F. Parts of Mammals 104
G. Wirbeltiere (Vertebrata): Vögel (Aves)/
G. Vertebrates: Birds 136
H. Teile von Vögeln/
H. Parts of Birds 165
I. Wirbeltiere: Reptilien und ihre Teile sowie Amphibien/
I. Vertebrates: Reptiles and Parts of Reptiles, Amphibians 171
K. Wirbeltiere (Vertebrata): Fische (Pisces) und ihre Teile/
K. Vertebrates: Fish and Parts of Fish 179
L. Wirbellose (Evertebrata)/
L. Invertebrates 183
M. Pflanzen, -teile und landwirtschaftliche Produkte/
M. Plants, Parts of Plants and Agricultural Products 187
N. Himmel, Erde, Wasser/
N. Sky, Earth, Water 216
O. Architektur/
O. Architecture 245
P. Schiffe und ihre Teile/
P. Ships and Parts of Ships 273
Q. Mobiliar/
Q. Furniture 282
R. Tempelausstattung und Embleme/
R. Temple Furnishings and Emblems 287
S. Kronen, Kleidung, Accessoires/
S. Crowns, Clothing, Accessories 300
T. Krieg, Jagd, Schlachtung/
T. Warfare, Hunting, Butchery 331
U. Landwirtschaft, Handwerk und andere Berufe/
U. Agriculture, Crafts and other Professions 355

V. Seile, Fasern, Körbe/
V. Robes, Fibres, Baskets 383
W. Gefäße/
W. Vessels 405
X. Brot und Kuchen/
X. Loaves of Bread and Cakes 421
Y. Schreiben, Spiele, Musik/
Y. Writing, Games, Music 427
Z. Striche, Geometrisches und entlehnte Zeichen/
Z. Strokes, Geometrical Figures and Hieratic Signs 432
Aa. Unklassifiziertes/
Aa. Unclassified 439

Listen und Aufstellungen 447

Suchliste I: schmale Halbzeichen/
Selection of Signs I: Tall Narrow Signs 447
Suchliste II: flache Halbzeichen/
Selection of Signs II: Low Broad Signs 450
Suchliste III: Viertelzeichen/
Selection of Signs III: Low Narrow Signs 454
Suchliste IV: Voll- und Dreiviertelzeichen/
Selection of Signs IV: Square Signs 457

Liste der Einkonsonantenzeichen 462
List of Uniconsonantal Signs 462
Liste der Zweikonsonantenzeichen 463
List of Biconsonantal Signs 463
Liste der Drei- und Vierkonsonantenzeichen 467
List of Triconsonantal and Fourthconsonantal Signs 467
Liste der Zahlzeichen 470
List of Numerals 470

Johanna Dittmar: Hieroglyphen-Schreibfibel

Benutzerhinweis 471
Zeichen A1–V32 472

Abbildungsnachweise

2 (S. XVII): Hieratische Papyrus aus den Königlichen Museen zu Berlin. Herausgegeben von der Generalverwaltung. Dritter Band: Schriftstücke der VI. Dynastie aus Elephantine, Zaubersprüche für Mutter und Kind, Ostraka. Leipzig: J. C. Hinrichs'sche Buchhandlung, 1911.

3.1 (S. XXI): Digitale Bearbeitung nach P. Kaplony, Steingefässe mit Inschriften der Frühzeit und des Alten Reichs (Monumenta Aegyptiaca; 1). Bruxelles 1968, S. 25 (Nr. 11).

3.2 (S. XXI): Orell Witthuhn, Herzberg a.H.

3.3 (S. XXII): Jesús López, Ostraca ieratici N. 57450 – 57568, Tabelle lignee N. 58001 – 58007 (Catalogo del Museo Egizio di Torini; Serie seconda – Collezioni, Volume III – Fascicolo 4), Milano 1984, Tav. 204 (57366 recto), Abdruck mit freundlicher Genehmigung des Museo Egizio di Torini.

3.4 (S. XXX): Orell Witthuhn, Herzberg a.H.

3.5 (S. LI): Orell Witthuhn, Herzberg a.H.

3.6 (S. LIV): Orell Witthuhn, Herzberg a.H.

Anmerkung

Wir bitten diejenigen, die sich unserer Benennungen oder der Sortierung anschließen möchten, als Zitat die Abkürzung VWL mit anschließender Seitenzahl und Unterziffer (ggf. die Gardiner-Zeichen Abkürzung) zu verwenden, z. B. für : VWL 1 (VWL 1/A1), für : VWL 4.2 (VWL 4.2/A6) oder für : VWL 127.2 (VWL 127.2/F40).

1 Vorwort

Das Hieroglyphisch-Ägyptische, die Bildschrift der Pharaonen, welche mehr als 3000 Jahre in Gebrauch war, hat Menschen aller Epochen fasziniert. Bereits Herodot, Platon, Diodor oder Tacitus beschäftigten sich, freilich nur in Nebenbemerkungen, mit Herkunft und Verwendung der ägyptischen Schriftzeichen. Vieles davon ist erraten, einiges mystifiziert, anderes sogar frei fantasiert. Mit dem Sterben der altägyptischen Kultur im 5. Jahrhundert n.Chr. ging auch die Kenntnis von der Bedeutung der Hieroglyphen verloren und davon, wie man sie zu lesen hatte. Die Suche hiernach wird wie eine Suche nach dem Ursprung der Welt.

Der *Hieroglyphenschlüssel* soll Studenten der Ägyptologie und am alten Ägypten interessierten Lesern eine Hilfe bei der Beschäftigung mit der Hieroglyphenschrift bieten. Der Band beginnt mit einer allgemeinen Einführung in Sprach- und Schriftentwicklung des Ägyptischen, skizziert die Forschungsgeschichte der Hieroglyphenentzifferung und erklärt die Funktionsweise der hieroglyphischen Schrift. Daran schließt sich auf mehr als 400 Seiten, auf Grundlage der sog. „Gardiner-Zeichenliste", eine überarbeitete Erläuterung der hieroglyphischen Zeichen und ihrer Verwendung anhand von Beispielvokabeln an. Ferner sind Suchlisten und die *Hieroglyphen-Schreibfibel* von Johanna Dittmar als Schreibanleitung der altägyptischen Bildschrift beigegeben.

Didaktisch betreten wir mit diesem Buch Neuland, da wir von den hieroglyphischen Schreibungen und deren Funktion ausgehen. D. h. wir setzen nicht – wie in ägyptologischen Grammatiken oder Wörterbüchern üblich – die wissenschaftliche Umschrift der altägyptischen Bildschrift (Transkription) voraus, sondern haben zu den einzelnen Hieroglyphen Wörter ausgesucht, in denen das entsprechende Zeichen Verwendung findet. Dadurch soll zunächst verdeutlicht werden, wann und wo Hieroglyphen als Lautzeichen, phonetisches Komplement, Deutungs- und Bildzeichen vorkommen können. Erst nach dieser Darstellung der verschiedenen Funktionsweisen gehen wir zur bei Ägyptologen benutzten Transkription über, sodass den Lesern besser verständlich wird, warum und wie die z.T. sehr divergenten Lese- und Schreibmöglichkeiten zustande kommen. Auch wird für den der Hieroglyphenschrift Leseunkundigen das Auffinden von Wörtern möglich gemacht: die Identifikation nur einer Hieroglyphe über das thematische Verzeichnis oder eine der Suchlisten führt zu mehreren Bedeutungsvorschlägen, mit deren Hilfe z. B. Formeln oder Handlungsbeischriften von Tempelszenen entschlüsselt werden können. Daher ist der *Hieroglyphenschlüssel* bestens benutzbar zur Unterrichtsvorbereitung, zum Selbststudium, als Reisebegleiter in Ägypten oder als Helfer bei Museumsbesuchen.

Im Bereich der Grammatik, Termini und Begriffe sind strikte Vereinfachungen unumgänglich gewesen (Einkonsonantenzeichen statt Ein-Phonem-Graphe; Verzicht auf Allograf etc.); denn leider wechseln die relevanten Begrifflichkeiten von einem Autor grammatischer Lehrbücher zum anderen. Eine ägyptologische Konventionalisierung steht nicht in Aussicht.

Der *Hieroglyphenschlüssel* ist nicht als passives Lehrbuch konzipiert, sondern fordert vom Leser aktive Teilnahme. Wir wollen anregen, sich mit Hilfe dieses Buches einen Grundvokabelschatz zu erarbeiten. Es erleichtert das Erlernen von einzelnen Lautwerten der Hieroglyphen, lehrt ihre Verwendungsweise zu verstehen und vermittelt einen Eindruck vom Variantenreichtum der Schreibungen ein und desselben Begriffs. Nicht nur zu Beginn des Studiums, wenn man den ersten Mittelägyptisch-Kurs absolviert, kann es nützlich sein, den Zeichenschatz zu erlernen, sondern auch während und nach dem Studium ist eine Auffrischung immer wieder hilfreich.

2 Benutzerhinweise

Grundlage für die Anordnung der Zeichen im *Hieroglyphenschlüssel* ist die von Sir Alan Henderson Gardiner in seiner *Egyptian Grammar* (EG) verwendete Klassifizierung von Hieroglyphen. Ausgehend von der Hieroglyphenaufstellung Ferdinand Theinhardts (1820–1909), der als Schriftsetzer für den Buchdruck eine Auswahl der am häufigsten vorkommenden Bildzeichen zusammengestellt hatte, erweiterte Gardiner diese um seiner Meinung nach zusätzlich wichtige Zeichen und versah seine Aufstellung mit Klassifizierungsbuchstaben und durchlaufender Nummerierung. Jede Hieroglyphe besitzt somit in der Aufstellung Gardiners eine eindeutige Zuweisung durch Buchstabe und Zahl (z. B. 𓀀 = A1, 𓅃 = G5). Diese sog. „Gardiner-Zeichenliste" ist zwischenzeitlich erweitert worden. R. Hannig, *Die Sprache der*

> Ferdinand Theinhardt (geboren am 3.5.1820 in Halle, gestorben 15.3.1909 in Berlin). Deutscher Typograph, Orientalist und »Königlich-Preußischer Schriftschneider«. Inhaber der »Ferd. Theinhardt Schriftgiesserei Berlin«. Theinhardt entwarf um 1880 für die wissenschaftlichen Publikationen der »Königlich-Preußischen Akademie der Wissenschaften zu Berlin« die »Royal-Grotesk« in vier Schnitten. Er machte damit die Grotesk in der Berliner Gesellschaft »salonfähig«, die bis dahin als reine Industrieschrift galt. 1908 übernahm die von Hermann Berthold (1831–1904) gegründete H. Berthold AG die Theinhardtsche Schriftgießerei in Berlin. Nach dem Ende der Monarchie (1918) verkaufte die H. Berthold AG die »Royal Grotesk« dann unter der Schriftbezeichnung »Akzidenz-Grotesk (AG mager)«. Diese Akzidenz-Grotesk gilt bis heute als »die Grotesk« schlechthin. Im Bereich der Orientalistik wurde Theinhardt dadurch bekannt, dass er altägyptische Hieroglyphen rekonstruieren und schneiden konnte.
>
> *Beinert, Wolfgang: Typolexikon.de, Das Lexikon der westeuropäischen Typographie, s.v. Theinhardt, Ferdinand (Kurzbiographie).*

Pharaonen. Großes Handwörterbuch Deutsch-Ägyptisch. Hannig-Lexica 3, Mainz 2000, S. 1675–1753 und E. GRAEFE, *Mittelägyptische Grammatik für Anfänger*, Wiesbaden 2001, S. 221–259 haben Ergänzungen in ihre Zeichenlisten aufgenommen, die ebenfalls in den *Hieroglyphenschlüssel* eingeflossen sind. Die Nummerierung der hinzugekommenen Zeichen orientiert sich in den meisten Fällen an der Zeichenliste von N. GRIMAL/ J. HALLOF/ D. VAN DER PLAS, *Hieroglyphica.* Sign list – List des Signes – Zeichenliste, Paris-Utrecht 1993 und an J. BUURMAN/ N. GRIMAL/ M. HAINSWORTH/ J. HALLOF/ D. VAN DER PLAS, *Inventaire des signes hiéroglyphiques en vue de leur saisie informatique*, Paris 1988.

Die Zeichenliste bei Gardiner ist aufgeteilt in Sachgruppen bzw. Kategorien, die Georg Ebers nach einem Entwurf von Theinhardt über den Drucktypenbestand der Buchdruckerei Breitkopf & Härtel (Leipzig) standardisierte (*Liste der hieroglyphischen Typen aus der Schriftgiesserei des Herrn F. Theinhardt.* Berlin, Buchdruckerei der Königl. Akademie der Wissenschaften (G. Vogt), 1875). Sie verläuft vom Lebendigen über das Gegenständliche hin zum Abstrakten. Innerhalb dieser Kategorien sind die einzelnen Zeichen vom Objekt hin zu dessen Teilen angeordnet (z. B. P. Schiffe und Teile von Schiffen), wenn nicht sogar Ganzes und Teile eigene Kategorien bilden (z. B. A. Der Mann und seine Tätigkeiten und D. Teile des menschlichen Körpers). In anderen Kategorien, in denen verschiedene Sachgruppen zusammengefasst wurden (wie z. B. Y. Schreiben, Spiele, Musik), folgen die Zeichen der Anordnung, die in der Überschrift genannt wird. Diese beiden zuletzt genannten grundsätzlichen Anordnungskriterien sind zum Teil durchbrochen worden. So steht z. B. der Kugelfisch  (K7) hinter der Fischschuppe (K6). Gardiners Zeichenliste ist in diesem Buch vereinheitlicht worden. Deshalb wurde die Reihenfolge der Zeichen unter Beibehaltung der Zeichennummer geändert. Hauptkriterium im *Hieroglyphenschlüssel* ist die Erkennbarkeit der Zeichen, wobei Abbildendes vor Abstraktes gesetzt wird: Z. B. ist O10  – eine Kombination aus G5  („Falke“) und O1 („Hausgrundriss“) – der Kategorie „Vögel“

zugeordnet, weil die naturalistische Abbildung des Tieres eher als das nur in Ägypten benutzte Schema „Hausgrundriss“ zu erkennen ist. Bereits Gardiner hatte einige Umstellungen in der Liste vorgenommen, sodass z. B. A59 ( ) hinter A25 ( ) steht. In den *Hieroglyphenschlüssel* sind weitere Veränderungen eingeflossen, die ein leichteres Auffinden unterschiedlicher Zeichen ermöglichen sollen. Daher steht zur besseren Orientierung an der ursprünglichen Position ein Verweis auf seine neue Platzierung.

Gardiner versuchte, jedem Zeichen eine volle Nummer zu geben, selbst wenn das alphanumerisch folgende Zeichen nur eine Variante des vorhergehenden ist, z. B. C4 ( ) und C5 ( ). Allerdings wurden auch Varianten mit Unternummern versehen, wie H6 ( ) und H6a ( ). Im *Hieroglyphenschlüssel* sind neu hinzukommende Varianten durchweg mit alphabetisch ergänzender Form der Unternummerierung versehen, damit ähnliche Zeichen bzw. -varianten in der Liste zusammenstehen.

Ausschlaggebend für die Auswahl der Beispielwörter war die Häufigkeit ihres Vorkommens in Texten und auf Grab- bzw. Tempelwänden. Der *Hieroglyphenschlüssel* kann aus Platzgründen nur eine Schreibung anstelle der zahlreichen hieroglyphischen Varianten abbilden. Daher ist zu beachten, dass die hieroglyphischen Schreibungen nicht 1:1, sondern mit Abweichungen identifizierbar sind. Die Gefahr, dass sich Fehler beim Heraussuchen einschleichen, ist nicht zu verhindern. Verschärft wird dieses Problem dadurch, dass gleiche Begriffe zu unterschiedlichen Zeiten im pharaonischen Ägypten jeweils zeitbedingt verschiedene Orthografien besessen haben.

2.1 Aufbau der Seite

In die Kopfzeile ist die jeweilige Klassifikation der Hieroglyphe gesetzt. Sie folgt dem Muster der *Egyptian Grammar* Gardiners (z. B. A. Der Mann und seine Tätigkeiten; B. Die Frau und ihre Tätigkeiten usw.). Darunter sind jeweils außen an den Rand die Hieroglyphe und ihre Nummerierung aus der „Gardiner-Zeichenliste“ gesetzt. Mittig in gleicher Höhe steht wie eine Überschrift die zweisprachige Beschreibung des Zeichens. Die Zeile darunter birgt die in der Ägyptologie verwendeten lautlichen Umsetzungen der abgebildeten Hieroglyphe, die sog. Transkription. Im nächsten Feld erscheinen die Verwendung des Zeichens und seine Lesung in verschiedenen Wörtern: Hier folgen der hieroglyphischen Schreibung die ägyptologische Transkription, ggf. in eckigen Klammern grammatische Erläuterungen (vgl. 2.2, S. XV) und die deutsche Übersetzung.

Hinter den deutschen Begriffen können in runden Klammern noch Erklärungen stehen, die die Übersetzung erläutern bzw. eingrenzen. Zusätzlich können Übersetzungen in Anführungszeichen stehen: Bei Übertragungen direkt aus dem Ägyptischen kommen doppelte, spitze Anführungszeichen vor; bei solchen, die einen Anachronismus darstellen, werden die einfachen Anführungszeichen verwendet. Übersetzungen, die das ägyptische Wort wiedergeben, sind kursiv gesetzt (Ausnahmen sind eingebürgerte/eingedeutschte Namen/ Bezeichnungen wie z. B. Isis).

Erklärungen zu Übersetzungen (in runden Klammern):

Bsp.: (erste Jahreszeit)
(Gott)
(Göttin)

Übertragungen aus dem Ägyptischen (in doppelten spitzen Anführungszeichen):

Bsp.: »Wiederholung der Geburt«
Diener (»der auf den Ruf hört«)

Übersetzungen, die Anachronismen sind (in einfachen Anführungszeichen):

Bsp.: ‚Renaissanceära‘

Übersetzungen, die das ägyptische Wort wiedergeben (kursiv):

Bsp.: *Oipe*

Manchmal ist es notwendig, auch ein in seiner Lesung und/oder in seiner Übersetzung unsicheres Wort zu benutzen; diese Wörter und Lesungen sind mit * gekennzeichnet. Besondere Anmerkungen zur Verwendung oder Genese eines Zeichens sind an das Feldende in eckige Klammern gesetzt.

Auf manchen Seiten ließ es der Platz zu, zwei Hieroglyphen untereinander zu setzen. Diese sind dann durch eine durchgängige Linie voneinander getrennt.

2.2 Terminologie

Man unterscheidet innerhalb der ägyptischen Schrift zwischen verschiedenen Klassen von Zeichen. Sie strukturieren die Schrift und dienen zum Teil als Lesehilfen.

Unsichere/unklare Übersetzungen:

Bsp.: Sepa (*Ort im südöstlichen Delta)

Anmerkungen zur Verwendung (in eckige Klammern):

Bsp.: [Zeichen kann leicht ... verwechselt werden]
[Kombinationen mit D36: M27, U35]

2.2.1 Determinativ:
Determinative sind Klassifikatoren. Als „stumme“ Zeichen ohne Lautung geben sie am Ende eines Wortes die Klasse an, zu der das Wort gehört; z. B. hinter Wörtern von Gebäude und Gebäudeteilen steht O1 𓉐 – „Hausgrundriss“, und Y1 𓏛 – „Buchrolle“ wird bei Abstrakta und geistigen Tätigkeiten angefügt. Neben ihrer klassifikatorischen Funktion dienen sie in den immer durchgehend geschriebenen altägyptischen Texten zusätzlich als Worttrenner. Gemessen am Gesamtvorkommen der hieroglyphischen Zeichen machen sie rund 15 % aus.

2.2.2 Ideogramm: Ideogramme sind Bildzeichen, die sprachwissenschaftlich eine Unterklasse der Semogramme (Begriffszeichen) bilden. Diese sind Darstellungen von Objekten, die mit dem zu schreibenden Begriff direkt oder indirekt zusammenhängen. Ideogramme sind die Zeichen, deren (z. T. auch abstrahierte) Bilder das Wort an sich wiedergeben, wie z. B. O1 𓉐 – die Hieroglyphe, die einen Hausgrundriss darstellt – Lesung: pr – für „Haus“. Ihr Erkennungsmerkmal ist ein direkt unter oder neben das altägyptische Schriftzeichen gesetzter Strich, der sog. Ideogrammstrich.

2.2.3 Logogramm: Auch Logogramme sind eine Unterklasse der Semogramme; es sind einerseits Wortzeichen, deren Zeichen Wörter wiedergeben, die nicht aus dem, was die Hieroglyphe darstellt, abgeleitet werden können, wie z. B. 𓅢 – bꜣw für „Macht“. Die Verbindung zwischen Hieroglyphe und Inhalt erfolgt nach dem Rebusprinzip. Gemeinsam mit den Ideogrammen machen die Logogramme rund 10 % des Hieroglyphenbestandes aus.

2.2.4 Phonogramm: Phonogramme sind Lautzeichen, die entweder einen einzelnen Konsonanten oder eine Konsonantengruppe wiedergeben. Ihr Inhalt ist unabhängig von dem Bild des Zeichens. In Wörterbüchern werden die in Hieroglyphen geschriebenen Begriffe nicht nach ihrer bildhaften Klassifizierung aufgereiht, sondern nach einem ägyptologischen Wissenschaftsalphabet (vgl. 2.4, S. XIX). Da Vokale in der Hieroglyphenschrift für gewöhnlich unterschlagen werden, berücksichtigt man in der Ägyptologie nur die Anzahl der konsonantischen Laute und Halbvokale (Radikale). Nach dieser Konvention lassen sich einzelne Hieroglyphen in 24 Ein-, 160 Zwei- und 102 Mehrkonsonantenzeichen unterscheiden (Liste der Ein-, Zwei- sowie der Drei- und Vierkonsonantenzeichen, S. 462–469). Einkonsonantenzeichen werden wie die Buchstaben unseres Alphabets einzeln gelesen, während Mehrkonsonantenzeichen Lautverbindungen widerspiegeln. Am meisten gebräuchlich sind die zweikonsonantischen Verbindungen. Den Zwei-, Drei- oder Vierkonsonantenzeichen werden oft als „Lesehilfe" phonetische Komplemente hinzugefügt. Es sind in der Regel Einkonsonantenzeichen, die zur Erläuterung des Zwei-, Drei- oder Vierkonsonantenzeichen dienen. So wird nur nfr gelesen, nicht etwa nfrfr.

2.2.5 Phonographische Determinative: Diese Zeichen stehen als Ergänzung in oder bei einem Wort, wenn nur die Lesung des Wortes determiniert ist, nicht aber seine Klassenzugehörigkeit. In dem Wort „Abscheu" erscheint die Bynnibarbe  (K2) als phonographisches Determinativ, da dieser Fisch bwt gelesen wird und das Wort „Abscheu" ebenfalls bwt lautet. Der Fisch unterstreicht hier die Lesung des Wortes, nicht aber seinen Inhalt, wie es bei den sonst üblichen Determinativen der Fall ist. Zu dem phonographischen Determinativ kann noch ein normales Determinativ hinzutreten.

2.2.6 Abkürzungen: Manchen Zeichen werden z. B. bei Verwendung als Zahlen und Maße verkürzt geschrieben.

Eine eindeutige Zuordnung der Hieroglyphen an eine der Gruppen ist nicht immer möglich. Mehrfachzuweisungen und Unsicherheiten sind daher nicht auszuschließen.

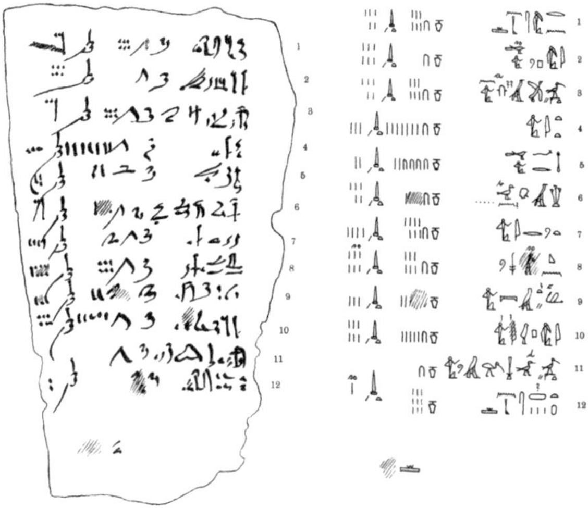

Abb. 2: Umzeichnung und Transliteration von Ostrakon P 12339 (Berlin), mit einer Zuteilungsliste an Arbeiter. Rechts außen stehen deren Namen, links davon die Mengeneinheiten in Zahlen, die als Striche und Bögen angegeben sind (16. Jh. v.Chr.).

2.3 Abkürzungen und Begriffe

Trotz der im *Hieroglyphenschlüssel* angestrebten, durchgängigen Tendenz zur Vereinfachung, um einen leichten Einstieg in das Schrift- und Leseprinzip des Ägyptischen zu bekommen, kann auf spezielle Fachtermini nicht verzichtet werden, die die Besonderheit der ägyptischen Grammatik abbilden.

Grammatische Erläuterungen zu einem Wort sind im *Hieroglyphenschlüssel* nach dessen hieroglyphischer Schreibung und der ägyptologischen Transkription in eckige Klammern gesetzt. Neben gleichfalls im Deutschen gebräuchlichen Termini finden folgende Begriffe Verwendung:

[coll] Das ägyptische Substantiv umfasst hier in seiner Bedeutung eine Gruppe, wird aber sonst singularisch behandelt.

[f] Das ägyptische Wort ist ein feminines Substantiv; maskuline Substantive werden nicht extra gekennzeichnet.

[imp] Das Verb steht hier in seiner Befehlsform.

[kaus] Das Verb ist als kausative Form gebildet. Sie ist gekennzeichnet durch ein vorangestelltes „s“ (Präfix) und verleiht dem Wurzelstamm eine Wirkfunktion im Sinne von „veranlassen, (etwas zu tun)“ (z. B. „ꜥnḫ, leben“, „sꜥnḫ, leben lassen; beleben“).

[pl] Das ägyptische Wort ist ein pluralisches Substantiv und umfasst in seiner Bedeutung eine Gruppe.

[IIIae inf] Das ägyptische Verb tertiae infirmae besteht aus drei Radikalen, von denen der dritte – ein w oder j – nie ausgeschrieben wurde, aber strukturell vorhanden ist. Bei manchen Formen wird der Mittelkonsonant verdoppelt und beim Infinitiv tritt in der Regel eine t-Endung auf.

[IVae inf] Das ägyptische Verb quartae infirmae besteht aus vier Radikalen, von denen der vierte – ein j – nie geschrieben wurde.

[konfirmativ] Der Begriff bestätigt oder bekräftigt eine Aussage und bleibt im Deutschen meist unübersetzt.

[präsentativ] Hierdurch wird eine Satzstruktur gekennzeichnet, die einen unmittelbaren Bezug zwischen dem Leser/Zuhörer und der Handlung herstellt, im Deutschen vergleichbar mit einem „Sieh her, …“.

[Suffixpronomen] Das Personalpronomen wird hierbei direkt an den Stamm eines Wortes angehängt, ganz gleich, ob es ein Substantiv oder ein Verb ist.

griech. griechisch

HL {Zahl} Referenznummer der Unterlemmata in Rainer Hannig, Großes Handwörterbuch Ägyptisch-Deutsch – Marburger Edition. Mainz: Philipp von Zabern, 2006.

jdn. jemanden

näg. neuägyptisch

u.a. unter anderem

2.4 Das ägyptologische Alphabet

Das Ägyptische kennt 24 konsonantische und halbvokalische Laute (Phoneme). Sie bilden das von der Wissenschaft zusammengestellte ägyptologische Alphabet. Aus ihm leitet sich die Reihenfolge der Begriffe in Wörterbüchern und Wortverzeichnissen ab. Unberücksichtigt bleiben Vokale, da diese nicht geschrieben wurden.

Hieroglyphe	**Umschrift**	**ägyptologische Aussprache**
𓄿	ꜣ	a
𓇋	j	i oder j
𓇌	y	i
𓂝	ꜥ	a
𓅱	w	w oder u
𓃀	b	b
𓊪	p	p
𓆑	f	f
𓅓	m	m
𓈖	n	n
𓂋	r	r
𓉔	h	h
𓎛	ḥ	ch (gehauchtes h)
𓐍	ḫ	ch (gutturales h) [wie in „ach“]
𓄡	ẖ	ch (palatales h) [wie in „ich“]
𓊃	s oder z	s (stimmhaftes s)
𓋴	s	s (stimmloses s)
𓈙	š	sch
𓈎	q	k (gutturales k)
𓎡	k	k
𓎼	g	g
𓏏	t	t
𓍿	ṯ	tsch
𓂧	d	d
𓆓	ḏ	dj

(Vgl. Liste der Konsonantenzeichen, S. 462–469.)

3 Einführung

3.1 Die Sprache

Die Sprache der Pharaonen heute zu erlernen, stellt hohe Anforderungen an den Lernenden. Sollte das Studium gerade zu Beginn mühsam erscheinen und von vielen Rückschlägen begleitet sein, so liegt es an den schwer zu überschauenden Besonderheiten der altägyptischen Sprache und Schrift. Ein Hauptproblem ist, eine nicht mehr gesprochene, also eine sog. „tote" Sprache lesen zu lernen, ohne sie vokalisieren zu können. Die ersten archäologischen Relikte, die eine Rekonstruktion des Ägyptischen möglich machen, reichen bis in das Ende des 4. Jahrtausends v.Chr. zurück; älter ist vielleicht noch, aber dies ist umstritten, die Sprache der Sumerer, die im Zweistromland – nordöstlich von Ägypten – beheimatet waren. Das Altägyptische, den modernen Sprachen vergleichbar, wies dialektale Unterschiede auf und erfuhr im Laufe der vielen Jahrhunderte, in denen es gesprochen wurde, sprachliche Umformungen. Allerdings weichen Schrift und gesprochenes Wort voneinander ab, da ihre Konventionen unterschiedlichen Systemen entspringen. Veränderungen in der Aussprache wurden in der Schrift nicht notwendigerweise notiert, wie umgekehrt Änderungen der Schreibweisen kein Indiz für eine veränderte Sprachform sind. Zudem halten die hieroglyphischen Schreibungen nur den Konsonanten- oder Halbvokalbestand eines Wortes fest, der Hauptton der Vokale dagegen fehlt.

Von der im pharaonischen Ägypten gesprochenen Sprache hat sich nur wenig erhalten (z. B. die Bezeichnung Pharao). Nur Vokabeln, Satzbau und verschiedene geschriebene grammatische Strukturen ermöglichen es, die altägyptische Sprache nach Entwicklungsstufen zu gliedern und Sprachverwandtschaften herzustellen.

3.1.1 Das Protoägyptische

Die „Inschriften der Frühzeit“ sind erst seit einigen Jahren erforscht, und man weiß über ihre Sprachstufe noch sehr wenig. Es ist aber bemerkenswert, dass es vor dem Altägyptischen (s.3.1.2) bereits eine Sprach- bzw. Schriftstufe gegeben hat, die zu einem geringen Teil bis heute auf uns gekommen ist.

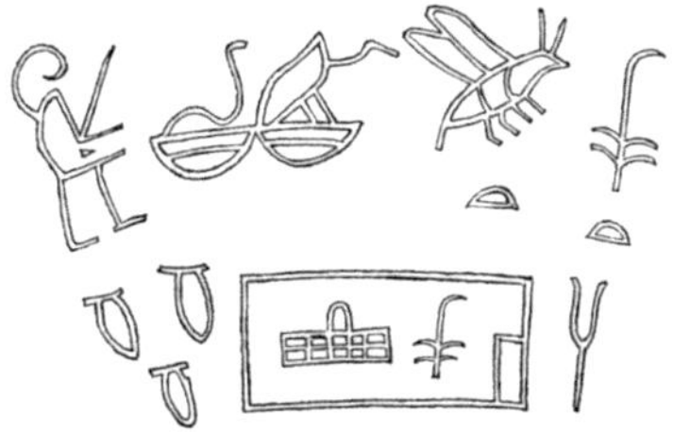

Abb. 3.1: Umzeichnung einer Napfaufschrift aus der Zeit des Semerchet (griech. Semempses), dem siebenten König der 1. Dynastie (etwa 2861–2853 v.Chr.).

3.1.2 Das Altägyptische

Damit wird die Sprache der Inschriften des sog. Alten Reiches (um 2650–2135 v.Chr.) bezeichnet, aus der die ersten in sich geschlossenen Textcorpora stammen (z. B. Pyramidentexte). Zahlreiche Belege haben sich ferner in den Gräbern dieser Epoche erhalten können.

Abb. 3.2: Inschrift aus der Pyramide des Teti in Saqqara (um 2340 v.Chr.)

3.1.3 Das Mittelägyptische

Diese Sprachstufe ist seit der sog. Ersten Zwischenzeit und dem sog. Mittleren Reich bis zur „Amarna-Epoche“ in Verwendung (etwa 23.–14. Jh. v.Chr.); ihre Benutzung in religiösen, literarischen und monumentalen Inschriften setzt sich bis in die nachchristliche Zeit fort (in der Forschung „Neomittelägyptisch“ bzw. „traditionelles Mittelägyptisch“ genannt) und hat ihr deshalb die Bezeichnung „klassisch“ eingebracht. Ihre Verbindung zum Altägyptischen (s. 3.1.2) ist eng.

3.1.4 Das Neuägyptische

Mit einem andersartigen Verbalsystem setzt sich diese Sprachstufe von ihren Vorläufern (3.1.2 u. 3.1.3) deutlich ab. Sie ist die Umgangssprache des sog. Neuen Reiches und der „Dritten Zwischenzeit" (etwa 1550–700 v.Chr.) und daher häufig auf säkularen Dokumenten (wie Akten, Quittungen, Protokollen, Verträgen etc.) anzutreffen. In der Ramessidenzeit (etwa 1300–1080 v.Chr.) wird sie auch für literarische Texte und Monumentalinschriften benutzt.

Abb. 3.3: Quittung aus der Zeit um 1000 v.Chr. auf Ostrakon Nr. 57366 (Museum Turin).

3.1.5 Das Demotische

Unter den im 8. Jahrhundert v.Chr. in Ägypten regierenden ausländischen Fürsten (sog. Fremdherrschern) setzt sich als einheimische Schrift und Sprache das Demotische durch, das bis zum 5. Jahrhundert n.Chr. in Gebrauch bleibt (Tempelgraffito im Philae-Tempel Nr. 436 aus dem Jahre 452 n.Chr.).

3.1.6 Das Koptische (s. auch 3.2.4)

Die jüngste Sprachstufe des Ägyptischen – in liturgischer Form findet sie noch heute Verwendung – entsteht im 1. Jahrhundert n.Chr. Da ihre dem Griechischen entlehnte Schrift als einzige die vokalischen Strukturen des Ägyptischen abbildet, können sogar Dialekte unterschieden werden: z. B. a) das Sahidische, das bis zum 10. Jahrhundert n.Chr. offiziell benutzt wurde, und b) das Bohairische – ursprünglich der Dialekt des westlichen Deltas –, das im 11. Jahrhundert das Sahidische in seiner offiziellen Verwendung ablöst.

Sprachentwicklungen, die eine Lautverschiebung betreffen und sich auch in hieroglyphischer Schreibung niedergeschlagen haben, sind im Mittelägyptischen die Entpalatalisierung der Laute ṯ und ḏ gegenüber Altägyptisch. Sie haben sich zu einfachen t und d entwickelt. Im Neuägyptischen sind in der Wortlesung die Wortenden leer: Phonogramme wie -w, -j, -t und -tj, die keine erkennbare Funktion für Sprache und Schrift mehr haben, fallen bei der Lesung weg, kommen aber in der Schrift weiterhin vor.

Fremd ist dem Europäer die ungewohnte Grammatik, die z. B. Formen mit Präfixen bildet (smnḫ, „Qualität geben" VWL318/S29 als sog. Kausativ zu mnḫ, „Qualität" VWL366/U22 als Beispiel) oder handelnde Personen als Suffixe an einen Wortstamm anhängt (ḏd=f, „er sagt" VWL176/I10). Die grammatischen Bezüge ergeben sich oft erst aus der Stellung verschiedener Wörter zueinander.

Aus den altägyptischen Texten lassen sich grammatische (morphologische) und sprachliche (lexikalische) Gemeinsamkeiten mit (z.T. noch heute lebenden) Sprachen finden, die in einem ausgedehnten Gebiet von Nordafrika aus bis in den Vorderen Orient hinein verbreitet sind. Wissenschaftler bezeichnen diese Sprachfamilie als afro-asiatisch (in der älteren Literatur auch hamo-semitisch genannt). Zu dieser Sprachfamilie werden zahlreiche Einzelsprachen gerechnet. Sie lässt sich gegenwärtig in sechs Untergruppen gliedern, von denen das Ägyptische eine bildet. Zu den anderen zählen das Semitische, die Berbersprachen Nordafrikas und Westägyptens, das Kuschitische (anzutreffen im Sudan, in Äthiopien, Somalia und im nordwestlichen Kenia), das Tschadische (dessen Verbreitung östlich, südlich und westlich des Sees Tschad liegt) und wahrscheinlich das Omotische Südwestäthiopiens.

Die genaue Position des Ägyptischen zwischen diesen Sprachen zu bestimmen, fällt schwer. Einerseits sind schriftliche Quellen sehr unregelmäßig auf die oben erwähnten sechs Untergruppen verteilt, andererseits ist unsicher, wann sich welche Sprachgruppe aus einer gemeinsamen Protosprache herausgebildet hat. So sind die Verbindungen des Ägyptischen zu den nordafrikanischen Sprachen, z. B. zur Berbersprache, sehr viel unbestimmter als die durch grammatische Gemeinsamkeiten sicher vorhandene Beziehung zum Semitischen; lexikalische Eigenständigkeit aber scheidet das Ägyptische wiederum von der semitischen Sprachgruppe und legt die Vermutung nahe, hierin Elemente zu sehen, die das Ägyptische einst mit einer (heute verschwundenen?) nicht-semitischen Sprache teilte.

Hauptzweige der afro-asiatischen Sprachfamilie in Übersicht:

1. Das Ägyptische.
2. Die semitischen Sprachen: Akkadisch, Ugaritisch, Hebräisch, Aramäisch, Arabisch, Äthiopisch, Amharisch, Alt-Südarabisch etc.
3. Die berberischen Sprachen: Tuareg, Schilhisch, Kabylisch etc.
4. Die kuschitischen Sprachen: Bedja, Agaw-Dialekte, Sho-Afar, Somali, Oromo, Sidma, Bogo etc.
5. Die tschadischen Sprachen: Haussa etc.
6. Omotische Sprachen.

Da die Hieroglyphenschrift und ihre Kursivformen (s. 3.2.2–4) darauf verzichten, Vokale wiederzugeben, lässt sich das lautliche Erscheinungsbild des Ägyptischen über die verschiedenen Epochen und Regionen hinweg nicht befriedigend rekonstruieren. Zwar liefern dafür das Koptische (s. 3.1.6) und ins Griechische transkribierte ägyptische Wörter wertvolle Hinweise, sie bilden aber nur eine Spätform des gesprochenen Ägyptisch ab. Weitere Indizien gibt z. B. die keilschriftliche Umsetzung ägyptischer Eigennamen.

Ägyptologen bedienen sich bei ihrer heutigen Aussprache altägyptischer Wörter einer modernen Vokalisation, die sich an heute gesprochene, semitische Sprachen anlehnt. Die einzelnen Konsonanten, wenn sie nicht wie Vokale behandelt werden können, sind in der Regel durch ein stimmloses „e" miteinander verbunden; nfr wird also „nefer" ausgesprochen.

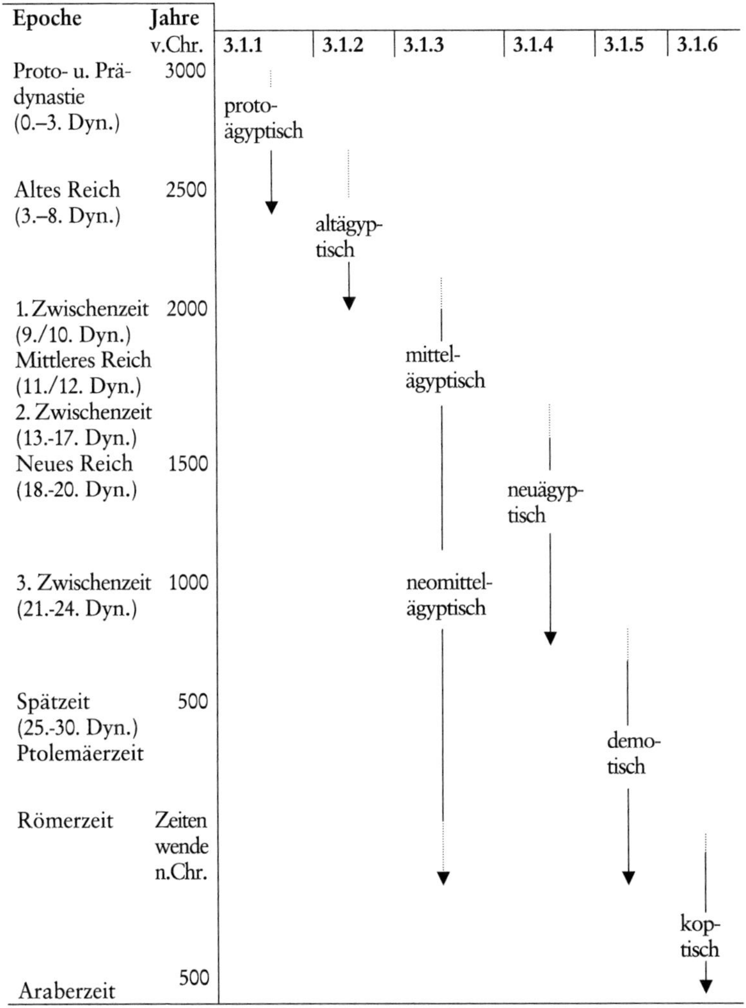

Tab. 1: nach W.V. DAVIES, Egyptian Hieroglyphs. London: British Museum 2002, 8.

Literaturauswahl

E. A. Wallis BUDGE, Ancient Egyptian Language: Easy Lessons in Egyptian Hieroglyphics With Sign List. London 1889 (Reprinted London: Routledge and Kegan Paul Limited, 1966; Reprinted New York: Dover Publications, 1983); Ares Publishers Inc.,U.S. 1997 – H. GRAPOW, Vom Hieroglyphisch-Demotischen zum Koptischen, in: Sitzungsberichte der Preußischen Akademie der Wissenschaften, Phil.-hist. Klasse, 28, 1938, S. 322–349 – F. JUNGE, Sprache, in: Lexikon der Ägyptologie V, Sp. 1176–1211 – F. JUNGE, Sprachstufen und Sprachgeschichte, in: Zeitschrift der Deutschen Morgenländischen Gesellschaft. Supplement VI, Stuttgart 1985, S. 17–34 – J. KAHL, Das System der ägyptischen Hieroglyphenschrift in der 0.–3. Dynastie (Göttinger Orientforschungen, IV. Reihe Ägypten; 29). Wiesbaden: Harrassowitz 1994 – P. KAPLONY, Die Prinzipien der Hieroglyphenschrift, in: Textes et langages de l'Égypt pharaonique. Hommage à Jean-François Champollion à l'occasion du cent-cinquantième anniversaire du déchiffrement des hiéroglyphes (1822–1972) (Bibliothèque d'Etudes LXIV/1). Le Caire: 1973, S. 3–14 – M. KRAUSE, Koptische Sprache, in: Lexikon der Ägyptologie III. Sp. 731–737 – E. LÜDDECKENS, Demotisch, in: Lexikon der Ägyptologie I, Sp. 1052–1056 – L. D. MORENZ, Bild-Buchstaben und symbolische Zeichen. Die Herausbildung der Schrift in der hohen Kultur Ägyptens (Orbis Biblicus et Orientalis; 205). Fribourg (CH): Universitätsverlag/ Göttingen: Vandenhoeck & Ruprecht, 2004 – C. PEUST, Egyptian Phonology (Monographien zur Ägyptischen Sprache; 2). Göttingen 1999 –W. SCHENKEL, Einführung in die altägyptische Sprachwissenschaft, Darmstadt: Wissenschaftliche Buchgesellschaft 1990, bes. S. 13–17, 41–57 (mit Literaturangaben) – T. SCHNEIDER, Etymologische Methode, die Historizität der Phoneme und das ägyptologische Transkriptionsalphabet, in: Lingua Aegyptia. Journal of Egyptian Language Studies; 11. Göttingen: Selbstverlag, 2003, S. 187–199 – S. SCHOTT, Hieroglyphen. Untersuchungen zum Ursprung der Schrift (Abhandlungen der Mainzer Akademie der Wissenschaften Nr. 24, 1950). Wiesbaden: 1951 – S. D. SCHWEITZER, Schrift und Sprache der 4. Dynastie (Menes. Studien zur Kultur und Sprache der ägyptischen Frühzeit und des Alten Reiches; 3). Wiesbaden: Harrassowitz, 2005 – H. Sternberg el-Hotabi, Der Untergang der Hieroglyphenschrift, in: Chronique d'Égypt 69 (1994), S. 218–248 – B. STRICKER, De indeeling der egyptische Taalgeschiedenis, in: Oudheidkundige Mededelingen uit het Rijksmuseum van Oudheden te Leiden 25, 1944, S. 12–51 –P. VERNUS, L'égypto-copte in: Les langues dans le monde ancien et moderne, III. Le langues chamitosémitiques, Paris 1988, S. 161–206 – J. ZEIDLER, Altägyptisch und Hamitosemitisch. Bemerkungen zu den *Vergleichenden Studien* von Karel Petráçek, in: *Lingua Aegyptia*. Journal of Egyptian Language Studies; 2. Göttingen: Selbstverlag, 1992, S. 189–222.

Lehr- und Wörterbücher

- James P. Allen, Middle Egyptian. An Introduction to the Language and Culture of Hieroglyphs. Cambridge: University Press, 2000, ^{8}2004.
- Jaroslav Cerný / Sarah Israelit-Groll, A Late Egyptian Grammar (Studia Pohl : Series Maior; 4). Rom: Ed. Pontificio Istituto Biblico, 1975, ^{3}1984. A Late Egyptian Grammar. Assisted by Chr. Eyre, ^{4}1993.
- Elmar Edel, Altägyptische Grammatik I. Rom: Ed. Pontificio Istituto Biblico, 1955; II. Rom: Ed. Pontificio Istituto Biblico, 1964.
- Adolf Erman, Die Hieroglyphen (Sammlung Göschen; 608). Berlin [u.a.]: Göschen, 1912; Berlin: de Gruyter, ^{2}1923.
- Adolf Erman / Hermann Grapow, Wörterbuch der aegyptischen Sprache. Im Auftrag der Deutschen Akademien herausgegeben [...]. Leipzig: Hinrichs, 1926–. Wörterbuch der ägyptischen Sprache. Berlin: Akademie-Verlag, 1955–.
- Raymond O. Faulkner, Concise Dictionary of Middle Egyptian. Oxford: Griffith Institute, 1962, ^{4}1986, reprinted 1996.
- Wolfgang Helck / Eberhard Otto / Wolfhart Westendorf (Hgg.), Lexikon der Ägyptologie. Wiesbaden: Harrassowitz, Bd. I (A–Ernte), 1975; Bd. II (Erntefest–Hordjedef), 1977; Bd. III (Horhekenu–Megeb), 1980; Bd. IV (Megiddo–Pyramiden), 1982; Bd. V (Pyramidenbau–Steingefäße), 1984; Bd. VI (Stele–Zypresse), 1986; Bd. VII (Nachträge, Korrekturen und Indices), 1992.
- Alan Henderson Gardiner, Egyptian Grammar. Being an introduction to the study of hieroglyphics. Oxford: Clarendon Press, 1927, ^{3}Oxford University Press, 1957 u. div. Nachdr.
- Erhart Graefe, Mittelägyptische Grammatik für Anfänger. Unter Mitarb. von Jochem Kahl. Wiesbaden: Harrassowitz, 1987, ^{6}2001.
- Pierre Grandet / Bernard Mathieu, Cours d'égyptien hiéroglyphique. Paris: Editions Kheops, 1990, ^{3}2003.
- Hannig-Lexica: 1) Rainer Hannig, Die Sprache der Pharaonen. Großes Handwörterbuch Ägyptisch-Deutsch (Kulturgeschichte der antiken Welt; 64). Mainz: Philipp von Zabern, 1995 – 2) Rainer Hannig / Petra Vomberg, Wortschatz der Pharaonen in Sachgruppen. Kulturhandbuch Ägyptens (Kulturgeschichte der antiken Welt; 72). Mainz: Philipp von Zabern, 1998 – 3) Rainer Hannig, Die Sprache der Pharaonen. Großes Handwörterbuch Deutsch-Ägyptisch (Kulturgeschichte der antiken Welt; 86). Mainz: Philipp von Zabern, 2000 –4) Rainer Hannig, Ägyptisches Wörterbuch 1. Altes Reich

und erste Zwischenzeit (Kulturgeschichte der antiken Welt; 98). Mainz: Philipp von Zabern, 2003 — 5) RAINER HANNIG, Ägyptisches Wörterbuch 2. Mittleres Reich und zweite Zwischenzeit (Kulturgeschichte der Antiken Welt; 112). Mainz: Philipp von Zabern, 2006.

- JANET H. JOHNSON, The Demotic Verbal System (Studies in Ancient Oriental Civilization; 38). Chicago: The Oriental Institute, 1976, ²2004 (http://oi.uchicago.edu/OI/DEPT/PUB/SRC/SAOC/38/SAOC38.pdf)
- FRIEDRICH JUNGE, Einführung in die Grammatik des Neuägyptischen (Neuägyptisch. Einführung in die Grammatik). Wiesbaden: Harrassowitz, 1996, ²1999; Late Egyptian Grammar: An Introduction. Translated by David Warburton. Oxford: Griffith Inst., 2001, ²2005.
- THOMAS O. LAMBDIN, Introduction to Sahidic Coptic. Macon, GA: Mercer University Press, 1983, reprint 2000.
- ANTONIO LOPRIENO, Ancient Egyptian. A linguistic introduction. Cambridge: University Press, 1995, ²1996, reprint 1998.
- CLAUDE OBSOMER, Égyptien hiéroglyphique. Grammaire pratique du moyen égyptien et exercices d'application. Bruxelles: Éditions Safran, 2003.
- BOYO G. OCKINGA, Mittelägyptische Grundgrammatik. Abriss der mittelägyptischen Grammatik von Hellmut Brunner in Neubearbeitung. Mainz: Philipp von Zabern, 1998, ²2005; A concise grammar of Middle Egyptian. An outline of Middle Egyptian grammar by Hellmut Brunner rev. and expanded. Mainz: Philipp von Zabern, 1998, ²2005.
- WOLFGANG SCHENKEL, Tübinger Einführung in die klassisch-ägyptische Sprache und Schrift. Tübingen: Selbstverlag, akt. Aufl. 2005.
- JEAN WINAND, Études de néo-egyptien. 1, La morphologie verbale (Aegyptiaca Leodiensia; 2). Liège: CIPL, 1992.
- LOUIS M. J. ZONHOVEN, Middel-Egyptische grammatica. Een praktische inleiding in de egyptische taal en het hierogliefenschrift. Leiden: Selbstverlag, 1992.

3.2 Die Schrift und Schriftprinzipien

Mit den ersten uns heute bekannten Aufzeichnungen notierten altägyptische Schreiber königliche Besitztümer oder nutzten besondere Ereignisse eines Jahres als Datumsangaben. Das lässt vermuten, das hieroglyphische Schriftsystem wurde aus wirtschaftlichen Motiven heraus entwickelt (Handel und Steuerwesen).

Hieroglyphen werden in Spalten und Reihen (Kolumnen und Register), bevorzugt von rechts nach links, aber auch von links nach rechts, und stets von oben nach unten geschrieben. Die späten Kursiven kennen jedoch nur noch die Zeilenschreibweise. Zum Verlauf der Schriftrichtung orientiert man sich am besten an folgender Regel: Menschen und Tiere blicken immer zum Wortanfang. Worttrenner (etwa Leerzeichen oder -zeilen) sind äußerst selten, die Zeichen werden also ohne Spatia notiert. Dem Ordnungssystem der alten Ägypter entspricht es, Leerflächen zu vermeiden. Fast alle Hieroglyphen werden – soweit möglich – in ein (zu füllendes, gedachtes) Quadrat eingepasst. (Dies ist übrigens ein Grund für die zahlreichen orthografischen Varianten.) Aus ästhetischen Gründen kann eine Zeichenumstellung in der Schrift erfolgen, die gegen die eigentliche Lesung steht (z. B. – geschrieben: ḫtf, richtige Lesung: ḫft –„gegenüber, vor; gemäß, entsprechend“ VWL175/I9), und dass anlautende Konsonanten nicht ausgeschrieben sein müssen (z. B. – (j)ḫt –„Sache, Ding; Habe, Besitz; Opfer“ VWL427/Y1). Der europäischen Lesegewohnheit entsprechend ordnen die meisten Publikationen – unabhängig vom Original – die Schriftzeichen von links nach rechts an, so auch der *Hieroglyphenschlüssel.*

Die meisten ägyptischen Wörter besitzen keine verbindliche Schreibung, wie sie etwa im Deutschen durch den Duden vorgegeben ist. Wer wie der europäische Leser heute gewohnt ist, mit normiert geschriebenen Texten zu arbeiten, gewöhnt sich an die fast spielerische Verwendung der altägyptischen Bildzeichen meist langsam. Probleme bereitet oft, das Ende der einzelnen Wörter richtig zu erkennen, denn Satz-, Trenn- oder Leerzeichen sind unbekannt (mit Ausnahme der Rubren – das sind farbige Hervorhebungen, die ein Kapitel einleiten – und der Kapitelzeichen in Hieroglyphenform VWL248.1/O6).

Ägyptisch wurde über die Jahrtausende hinweg in unterschiedlichen Schriften wiedergegeben; neben einer Epoche ist vor allem aber der Schriftträger entscheidend dafür, wie geschrieben wurde.

3.2.1 Die Hieroglyphenschrift

Hieroglyphen sind die älteste und die am längsten gebräuchliche Schriftform des Ägyptischen. Bereits um 3100 v.Chr. tauchen sie in Stein oder an Tongefäßen auf – meist als eine Art Datumsangabe – und werden zuletzt am 24. August 394 n.Chr. für eine Tempelinschrift auf der Insel Philae benutzt. Sie haben einen stark bildhaften Charakter, zu dem es gehört, neben einem Lautwert auch ornamentale oder dekorative Funktion zu besitzen. Sehr oft sind die Hieroglyphen Objekten der Natur oder alltäglichen Gegenständen entlehnt. Was aber nicht berechtigt, sie als „primitiv" abzustempeln. Auch unser heutiges Alphabet leitet sich ursprünglich von Bildzeichen ab.

Abb. 3.4: Rundplastisches Bildhauermodell der Hieroglyphe „Eule" (VWL 144.2/G17, Lautwert m*).*

Ihre bevorzugte (monumentale) Anbringung auf steinerne Tempelwänden oder auf andere dauerhafte Materialien (Lapidarschrift), in die sie schwer zu tilgen eingemeißelt wurden, war namensgebend. Antike (griechische) Autoren bezeichneten diese besondere Art der Schrift bzw. -anbringung „ta hiera grammata" – übersetzt etwa „die heiligen Schriftzeichen" – oder „ta hieroglyphica" – „die heiligen eingeschnittenen (Schriftzeichen)", von denen sich das heute allgemein verwendete Wort „Hieroglyphe" ableitet.

Die altägyptische Schreibung für Hieroglyphe, „Gottesworte" (sẖ n mdw-nṯr) [HL {14392}] auf dem Stein von Rosette.

Die alten Ägypter selbst nannten ihre Hieroglyphen (sẖ n) mdw-nṯr, was mit „Gottesworte" übersetzt wird (vgl. die Anmerkungen zu der Rosettana, S. LVI) und einen religiösen Charakter der Schriftzeichen impliziert. Eine Unterscheidung in „heilige" und „gewöhnliche" Schriftzeichen geht auf Herodot und das zweite Buch seiner Historien (Kapitel 36,4) zurück, wo er zwischen diesen „zwei Arten von Buchstaben" differenziert.

Im Laufe der Jahrtausende hat sich die Form der Hieroglyphen (ebenso wie die Orthografie) immer wieder geändert. Mit einiger Übung lassen sich die großen, gleichförmigen Zeichen des Alten Reichs (s. 3.1.2), die z.T. geschwungenen, bewegten und nach heutigem Verständnis elegant wirkenden Hieroglyphen besonders der 18. Dynastie (ab ca. 1200 v.Chr. – 1000 v.Chr.) und die eng gedrängten Inschriften der Ptolemäer- und Römerzeit (4. Jahrhundert v.Chr. – 2. Jahrhundert n.Chr.) gut auseinanderhalten.

Die Hieroglyphenschrift hat sich niemals auf eine bestimmte Anzahl von Zeichen begrenzen lassen. Mehr als 6 000 Belege sind inzwischen dokumentiert. Für den allgemeinen Gebrauch sollten 300 Hieroglyphen lesbar sein (davon sind rund 100 Lautwertzeichen).

3.2.2 Das Hieratische

VWL1/A1 in hieratischer Schreibung (Leserichtung rechts-links)

VWL144.2/G17 in hieratischer Schreibung (Leserichtung rechts-links)

Das Hieratische ist eine Buchschrift, die man vor allem für die Beschriftung von Papyrus und Ostraka (Ton- oder Kalksteinscherben), seltener auch für Stoff, Leder und Holz benutzt hat. Zum Schreiben verwendete man eine Binse und wasserfeste, schwarze Tusche. Das Verhältnis zwischen dem Hieroglyphischem, also Standardhieroglyphen, und dem Hieratischen ist – vereinfacht gesagt – mit dem zwischen Druckschrift und Schreibschrift zu vergleichen. Sind im Hieroglyphischen (s. 3.2.1) die gegenständlichen Zeichen noch eindeutig zu erkennen, wie z. B. VWL1/A1 („sitzender Mann")  oder VWL144.2/G17 („Eule") , nehmen diese Zeichen im Hieratischen, um ein flüssiges Schreiben zu ermöglichen, eine stark vereinfachte, rundere Form an. Eine weitere Verkürzung schliff sich im täglichen Gebrauch dieser Schreibschrift ein, wobei einzelne Zeichen miteinander verbunden werden können (Ligatur). Die späteste und fast ausschließliche Verwendung für die Niederschrift religiöser Texte (zumeist sog. Totenbücher) brachte ihr den Namen „hieratisch“ ein, was sich von griechisch „hieratikos“ – priesterlich – ableitet. Wie die Hieroglyphenschrift, lässt sich auch das Hieratische auf verschiedene Epochen verteilen (Alt-, Mittel- und Neuhieratisch). Der jüngste Beleg für diese Schrift datiert in das 3. Jahrhundert n.Chr.

Bis zur 26. Dynastie ist in Oberägypten für kurze Zeit das sog. Abnormhieratisch in Verwendung, aber im Zuge der Eroberung des Südens durch Könige des Deltagebietes wird diese oberägyptische Schriftvariante vollständig ausgelöscht.

Zur besseren Lesbarkeit werden hieratische Texte in der Regel in eine ägyptologische Standardhieroglyphenschrift übertragen, deren Konventionen festgelegt sind: Dabei sind alle Kursive wie im Originaltext anzuordnen, jedoch unabhängig von ihrer ursprünglichen Zeichenform und -größe. Das führt zur Verfremdung des hieratischen Schriftbildes in ägyptologischen Publikationen, da Freiflächen und Varianten unberücksichtigt bleiben.

3.2.3 Das Demotische (vgl. 3.1.5)

Aus dem Hieratischen (s. 3.2.2) hat sich im 8./7. Jahrhundert v.Chr. durch weitere Verkürzungen und Ligaturen in Unterägypten eine neue Kursivschrift entwickelt, die als „Demotisch“ oder als „Kanzleischrift“ bezeichnet wird; die an Stenografie erinnernden Zeichen werden in der Inschrift der Rosettana sẖ n š^{c}y bzw. sẖ š^{c}t („Brief-“ bzw. „Urkundenschrift“) genannt, was auf ihren anfänglichen Gebrauch in der ägyptischen Verwaltung hinweist. Ihre heutige Bezeichnung geht auf Diodor (III 3,5) zurück, der von einer „Volksschrift“ schreibt (Demos=Volk).

Neben Literaturwerken und religiösen wie wissenschaftlichen Texten sind hauptsächlich Verträge, Rechnungen, Quittungen und Briefe in dieser Kursivschrift überliefert worden. Beschrieben werden Ostraka, Papyri und Holz. Einige demotische Graffiti sind in

Grab- oder Tempelwände eingeritzt. Die Schrift lässt sich drei Entwicklungsstufen zuordnen:

> Das Frühdemotische (7. Jh. – 332 v.Chr.) wurde bis zur Eroberung Ägyptens durch Alexander den Großen verwendet. Als charakteristisches Merkmal gilt vor allem das schwungvoll und kalligrafische Schriftbild.
>
> Als Mitteldemotisch (332 – 30 v.Chr.) bezeichnet man die Phase des Demotischen, in der diese Schrift ihren klassischen Höhepunkt erreichte. Zeitlich ist es mit der Makedonen- und Ptolemäerzeit verknüpft.
>
> Für das römerzeitliche Spätdemotisch (ab 30 v.Chr.) sind vor allem eine gleichbleibende Strichdicke kennzeichnend, die durch den „*Calamus*" (= eine in der Römerzeit gebräuchliche Schreibfeder) als neues Schreibgerät hervorgerufen wurde.

Entwicklung des Koptischen in Übersicht:	
1. Koptisch:	1(?).–19. Jh. n.Chr.
2. Altkoptisch:	1(?).–5. Jh. n.Chr.
3. Klassisches Koptisch:	3.–11. Jh. n.Chr.
4. Spätkoptisch:	11.–17. Jh. n.Chr.
5. Neokoptisch:	19. / 20. Jh. n.Chr.

3.2.4 Das Koptische

Mit der römischen Eroberung des ehemaligen Pharaonenreiches 30 v.Chr. verlieren die genuin ägyptischen Schriften nach und nach an Bedeutung. Auf Grundlage der 24 Buchstaben des griechischen Alphabets entstehen im Zuge der Christianisierung Ägyptens Bibelübersetzungen in einheimischer Sprache – dem Koptischen. Sechs dem Demotischen entlehnte Sonderzeichen vervollständigen den damaligen Lautbestand des Ägyptischen; eine Entwicklung, die im 4. nachchristlichen Jahrhundert abgeschlossen ist. Erstmals in der ägyptischen Kultur wird eine Alphabetschrift genutzt, mit der sowohl Ostraka, Papyri und Holz als auch Denkmäler sowie Grabsteine beschriftet werden, ganz gleich, ob es mit Tinte oder Meißel geschieht. Die Grammatik, obschon verändert, ist immer noch im Ägyptischen verhaftet und daraus abgeleitet.

Als liturgische Schrift der christlichen Ägypter ist das Koptische noch heute in Gebrauch, wurde aber als Umgangssprache inzwischen durch das Ägyptisch-Arabisch verdrängt.

„Koptisch“ ist die Fremdbezeichnung der arabischen Eroberer, die aus griechisch „Aigyptos“, Ägypter, verkürzt „Gubti“ machten.

Sprachstufen nach zeitlichem Aufkommen und ihrer schriftlichen Umsetzung

Datierung (gerundet)	**Sprachstufe**	**Schriftart**
ca. 3200–2600 v.Chr.	Protoägyptisch	„Inschriften der Frühzeit“
2600–2100 v.Chr.	Altägyptisch	Alt-Hieratisch, Hieroglyphisch
2200–1300 v.Chr.	Mittelägyptisch	Mittel-Hieratisch, Hieroglyphisch, Kursivhieroglyphisch
ca. 1300–900 v.Chr.	Neuägyptisch	Neu-Hieratisch, Hieroglyphisch
ab 7. Jh. v.Chr. – 5. Jh. n.Chr.	Demotisch	Demotisch im Delta, Abnormal-Hieratisch in Oberägypten
1./3. Jh. n.Chr. – heute	Koptisch	Griechisch mit demotischen Zusatzbuchstaben

Tab 2: nach E. GRAEFE, Mittelägyptische Grammatik für Anfänger, 4. Auflage, Wiesbaden: Harrassowitz, 1994, S. 1 und R. HANNIG, Die Sprache der Pharaonen. Großes Handwörterbuch Ägyptisch-Deutsch (2800–950 v.Chr.) (Kulturgeschichte der antiken Welt; 64). Mainz: Philipp von Zabern, 1995, ³2001, S. XXVII.

Ägyptisch ist überwiegend eine Laut-, keine Bilderschrift. Vokale werden in der Regel nicht abgebildet, lediglich die Halbvokale w und j sind teilweise in Schreibungen eingeflossen.

Hieroglyphen als Wortbestandteile können in drei Gruppen vorkommen: 1. als Semogramm bzw. Ideo- oder Logogramm (mit einem abbildenden Charakter); 2. als Phonogramm (mit einem lautlichen Charakter); 3. als Determinativ (als Sinn bestimmendes Deutzeichen) (vgl. 2.2, S. XV).

1. Wortzeichen lassen sich am leichtesten erkennen, da sie den Gegenstand abbilden, für den sie stehen. Ein Strich unter einer einzelnen Hieroglyphe bedeutet, hier ist der Bildcharakter des Zeichens zu lesen (vgl. 2.2.2).

2. Die Phonogramme dürften sich aus Übertragung bzw. Reduktion der Lautform einer Hieroglyphe auf eine andere entwickelt haben. So entstanden neben den Wortzeichen auch Silben bzw. Buchstaben. Mit deren Hilfe wurde es möglich, zusätzlich zu den Wörtern grammatische Elemente eines Satzes im Schriftbild festzuhalten. Im Rebusprinzip werden dabei die Lautungen einzelner Hieroglyphen zu einem neuen Begriff zusammengesetzt. Dabei sind vor allem die Einkonsonantenzeichen (vgl. S. XVII) als Komplement in ägyptische Wörter aufgenommen worden, um größere lautliche Einheiten zu markieren. Laute (Phoneme) werden auf diese Weise grafisch wiederholt bzw. vorweggenommen, sind aber im Wort nicht noch einmal zu lesen (vgl. 2.2.4).

3. Die Eigenschaft des Ägyptischen, ein Zeichen auf Wörter zu übertragen, die sich aus derselben sprachlichen Wurzel herleiten, wird zur Entwicklung der Determinative geführt haben. Denn so ist es möglich, verschiedene, aber gleich geschriebene Ausdrücke am Wortende durch ein Zusatzzeichen eindeutig zu bestimmen. Unabhängig von der Lautung „kategorisieren" Determinative bestimmte Begriffe: 𓏛 für Abstrakta, 𓀁 für Handlungen mit dem Mund (essen, trinken, reden), 𓊖 für Städte(namen) usw. (vgl. 2.2.1).

Dennoch gibt es auch im Ägyptischen eine traditionell verhaftete Vorgabe, Begriffe zu schreiben, was als „Eugraphie" bezeichnet wird. Dies gilt sowohl für Titel oder enge Wortverbindungen (z. B. 𓇳𓏔 mj R^{c}, „wie Re") als auch für Adjektive, Substantive und Verben.

Dieses komplexe System der Hieroglyphenverwendung muss bei der Lesung eines Wortes zunächst richtig aufgeschlüsselt werden. Über die Determinative lässt sich das Wortende am leichtesten bestimmen. Mit Hilfe des *Hieroglyphenschlüssels* können über einzelne Hieroglyphen – unabhängig ihrer Stellung oder Verwendung in einem Wort – über deren Kategorienzugehörigkeit eine Auswahl an Wörtern zur Übersetzung herausgesucht werden (vgl. Kap. 2, S. XI).

ḏ(d)-mdw(.w) ḏ(j).n(=j) n=k …

„Ich gebe dir (hiermit) …"

Eine häufig verwendete Formel bei Szenen, auf denen der König oder Gott dem anderen etwas übergibt. markiert den Anfang einer Rede, vergleichbar im Deutschen den Anführungszeichen. Die Reihenfolge der Hieroglyphen stimmt nicht mit ihrer Lesung überein, dennoch verwendeten die alten Ägypter genau dieses Schriftbild äußerst gerne.

Die Vorteile der aufwendigen Bildzeichenschrift der alten Ägypter liegen in der Abbildbarkeit der geschriebenen Begriffe und der phonetischen Unschärfe, die es unter Wegfall der Selbstlaute möglich macht, dialektale Unterschiede zu kaschieren. Anders als z. B. im Deutschen ist es daher nicht nötig, eine „Normsprache" festzulegen, sondern die lokalen sprachlichen Eigenarten werden beibehalten. Für den heutigen Wissenschaftler ist es natürlich bedauerlich, die phonemischen Lautungen nicht der Schrift entnehmen zu können – Ägyptisch zu sprechen ist deshalb genauso unmöglich wie etwa Sprachverschiebungen sicher nachzuvollziehen.

Nicht immer einfach ist die Identifikation einzelner Hieroglyphen: Teilweise sind verschiedene Zeichen sehr ähnlich und unterscheiden sich nur durch Kleinigkeiten (z. B. wr VWL 154/G36 vs. nḏs VWL 155/G37, die nur in der Endform ihrer Schwänze variieren). Zudem weichen die originalen Hieroglyphen in Form und Gestaltung individuell von normierten Druckhieroglyphen ab, sodass bei der Identifikation immer mit Variationen zu rechnen ist.

Um ägyptische Texte verstehen zu können, kann auf die Erklärung grammatischer Konstruktionen nicht ganz verzichtet werden. Der *Hieroglyphenschlüssel* bleibt hierbei jedoch oberflächlich beschreibend, da eine Darstellung der Wort- und Satzlehre mehrere hundert Seiten füllen würde. Eine Kurzgrammatik enthält z. B. die

Marburger Edition von R. HANNIG, *Die Sprache der Pharaonen. Großes Handwörterbuch Ägyptisch-Deutsch (2800 – 950 v.Chr.).* Kulturgeschichte der antiken Welt; 64. Mainz ^{4}2006, die auf die Bedürfnisse von Einsteigern zugeschnitten ist.

Anders als in europäischen Sprachen, werden grammatische Formen nicht gebeugt oder flektiert, sondern als Vor-, Mittel- oder Nachsilbe (Präfix, Infix und Suffix) einem Wortstamm beigegeben.

Die Endung .t

Vorkommende grammatikalische Endungen sind z. B. .t, womit im Ägyptischen der Infinitiv gekennzeichnet ist. Ist dieser Infinitivform ein ḥr oder r vorangestellt, wird aus dieser Verbindung eine sog. Temporaform, d. h. diese Zeichenkombination kann im Deutschen zeitperspektivisch übersetzt werden. ḥr leitet dabei andauernde oder verlaufende (durative) Handlungen ein, r um eine Absicht auszudrücken (r ḥms.t, „um zu sitzen"; z. B. hat ein Mann einen Stuhl zu sich herangezogen, um sich zu setzen).

Die Endungen der sog. Suffixkonjugation

Zu den Tempora ist die sog. Suffixkonjugation „sḏm=f" zu zählen. Sie wird in der deutschen Übersetzung meistens als Präsenz, gelegentlich auch perfektivisch oder futurisch übersetzt. Ihren Namen bezieht sie aus ihrer Bildungsform: Einem Verb (als Fallbeispiel sḏm, „hören": VWL116, 144.2) wird als Personalendung ein Suffixpronomen nachgestellt (in der Transkription mit einem „=" abgetrennt). In der hieroglyphischen Schreibung sind diese Endungsformen nicht besonders gekennzeichnet, und sie stehen unmittelbar nach ihrem Beziehungswort. In der deutschen Übersetzung markiert dieses Suffix die handelnde Person eines gegenwärtigen Geschehens (z. B. sḏm=j, „ich höre" oder sḏm=f, „er hört").

Ist ein Suffixpronomen einem Substantiv angehängt, wird es in der Übersetzung wie ein Possessivartikel verwendet: , mwt=j, meine Mutter (VWL143.1/G14); , pr=f, sein Haus (VWL 245/O1); , sꜣ=n, unser Sohn (VWL157.1/G39.

Formenübersicht: Suffixpronomen

		Singular		Plural	
1. Pers.		=j	ich, mein	=n	wir, unser
2. Pers.	m.	=k	du, dein	=ṯn	ihr, euer
	f.	=ṯ	du, dein		
3. Pers.	m.	=f	er, sein	=sn	sie, ihr
	f.	=s	sie, ihr		
	n.	=tw	man		

Das Infix .n mit Endungen der sog. Suffixkonjugation

Ähnlich in der Formenbildung verhält sich die Suffixkonjugation „sḏm.n=f“, die sich vom sḏm=f nur durch ihre Zeitstellung unterscheidet. Sie drückt die Vorzeitigkeit einer Handlung aus, deren Wirkung bis in die Erzählgeschichte hinein anhält. Perfekt, Präteritum und Plusquamperfekt sind in einer deutschen Übersetzung die bevorzugten Zeitstufen für ein sḏm.n=f. Zu weiteren Formen siehe noch das .t-Infix sowie das .tw-Infix.

Die Infixe .t bzw. .t.n mit Endungen der sog. Suffixkonjugation

Eine zwischen den Stamm eines Verbs und eine der Endungen der sog. Suffixkonjugation eingeschobene Hieroglyphe .t ist Kennzeichen ägyptischer Relativsätze. Mit Hilfe der Infixe .t.n wird die ägyptische Relativform in eine Vergangenheitsstufe gesetzt (z. B. st sḏm.t=f, „die Frau, die er hört“ bzw. st sḏm.t.n=f, „die Frau, die er gehört hat“).

Die Infixe .tw und .n.tw mit Endungen der sog. Suffixkonjugation

Das Passiv zu Verbalformen der sog. Suffixkonjugation ist meistens an dem Bildungselement .tw zu erkennen, das an den Stamm eines Tätigkeitswortes angehängt wird. In ihren Zeitstufen entsprechen sḏm.tw=f-Formen der Suffixkonjugation sḏm=f (vgl. S. XXXVIII) bzw. sḏm.n.tw=f der Form sḏm.n=f (vgl. S. XXXVIII).

Die Formen des Pseudopartizips/Stativs

Das Pseudopartizip (oder auch Stativ genannt) erfüllt die Aufgabe, einen Zustand in allen Zeitstufen auszudrücken. Dabei modifiziert diese grammatischen Form die Verbbedeutung so, dass es im Gegensatz zum Deutschen nur ein Verb braucht, z. B. ḥmsj=f, „er setzt sich" wird als Pseudopartizip zu ḥmsj.w, „(er) sitzt". Es steht nach dem Substantiv und kennt (mit wenigen Ausnahmen) kein Akkusativobjekt. Bei Verben einer Handlung ersetzt es oft das Passiv, bei Verben der Bewegung oft das sḏm.n=f (vgl. S. XXXVIII).

Vereinfachte Formenübersicht: Stativendungen

		Singular			Plural		
1. Pers.		𓎡𓅱, 𓎡𓀀	.kj>.kw	ich		.wjn	wir
2. Pers.		𓍿𓏭, 𓏏	.tj	du		.twnj	ihr
3. Pers.	m.	𓅱, 𓏭	.w, .y	er	𓅱, 𓏭	.wj>.yj	sie
	f.	𓍿𓏭	.tj	sie	𓍿𓏭, 𓏏	.tj	sie

Die Endungen 𓏭 .y, 𓏏 .t, 𓅱/𓏲 .w und 𓏲𓏏 .wt

Das Ägyptische kennt als besonders beliebte Bildungsform das Partizip. Die Tätigkeit einer handelnden Person wird dabei zu einem Attribut umfunktioniert. Es gibt drei Formen für die Gegenwart, Vergangenheit und Zukunft. Sich regelmäßig wiederholende oder gerade aktuelle Ereignisse stehen im Generalis und werden präsentisch übersetzt. Für Handlungen, bei denen keine Dauer festgelegt ist und die in das Deutsche meist als Vergangenheit übertragen werden, steht im Ägyptischen das Perfekt. Das Futur kennzeichnet mögliche oder erwartete Ereignisse. Die ägyptischen Endungen, die zur Partizipbildung benutzt werden, richten sich nach Numerus und Genus des Bezugswortes.

	Generalis passiv	Generalis passiv	Perfekt aktiv	Perfekt passiv	Futur
sg. m.	Ø	.w	Ø	(.y/w)	.tj=fj
sg. f.	.t	.t	.t	.t	.tj=sj
pl. m.	.yw	.w	(.w)	(.y/w)	.tj=sn
pl. f.	.t	.t	.t	.t	.tj=sn

Neben den in der Tabelle zusammengestellten Bildungsformen sind Partizipien im Ägyptischen oft endungslos. Nur das Partizip Futur hat eine eigene Form entwickelt, die allerdings selten vorkommt. Sie ist an einem Infix .tj (mit anschließender Endung) erkennbar (z. B. sḏm.tj=fj „Einer, der hören wird“). Relativphrasen eignen sich am besten, diese Formen in das Deutsche zu übertragen.

Formenübersicht: Unabhängiges Personalpronomen

		Singular		Plural	
1. Pers.		jnk	ich	jnn	wir
2. Pers.	m.	ntk	du	ntṯn	ihr
	f.	ntṯ	du		
3. Pers.	m.	ntf	er	ntsn	sie
	f.	nts	sie		

Formenübersicht: Abhängiges Personalpronomen

		Singular		Plural	
1. Pers.		wj	ich	n	uns, wir
2. Pers.	m.	, ṯw	dich, du	, ṯn	euch, ihr
	f.	, ṯn	dich, du		
3. Pers.	m.	sw	ihn, er	sn	sie
	f.	sj	sie, es		
	n.	st	sie, es	st	sie

Textbeispiele

CG 20765: Einen Mann seiner Art gibt es im Land nicht (noch einmal).

VWL	67/D35	103/E34	1/A1	416/W19	372/Aa28	144/G17	225/N16
Transk.	n	wn/.t	s	mj	qd/=f	m	tꜣ
Übers.	Nicht	existiert	Mann	wie	Art/seine	im	Land

Nelson, OIP 106, Taf. 138, 28: „(Ich) habe Dir das Amt des Königs Ägyptens (über)gegeben.“

VWL	318/S43	426/X8	239/N35	298/044	239/N35	204/M23
Transk.	ḏd-mdw	dj/.n	n/=k	j3wt	n	nswt-bjtj
Übers.	Rezitation:	habe gegeben	an Dich	Amt	des	Königs

Westcar 8,12: Siehe, ich bin gekommen.

VWL	144/G17	XL	201/M18
Transk.	mk	wj	jj/.kw
Übers.	Siehe,	ich	bin gekommen

Name: Ramses

219/N5	122/F31	XL
Rᶜ	msj	sw
Re	hat geboren	ihn

Schiffbr. 42: Mein Herz war mein Begleiter.

VWL	123/F34	144/G17	347/T22
Transk.	jb/=j	m	sn.nw/=j
Übers.	Herz/mein	als	Begleiter/mein

Name: Amenophis

200/M17	288/R4
Jmn	ḥtp
Amun	zufrieden

Einführungen (Auswahl)

- HARTWIG ALTENMÜLLER, Einführung in die Hieroglyphenschrift (Einführungen in fremde Schriften). Hamburg: Buske, 2005 und die Besprechung hierzu von Wolfgang Schenkel, in *Lingua Aegyptia.* Journal of Egyptian Language Studies 13. Göttingen: 2005, S. 273–278.
- MARIA CARMELA BETRÒ, Heilige Zeichen. 580 ägyptische Hieroglyphen. Das Land der Pharaonen im Spiegel seiner Schrift. Aus dem Italienischen von Christiane von Bechtolsheim. Bergisch Gladbach: Lübbe, 1996 (Titel d. Originalausgabe: *Geroglifici. 580 Segni per Capire l'Antico Egitto.* Mailand 1995). Sonderausgaben im Fourier-Verlag, Wiesbaden 2003 und bei Marix, Wiesbaden 2004.
- JAN BUURMAN / NICOLAS GRIMAL / MICHAEL HAINSWORTH / JOCHEN HALLOF / DIRK VAN DER PLAS, Inventaire des signes hiéroglyphiques en vue de leur saisie informatique: Manuel de codage des textes hiéroglyphiques en vue de leur saisie sur ordinateur [...]. Informatique et égyptologie 2. Mémoires de l'Académie des Inscriptions et Belles-Lettres (Nouvelle Série) 8. Paris: DeBoccard, [3]1988.
- MARC COLLIER / BILL MANLEY, Hieroglyphen. Entziffern, lesen, verstehen. München: Knaur, 2001 (Titel d. Originalausgabe: *How to Read Egyptian Hieroglyphs. A Step-by-step guide to teach yourself.* London 1998, [11]2003, 2004 Nachdr.).
- WILLIAM VIVIAN DAVIES, Egyptian Hieroglyphs (Reading the past). London: British Museum Press, 1987, [12]2002.
- BRIDGET MCDERMOTT, Die Hieroglyphen entschlüsselt. Wie man die Sprache der Pharaonen liest und versteht. München: Heyne, 2002 (Titel d. Originalausgabe: *Decoding Egyptian Hieroglyphs.* London 2001).
- FRANÇOIS DAUMAS, Valeurs phonétiques des signes hiéroglyphiques d'époque gréco-romaine (Institut d'Égyptologie, Université Paul-Valéry). Montpellier : Publ. de la Recherche, 1988–1995.
- HENRY GEORGE FISCHER, Ancient Egyptian Calligraphy. A Beginner's Guide To Writing Hieroglyphs. New York: The Metropolitan Museum of Art, 1979, [4]1999.
- NICOLAS GRIMAL / JOCHEN HALLOF / DIRK VAN DER PLAS, Hieroglyphica. Utrecht: Centre for Computer-aided Egyptological Research, [2]2000.
- HARALD HAARMANN, Geschichte der Schrift (C. H. Beck Wissen in der Beck'schen Reihe; 2198). München: Beck, 2002, [2]2004.
- FRIEDHELM HOFFMANN, Ägypten, Kultur und Lebenswelt in griechisch-römischer Zeit. Eine Darstellung nach den demotischen Quellen. Berlin: Akademie Verlag, 2000.

– CHRISTIAN JACQ, Die Welt der Hieroglyphen. Aus dem Französischen von Theresa Maria Bullinger und Ingeborg Schmutte. Berlin: Rowohlt, 1999, [3]2001 (Titel d. Originalausgabe: *Le petit Champollion illustré*. Paris 1994).
– JANICE KAMRIN, Ancient Egyptian Hieroglyphs. A Practical Guide. A step-by-step approach to learning ancient Egyptian hieroglyphs. Cairo: The American University Press, 2005.
– NORMA JEAN KATAN / BARBARA MINTZ, Hieroglyphs. The Writing of Ancient Egypt. London: British Museum, 1985, [3]1989.
– JAROMIR MALEK, ABC of Egyptian Hieroglyphs. Oxford: Ashmolean Museum, 1994.
– CARSTEN PEUST, Hieroglyphisch Wort für Wort (Kauderwelsch; 115). Reise Know-How Verlag Peter Rump GmbH, [3]2001.
– GEORGES POSENER, Recherches littéraires, in: Revue d'Égyptologie, I: 6 (1951), S. 27–48 & 9 (1952), S. 117–120; II: 7 (1950), S. 71–84; III: 8 (1951), S. 171–189; IV: 9 (1952), S. 109–117; V: 10 (1955), S. 61–72; VI: 11 (1957), S. 119–137; VII: 12 (1960), S. 75–82. Paris: Éditions Klincksieck; Paris: Imprimerie Nationale; Le Caire: Institut français d'archéologie orientale du Caire.
– DAVID SANDISON, Hieroglyphen. Die Kunst des alten Ägypten. Augsburg: Battenberg, 1998.
– ADELHEID SCHLOTT, Schrift und Schreiber im Alten Ägypten (Beck's Archäologische Bibliothek). München: Beck, 1989.
– WOLFGANG SCHENKEL, Die hieroglyphische Schriftlehre und die Realität der hieroglyphischen Graphien [Vortrag gehalten in der Plenarsitzung am 9. Februar 2001] (Sitzungsberichte der Sächsichen Akademie der Wissenschaften zu Leipzig, Philologisch-historische Klasse; 138,5). Stuttgart: Leipzig: Hirzel, 2003.
– JOSEPH & LEONORE SCOTT, Egyptian hieroglyphs for everyone. An Introduction to the writing of ancient Egypt. New York: Funk & Wagnalls, [1968].
– HEINZ JOSEF THISSEN, Aus der Werkstatt Horapollons, in: Karola Zibelius-Chen / Hans-Werner Fischer-Elfert (Hrsg), „Von reichlich ägyptischem Verstande". Festschrift für Waltraud Guglielmi zum 65. Geburtstag (Philippika; 11). Wiesbaden: Harrassowitz 2006, S. 153–163.
– GABRIELE WENZEL, Hieroglyphen. Schreiben und lesen wie die Pharaonen. München: Nymphenburger, 2001, [3]2004.
– RICHARD H. WILKINSON, Reading Egyptian Art. A hieroglyphic guide to ancient Egyptian painting and sculpture. London: Thames and Hudson, 1992, [3]1998.

- HILARY WILSON, Hieroglyphen lesen. Aus dem Englischen von Peter E. Maier. München: dtv, Oktober 1999, [6]Februar 2002 (Titel d. Originalausgabe: *Unterstanding Hieroglyphics*. London 1993). Sonderausgabe im Weltbild Verlag GmbH, Augsburg 2001.
- DIETRICH WILDUNG / MORITZ WULLEN, Hieroglyphen! Der Mythos der Bilderschrift von Nofretete bis Andy Warhol. Köln: DuMont Literatur und Kunst Verlag, März 2005.
- KARL-TH[EODOR] ZAUZICH, Hieroglyphen ohne Geheimnis. Eine Einführung in die altägyptische Schrift für Museumsbesucher und Ägyptentouristen (Kulturgeschichte der antiken Welt; 6). Mainz am Rhein: von Zabern, 1980, [11]2000. In englischer Fassung als *Discovering Egyptian hieroglyphics. A pratical guide. Translated and adapted by Ann Macy Roth* bei Thames and Hudson, London 1992 und als *Hieroglyphics without mystery. An introduction to ancient Egyptian writing* bei Universitry of Texas Press, Austin 1992 erschienen.
- KARL-THEODOR ZAUZICH, Von den Hieroglyphen zum Alphabet (Kulturgeschichte der antiken Welt; 89). Mainz am Rhein: von Zabern, 2004.

3.3 Paläografie und Epigrafik

Schrift ist eine entpersonalisierte Form der Kommunikation, die zeitlos ist und ortsungebunden sein kann. Wie in Kapitel 3.2.1 Die Hieroglyphenschrift (S. XXX) bereits erwähnt, lassen sich auch die Hieroglyphen und ihre Platzierung auf einem Textträger nach stilistischen und technischen Merkmalen auf bestimmte Epochen bzw. Landesteile – vielleicht sogar auf Werkstätten – eingrenzen.

Diplomatik	— Urkundenlehre
Epigrafik	— Inschriftenkunde
Kalligrafie	— Schriftkunst
Kodikologie	— Buchkunde
Paläografie	— Schriftkunde
Typografie	— Druckzeichenlehre

Paläografie ist in der Ägyptologie eng mit der Handschriftenkunde verbunden. Monografien und Handbücher, die stilistische Kriterien hierzu aufbereitet und vor allem zeitlich bewertet haben, gibt es bereits mehrere. Ihr Augenmerk liegt auf dem Schriftduktus und Längen bzw. Kürzen der verschiedenen Zeichen, die auf Papyrus, Ostraka (Kalksteinsplitter) oder auf Leder aufgetragen wurden.

Zwar leitet sich unser heutiger Begriff „Papier“ vom griechischen πάπυρος ab, es geht aber auf ein Press- und Glätteverfahren zurück, das 105 n.Chr. durch Ts'ai Lun in China auf Grundlage von Seidenresten und Maulbeerbaumbast entwickelt wurde. Spätestens 750/751 n.Chr. gelangte diese Technik nach Samarkand (heutiges Usbekistan), wo die Ausgangsstoffe durch Flachs und Hanf ersetzt wurden; über das islamische Spanien wurde ab dem 12. Jahrhundert das bis dahin in Europa gebräuchliche Pergament durch eine expandierende Papierwirtschaft bis ins 17. Jahrhundert völlig verdrängt. Pergament ist Plinius dem Älteren zufolge im 2. Jahrhundert v.Chr. in Pergamon entwickelt worden – daher die Begriffsableitung –, dürfte aber bereits sehr viel länger und an anderen Orten in Verwendung gewesen sein. Bei seiner Herstellung wird Tierhaut in Kalkwasser eingeweicht und die Haarwurzeln werden abgeschabt. Die anschließend auf Rahmen gespannte Haut wird mit Bimsstein und Messer geglättet.

Die Inschriftenkunde oder Epigrafik dagegen – in Ägypten die zumeist in Stein gearbeitete Hieroglyphenschrift auf Denkmälern und Dekreten – wird in der Ägyptologie meist wenig oder bisweilen gar nicht berücksichtigt. Dies kann man gut daran ablesen, dass z. B. in Tempelpublikationen auf eine originale Wiedergabe der Texte und ihrer Hieroglyphen zugunsten eines einheitlichen Schrifttypus verzichtet wird. Meistens sind andere Kriterien wie Textinhalt und -grammatik, Königsnennung oder stilistische Merkmale des Textträgers (etwa einer Statue) für eine zeitliche Einordnung ausschlaggebend. Doch neben chronologischen Aussagen ermöglicht erst die Epigrafik Rückschlüsse auf die Qualität der Hieroglyphen.

Die altägyptischen Schriftzeichen sind von Handwerker zu Handwerker in ihrer Ausführung unterschiedlich. Sie variieren in ihrer Größe zueinander, im Abstand zwischen den Zeichen und den Begrenzungslinien oder in der Qualität ihrer Ausführung. Die Unterschiede lassen sich auf zeit- und ortsbedingte Formvorgaben zurückführen (im 4.–2. Jh. v.Chr. z. B. werden die Hieroglyphen im Abstand enger zueinander platziert), aber auch das handwerkliche Geschick des Künstlers prägt das Erscheinungsbild altägyptischer Texte.

3.3.1 Erhaltungsbild

Ausgehen sollte man bei einer Beschreibung immer vom Erhaltungsbild des Schriftträgers (bzw. dem Beschreibstoff). In Ägypten sind vor allem Papyrus (wiederbeschriftet dann als Palimpsest bezeichnet), Ostraka (Scherben zerbrochener Tongefäße oder einfache Kalksteinsplitter), Holz (roh belassen oder stuckiert), Knochen und Elfenbein sowie Stein zum Beschreiben genutzt worden, seltener Metall oder Leder. Daneben kommen in römischer Zeit Wachstäfelchen in Gebrauch, deren Beschriftung mit einem Spachtel „ausradiert“ werden kann.

> Unbeschriftete Papyrusfunde gehen in die Zeit um 2900 v.Chr. zurück, wo im Grab Nr. 3506 in Saqqara (die Anlage wird dem königlichen Beamten namens Hemaka zugeschrieben) die bislang älteste bekannte Papyrusrolle entdeckt wurde. Ein erster beschrifteter Papyrus entstammt dem Corpus der Gebelein-Papyri aus der späten 4. Dynastie.
>
> Die Verwendung des Pergaments geht laut Plinius auf einen Streit zwischen den Königen Ptolemaios Epiphanes von Ägypten und Eumenes II. von Pergamon zurück, wer die größte Bibliothek der damaligen Welt habe. Dem ägyptischen Herrscher kam es dabei zugute, die Herstellung des zu seiner Zeit gebräuchlichsten Schreibmaterials, des Papyrus, monopolisiert zu haben. Mit einem Exportverbot für Papyrus versuchte er, das Prestigeduell für sich zu entscheiden, auf daß in Pergamon keine neuen Schriften verfaßt werden könnten. Eumenes II. ließ darauf hin nach Alternativen suchen, die in die (Weiter-)Entwicklung des Pergaments mündeten. Das biegsamere und haltbarere Pergament drängte den Papyrus nach und nach als universelles Schreibmaterial in den Hintergrund, bis dieser nur noch in Ägypten und damit von lokaler Bedeutung war.

3.3.2 Schriftzweck

Der Schriftzweck ist meistens ausschlaggebend für den Schriftträger. Lehrtexte, Schreibübungen und Prosa wurden in erster Linie auf Papyrus und Ostraka niedergeschrieben, Weih- bzw. Widmungsinschriften hingegen – besonders dann, wenn sie architektonisch implementiert waren – auf Stein, Holz oder Metall. Baupläne haben sich wiederum nur auf Papyrus und Leder erhalten. Notizen und Quittungen schrieben die alten Ägypter auf Ostraka, Holz und Wachstafeln; Etikettierungen notierten sie auf Knochen- oder Elfenbein bzw. Holztäfelchen. Papyrus, Holz und Stein zählen zu den Schriftträgern für Bestattungstexte.

3.3.3 Schreibstoff bzw. Schreibgerät

Das Material des Schriftträgers wiederum bestimmt zu einem großen Teil die Wahl des Schreibstoffs bzw. Schreibgeräts. Hierunter fallen die Binse und Tinte (Ruß und Karbon für schwarze, Ocker für rote Farbe), der Federkiel oder der Schreibstift sowie Radiermesser, Schablone oder Lineal u.a. mehr.

3.3.4 Schriftart und -garnitur

Die verschiedenen Schriftarten lassen sich grob in Kurrentschrift (Urkunden- bzw. Buchschrift) und Zierschriften (z. B. Kalligrafie) unterscheiden. Hieratisch und seine späteren Ableitungen gehören zur Kurrentschrift, während das Hieroglyphische zu den Zierschriften zählt. Die Kursivhieroglyphen z. B. der altägyptischen Totenbücher nehmen eine Zwitterstellung ein, da sie sowohl als Schreib- wie auch als Schmuckschrift Verwendung fanden.

Hat ein ägyptischer Schreiber hieroglyphische und hieratische Elemente miteinander kombiniert, spricht man von einer Misch- oder Bastardschrift. Tauchen solche Elemente vereinzelt auf, notiert man sie als „Zwiebelfisch“. Verschiedene Schriftarten auf einem gemeinsamen Schriftträger bilden die Schriftgarnitur eines Objektes.

Da Hieroglyphen unterschiedlich gearbeitet werden können, werden sie je nach ausgeführter Technik differenziert. Reliefschriften (erhabene bzw. versenkte oder vertiefte Technik) gehen als Scalptura, gemalte Schriften als Pictura in eine Beschreibung ein.

Als nächstes sollte der Konturzug festgehalten werden. Handelt es sich um eine Umrissschrift, d. h. eine Außenlinie (oder ein Außenzug) grenzt das Innere der Hieroglyphe vom Hintergrund ab, verwendet man den Begriff der Contura. Im Gegensatz dazu steht die Tatzen- oder Silhouettenschrift, auch Incontura genannt, wobei die gesamte Hieroglyphenfläche einfarbig ausgemalt worden ist.

3.3.5 Farbbild

Das Farbbild des Textträgers muss die Färbung des Untergrundes sowie die farbliche Gestaltung der Hieroglyphe berücksichtigen. Wurde das altägyptische Schriftzeichen mit mehr als zwei Farben (aus)gemalt, ist es polychrom(a), ansonsten bezeichnet man es als monochrom(a).

3.3.6 Raumbild

Zum Raumbild gehören die Verteilung der Texte und Darstellungen auf dem Textträger, ferner die Zeichenanordnung und das Zeichenarrangement. Nach Festlegung der Schriftrichtung (in Zeilen oder Kolumnen, links- oder rechtsläufig; vgl. S. XXVIII), spielt das Zeilenbild für die weitere Beschreibung eine entscheidende Rolle. Festzuhalten ist die Registerbegrenzung (auch Bandzeile genannt), die durch Ober- und Unterlinie bei Zeilen bzw. Seitenlinien (Links- und Rechtslinie) bei Kolumnen von Darstellungsflächen oder Blindfeldern (d. h. Raum ohne Text oder Bild) abgetrennt wird. Diese Registerstriche geben die Zeilenabstände vor: Ist bei zwei untereinanderliegenden waagerechten Registern die Unterlinie der oberen gleichzeitig auch die Oberlinie der unteren Zeile, ergibt dies einen Zeilenabstand von null.

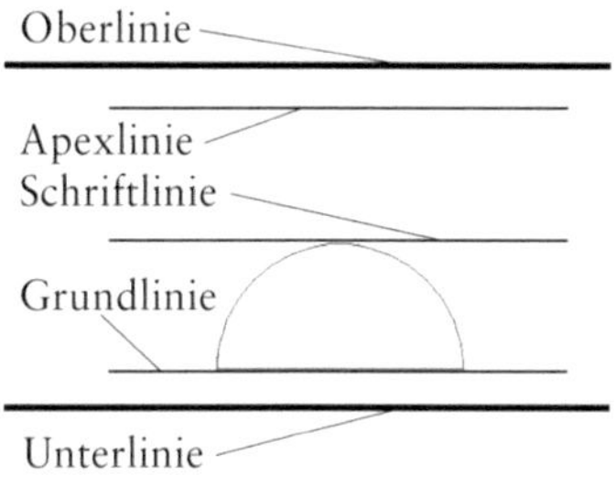

Der Anfang einer Zeile heißt Eingang, entsprechend deren Ende Ausgang. Drei imaginäre Linien führen vom Anfang zum Ende der Zeile bzw. Kolumne, die die Positionierung der Hieroglyphe innerhalb der Bandzeile bestimmen. Sie sind der Linienführung von Notenblättern vergleichbar. Dabei verläuft die Grundlinie (oder auch Stand- bzw. Basislinie) als untere Begrenzung der altägyptischen Zeichen, auf der sie zu stehen scheinen. Ihre imaginäre obere Begrenzung ist die Apexlinie. Die Schriftlinie ist eine Mittellinie, die oberhalb mittelhoher Hieroglyphen verläuft, z. B. bei ⌓ (Lautwert t).

Der Bereich oberhalb der Schriftlinie ist die Oberzone, die von der Oberlinie begrenzt wird, unterhalb davon liegt die Unterzone mit der Unterlinie als Begrenzung. Fallen z. B. die Grundlinie der Zeichen und die Unterlinie der Zeilenbegrenzung zusammen, nennt man dies kontaktierend. Stehen die Hieroglyphen in der Zeilenmitte, sind sie zentriert.

Die Anordnung der Zeichen drückt sich in der Zeilenführung aus. Grund- und Apexlinie dienen zur Orientierung: Verlaufen Zeilenstriche und imaginäre Zeichenlinien parallel zueinander, ist die Zeilenführung gerade. Nähern sich gegen Zeilenende Apex- und Oberlinie an, ist die Zeilenführung steigend, sind es Grund- und Unterlinie ist sie fallend. Die Laufweite bestimmt, ob die Hieroglyphen locker (dann ist sie erweitert oder geweitet) oder gedrängt (bzw. schmal oder eng) zueinander stehen. In Verbindung mit der Größe des Zeichenzwischenraums – der Pufferzone – geben sie den Verteilungsrhythmus vor: Im Idealfall ist der Abstand zwischen den Zeichenkörpern gleich groß, bei Gedränge z. B. am Zeilenende oder bei hässlichen Lücken wird das Schriftbild unebenmäßig.

Zeichenordnende Grundlage ist das Schriftquadrat (oder Geviert). Ideell gesehen ist das Geviert gleich breit wie hoch, sodass es sich in vier kleinere Quadrate einteilen lässt. Je nachdem, ob eine Hieroglyphe vier, zwei oder ein Kleinquadrat einnimmt, wird es in Vollzeichen (nimmt alle vier Quadrate eines Gevierts ein), Hochzeichen (nimmt zwei Quadrate senkrecht übereinander ein), Breitzeichen (nimmt zwei Quadrate nebeneinander ein), Quadrans (nimmt nur ein Quadrat ein) und Dodrans (nimmt Dreiviertel einer Geviertfläche für sich ein) unterschieden. Typische Zeichenkombinationen wie etwa ḏ(d)-mdw(.w) (vgl. S. XXXVI) nennt man Logotypen.

3.3.7 Formbild

Die Elemente der Hieroglyphengestaltung gehören zum Formbild. Herausstechend ist hier die Größe des Zeichens, die sich aus seiner Höhe und Breite ergibt. Schnörkel, Ornamente oder Innenzeichnungen können Hieroglyphen bereichern, durch Weglassung einzelner Elemente werden sie vereinfacht.

Von Hieroglyphen klassischer Prägung, der sog. Classica, erwartet man Gleichmaß, Symmetrie, Gradlinigkeit und ebenmäßige Rundungen. Lassen Hieroglyphen feine Proportion und das ästhetisches Gefühl für Naturnachahmung vermissen, wird der Schrifttyp als Grotesca gekennzeichnet. Zeichenvarianten, die zunehmend unproportioniert erscheinen und kaum noch in Verbindung zu ihrem ursprünglichen Bildcharakter stehen, bilden den Typus der Rustica. Sie weisen zudem eine geringe Formtreue auf, d. h. auf ein und demselben Schriftträger werden sie unterschiedlich ausgeführt.

Ein qualitatives Merkmal kann auch die Strichstärke sein. Eine gleichmäßige Strichstärke (Strichdicke) und eine bestimmte Strichfolge erhöhen den optischen Wert einer Hieroglyphe entscheidend.

Literaturauswahl

- HANS GOEDICKE, Old Hieratic Paleography. Baltimore, 1988.
- RAINER HANNIG, Zur Paläographie der Särge aus Assiut (Hildesheimer Ägyptologische Beiträge; 47). Hildesheim: Gerstenberg, 2006.
- FRANK KAMMERZELL / MOHAMED SHERIF ALI, Hieratische Paläographie I. Georg Möller, Neue Bearbeitung der Ausgabe Leipzig 1909.
- GEORG MÖLLER, Hieratische Paläographie. Die aegyptische Buchschrift in ihrer Entwicklung von der fünften Dynastie bis zur römischen Kaiserzeit. Erster Band: Bis zum Beginn der achtzehnten Dynastie. Leipzig: J. C. Hinrichs'sche Buchhandlung, 1909; Zweiter Band: Von der Zeit Thutmosis' III bis zum Ende der einundzwanzigsten Dynastie. Leipzig: J. C. Hinrichs'sche Buchhandlung, 1909; Dritter Band: Von der zweiundzwanzigsten Dynastie bis zum dritten Jahrhundert nach Chr. Leipzig: J. C. Hinrichs'sche Buchhandlung, 1912; Vierter Band: Ergänzungsheft zu Band I und II. Leipzig: J. C. Hinrichs'sche Buchhandlung, 1936.

3.4 Die Entzifferung der Hieroglyphen

Der „Lettre à Monsieur Dacier relative à l'alphabet des hiéroglyphes phonétiques" vom 22. September 1822 gilt allgemein als Geburtsstunde der Ägyptologie. Diese Abhandlung Jean François Champollions (1790–1832) über seine gelungene Entzifferung der ägyptischen Hieroglyphen öffnete den Weg, die vergessene Kultur des alten Ägypten und seiner schriftlichen Hinterlassenschaften zurück in die Moderne zu holen. Denn die mehr als 3000 Jahre gebräuchliche Bilderschrift der Pharaonen und ihrer Elite war mit der Spätantike in Vergessenheit geraten. Die Sprache lebte zwar im Koptischen weiter, von den Christen Ägyptens bis heute genutzt, nicht so aber der Gebrauch der von den Griechen „heilige Zeichen" genannten Schrift.

Abb. 3.5: Gemälde J.F. Champollions von Leon Coignet, 1831. Musée du Louvre, Paris.

Champollion hat mit seiner Entschlüsselung das Rätsel um die ägyptische Sprache und Schrift nach gut 200 Jahren gelüftet. Gelehrte der Renaissance und des Barock hatten wiederholt Versuche unternommen (u. a. der gelehrte Jesuit Athanasius Kircher, 1601–1680), die Bilderschrift der alten Ägypter zu entziffern – und ihre erfolglosen Versuche nährten in Europa Fantasien, in Hieroglyphen und ihren Texten eine verschlüsselte göttliche oder universelle Weisheit zu vermuten, die der Menschheit durch die außergewöhnliche Schrift verschlossen bleiben sollte.

Das Problem der frühen Entzifferungsversuche war der uneinheitliche Charakter der Hieroglyphenschreibungen: Für eine Lautschrift waren es zu viele Zeichen, für eine Bilderschrift zu wenige, um jeden einzelnen Begriff abzubilden.

Eines der neuzeitlichen Zentren für die Entschlüsselung der Hieroglyphen war Rom. Dort gab es seit der römischen Kaiserzeit eine Vielzahl hieroglyphisch beschrifteter Objekte aus Ägypten. Allerdings halfen die dort gemachten Funde nicht immer, führten antike Plagiate altägyptischer Kunst zusätzlich zu der Kompliziertheit des Hieroglyphensystems so manche wissenschaftliche Bestrebung in eine Sackgasse. Desgleichen galt für die *Hieroglyphika* des Horapollons (4.–5. Jh. n.Chr.), die mit ihren Beschreibungen der Zeichen und ihren Bedeutungen ebenfalls keinen geeigneten Lösungsansatz in sich trugen.

Mit der napoleonischen Eroberung Ägyptens und der daran anschließenden Publikation der *Description de l'Égypte* (s. Kasten rechts) erhöhte sich der Fundus an auswertbarem (und sicher altägyptischem) Material schlagartig. Erste glückliche Versuche, dem Geheimnis der Hieroglyphenschrift näher zu kommen, gelangen Anfang des 19. Jahrhunderts dem Franzosen Sylvestre de Sacy (1758–1832), dem Schweden Johan Åkerblad (1763–1819) und dem Engländer Thomas Young (1773–1829). Letzterer war in den Besitz einer Tuschekopie der Inschrift des „Steins von Rosette“ (s. Rosettana) gekommen, mit deren Hilfe er in Analogie zum Chinesischen in den Kartuschen (ovale Einfassungen einer Hieroglyphengruppe) Königsnamen vermutete. Da auf der Rosettana neben der hieroglyphischen Textfassung auch eine lesbare demotische sowie eine griechische Variante angebracht war, konzentrierte sich

Description de l'Égypte

1798 hatte Napoleon Ägypten erobert, doch neben seinem militärischem Interesse, durch die Besetzung des Nillandes einen Zugang nach Indien zu sichern, hatte er bis zu 167 Gelehrte in die Reihen seiner Militärs gestellt, deren Aufgabe es war, das Land, seine Bewohner, die Fauna und Flora sowie die Baudenkmäler im Bild festzuhalten. Die daraus entstandene *Description de l'Égypte ou Recueil des observations et des recherches qui ont été faites en Égypte pendant l'expédition de l'armée française* – ein zwanzig Folianten umfassendes Text- (9 volumes in-folio de texte) und Kupferstichtafelwerk (11 volumes grand in-folio de planches) – mit insgesamt mehr als 3000 Abbildungen, ist das erste große Werk der Ägyptologie, an dessen Fertigstellung von 1809 bis 1822 (édition impériale) über 400 Kupferstecher arbeiteten.

Young mit Hilfe der „numerischen Symbolanalyse“ auf die Anzahl der Zeichen gleicher Worte im hieroglyphischen, demotischen und griechischen Text. So gelangte Young zu der Überzeugung, im Demotischen eine Sprachvariante des Ägyptischen zu erkennen, zum anderen fand er heraus, dass Hieroglyphen Zeichen mit Bild- wie Lautcharakter waren.

„Numerische Symbolanalyse“

1	2	3	4	5	6	7	8	9
P	T	O	L	E	M	A	I	S
𓊪	𓏏	𓍇	𓃭	-	𓐝	𓇌		𓋴

Jedes griechische Zeichen wird ausgezählt und numerisch entsprechend einer Hieroglyphe zugeordnet. Da Young bereits erkannt hatte, Selbstlaute im Ägyptischen nicht umzusetzen, bleibt die fünfte Position „E“ in der hieroglyphischen Entsprechung unberücksichtigt. Da 𓍇 nicht bei allen griechischen Schreibungen des Namens Ptolemaios auftaucht, übernahm es Young als „not essentially necessary“ nicht in seinen Listen.

In den folgenden Jahren, unterstützt durch die Veröffentlichung der ägyptischen Altertümer in der *Description de l'Égypte*, konnte Young eine ganze Reihe Hieroglyphen korrekt den griechischen und demotischen Übertragungen zuordnen. Die Ergebnisse seiner vier Jahre Arbeit veröffentlichte er 1819 in dem (lediglich) mit „Egypt“ überschriebenen Artikel zum *Supplement to the fourth edition of the Encyclopaedia Britannica*. Der entscheidende Durchbruch aber blieb ihm verwehrt, was weniger der Arbeitsweise Youngs, sondern vielmehr der Rosettana zuzuschreiben ist, die außer dem Königsnamen Ptolemaios keine weiteren königlichen Kartuschenschreibungen kennt – und somit keine weitere sichere Ableitung zulässt.

Youngs Hieroglyphenverzeichnis konnte daher nicht über 𓊪 p, 𓏏 t, 𓃭 l, 𓐝 m, 𓇌 y und 𓋴 s bzw. 𓈖 n und 𓏏 als feminine Endung (Lautwert t), die er der Schreibung des Königinnennamens Berenike von einem Objekt aus Karnak entnehmen konnte, hinauswachsen.

Die Rosettana (Stein von Rosette)

Abb. 3.6: Der „Stein von Rosette", ein Dekret der ägyptischen Priestersynode, die sich in Memphis versammelt hatte. Erlaß vom 27. März 196 v.Chr. von Ptolemaios V. Epiphanes. British Museum London, Inventarnummer EA24; Höhe 114,3 cm; Breite 72,4 cm; Tiefe 28 cm.

Als am 15. Juli 1799 unter Leitung des französischen Leutnants Pierre-François Xavier Bouchard bei Schanzarbeiten an der Festung „Fort Julien" in el-Rashid/Rosette ein 762 kg schwerer Basaltstein geborgen wurde, konnte niemand der damals Anwesenden auch nur ahnen, eine wissenschaftliche Sensation gefunden zu haben: Dem Engländer Thomas Young diente der Fund als Schlüssel zur Entzifferung der Hieroglyphenschreibsystematik.

Der Stein von Rosette ist stark beschädigt; von der hieroglyphischen Version des dreisprachigen Textes ist der größte Teil verloren, vom demotischen Abschnitt fehlen die Anfänge der ersten 14, vom griechischen die Enden der letzten 27 Zeilen. Zunächst wurde der Stein in Kairo im von den Besatzern errichteten Französischen Institut aufgestellt. Im Zuge der sich abzeichnenden Kapitulation vor den englischen Truppen gelangte die Rosettana in das Haus des Generals Menou in Alexandria, wo sie 1801 zusammen mit anderen Antiquitäten verkauft und im Frühjahr 1802 über Portsmouth (England) nach London in die Räume der „Society of Antiquaries", anschließend in das Britische Museum gebracht wurde.

Die Inschrift gibt ein Dekret wieder, das u.a. festschreibt, die in diesem gefassten Erlasse als Steinkopie in Tempeln aufzustellen, und anordnet, seinen Text dreisprachig abzufassen: So ist auf der Rosettana das obere Drittel in Hieroglyphen (S. XXX), der mittlere Abschnitt in Demotisch (S. XXXII) und das letzte Drittel in Griechisch geschrieben.

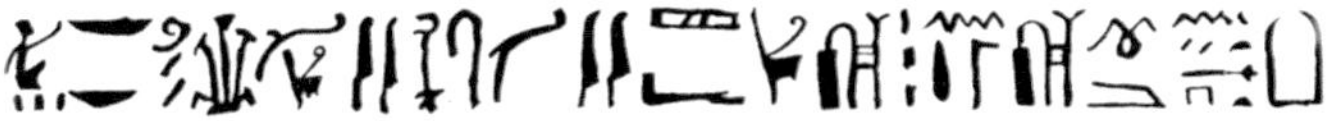

sẖꜣy n Ḥꜣw-nbw / sẖ Wynn ¦ sẖ n šꜥy / sẖ šꜥt ¦ sẖ n mdw-nṯr / sẖ md-nṯr

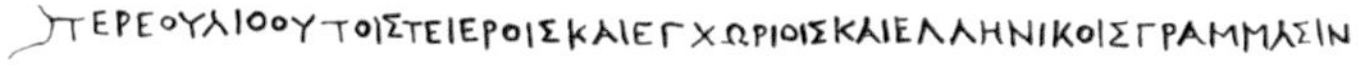

„… in heilige, einheimische (demotische) und griechische Schriftzeichen …"

Die Lösung brachte die Reise von W.J. Bankes, der 1819 aus Ägypten einen Obelisken samt Basis von der Insel Philae in sein Zuhause nach Kingston Lacy, Dorset überführen ließ. Denn der griechisch-hieroglyphisch beschriftete Untersatz trug diesmal zwei königliche Namen, wiederum den des Ptolemaios und den der Kleopatra. Eine Lithografie der Inschriften gelangte zu Champollion, dem es als Rezipient der Young'schen Vorarbeiten nicht schwer fiel, aus beiden Namen deren Lautbestand den Hieroglyphen richtig zuzuweisen.

p	☐	◁	**k**
t	◠	⬚	**l**
o	⌇	❘	**e/i**
l	⬚	⌇	**o**
e		☐	**p**
m	⊏	🐦	**a (ꜣ)**
a		⌢	**d/t**
i	ᐁᐁ	⌒	**r**
s	❘	🐦	**a (ꜣ)**

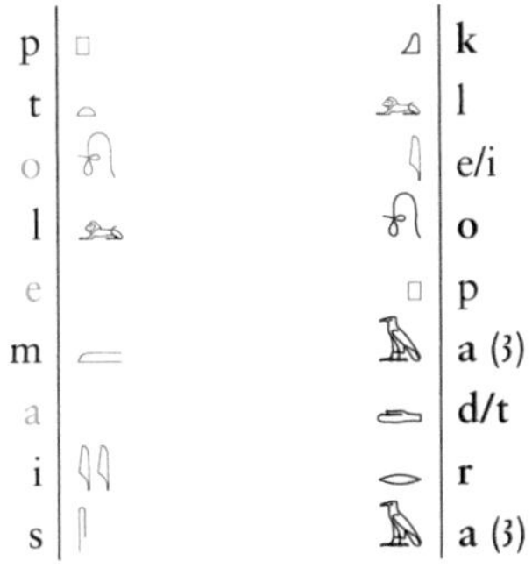

Mit diesem (um **k**, **o**, **ꜣ**, **d** und **r**) erweiterten Lautbestandglossar begann Champollion, weitere Kartuschen zu lesen. Dank der richtigen Entschlüsselung von

🐦	⬚	⌢	❘	⌇	⎽⎽⎽	⌢	⌒	→
a (ꜣ)	l	?	s	e/i	?	d/t	r	?

zu a l k s e n d r s , der ägyptischen Umsetzung Alexanders des Großen, verfügte er nach der Entschlüsselung von nur drei Königsnamen über fast die Hälfte der heute in der Ägyptologie verwendeten Einkonsonantenzeichen. Mit der richtigen Lesung der Titel Kaisaros bzw. Autokrator (die Regententitel der römischen Besatzungszeit über Ägypten) stellte sich für Champollion die Frage, ob die lediglich aus der spätesten Verwendungszeit der Hieroglyphen gewonnenen Phoneme auch für die Entzifferung älterer Texte nutzbar waren.

Eine häufig vorkommende Kartusche, die er als Kopie der Inschriften von Abu Simbel im September 1822 zu entschlüsseln begann, bestand in ihrer einfachsten Form aus vier Hieroglyphen, von denen er die beiden letzten gleichen Zeichen 𓋴𓋴 bereits aus den griechischen Herrschernamen Ptolemaios und Aleksandros als „s“ identifiziert hatte. Es waren die ihm unbekannten Schriftzeichen 𓇳 und 𓄟 zu deuten. Aus dem Koptischen wusste er, dass dort die Sonne, welche vielleicht im ersten Zeichen abgebildet sein sollte, die Lautung „Re“ besitzt. Champollion stellte folgende Hypothese auf: Re+?+s+s würden sich zu dem aus Manethos Ägyptenbeschreibung bekannten pharaonischen Herrschernamen „Ramses“ ergänzen lassen, woraus sich für 𓄟 die Lesung „m“ ergibt (hier jedoch irrte Champollion, da es tatsächlich den Lautwert „ms“ besitzt. Die nachfolgende Hieroglyphe 𓋴 s ist phonetisches Komplement zu ms. Für die Möglichkeit einer nicht zu lesenden, phonetischen Wiederholung von Einkonsonantenzeichen gab es für Champollion nicht den geringsten Hinweis).

Durch die Entschlüsselung des Königsnamen „Ramses“, der zwischen dem 13.–11. Jahrhundert v.Chr. in Gebrauch war und damit rund 1000 Jahre älter war als das Ausgangsmaterial zur Entzifferung, nämlich die griechischen Herrscher Ägyptens, gelang es Champollion nachzuweisen, dass sich der Lautwert der Hieroglyphen, wenn überhaupt, dann nur geringfügig verändert hatte.

Gelungen war ihm gleichfalls der Durchbruch zum Verständnis der Hieroglyphen als eine Laut- und Bilderschrift, denn anders war das Sonnensymbol im Königsnamen Ramses nicht zu erklären. In seinem *Précis du système hiéroglyphique* von 1824 hatte er das Jahrhunderte alte Rätsel um Sinn und Verständnis der Hieroglyphenschrift grundlegend gelöst.

Literaturauswahl

– Lesley & Roy Adkins, Der Code der Pharaonen. Der dramatische Wettlauf um die Entzifferung der ägyptischen Hieroglyphen. Aus dem Englischen von Nikolaus Gatter (Bastei Lübbe Taschenbuch; 64201). Bergisch Gladbach: Lübbe, Februar 2004 (Titel d. Originalausgabe: *The Keys of Egypt: The Race to read the Hieroglyphs*. London 2000).

- CAROL ANDREWS, Der Stein von Rosette. London: British Museum, 1985, 1999.
- DER NEUE PAULY (DNP), Supplemente; 4. Hrsg. von Manfred Landfester / Brigitte Egger, Rezeptions- und Wissenschaftsgeschichte. Register zu den Bänden 13–15/3 des Neuen Pauly. Stuttgart: Weimar: J. B. Metzler, 2005, s.v. Ptolemaios [8] V. Epiphanes: 64; Åkerblad, Johan David, 79: Champollion, Jean-François: Ägyptologie, Entzifferungen, Inschriftenkunde, griechische, London, British Museum, Schriftwissenschaft, 107; Kircher, Athanasius: Altertumskunde (Humanismus bis 1800), 162; Sacy, Antoine Isaac Silvestre de: 219; Young, Thomas: 253; London, British Museum: Ägyptologie, London, British Museum, 282; Rosette (Rosetta): Ägyptologie, Entzifferungen, Inschriftenkunde, griechische, Schriftwissenschaften, 295; Ägyptologie: 307; Entzifferungen: Ägyptologie, Schriftwissenschaft, 327; Hieroglyphen: Ägyptologie, Entzifferungen, Schriftwissenschaft, 338; Inschriftenkunde/Epigraphik: Ägyptologie, Inschriftenkunde, griechische, 342; Schriftwissenschaft: 380.
- BRIDGET MCDERMOTT / JOANN FLETCHER, Decoding Egyptian Hieroglyphs: How to Read the Secret Language of the Pharaohs. Chronicle Books, 2001.
- ERNST DOBLHOFER, Die Entzifferung alter Schriften und Sprachen. Mit 104 Abbildungen (Universal-Bibliothek; 8854). Stuttgart: Philipp Reclam jun., 1993, 2003.
- GEORGE LONG, The Egyptian Antiquities in the British Museum. Monuments, Papyrus and the Rosetta Stone. In two volumes. London: [o.A.,] 1846.
- RICHARD PARKINSON, Cracking Codes. The Rosetta Stone. London: British Museum Press, 1999.
- RICHARD PARKINSON, The Rosetta Stone (British Museum objects in Focus). London: British Museum Press, 2005.
- STEPHEN QUIRKE, The Rosetta Stone. Facsimile drawing. With an introduction and translation. London: British Museum Publ., 1988.
- STEVEN B. ROBERTSON, Digital Rosetta Stone. A Conceptual Model for Maintaining Long-Term Access to Digital Documents. Springfield, Va.: NTIS, 1996.
- ROBERT SOLE / DOMINIQUE VALBELLE, La Pierre de Rosette. Paris: Éditions du Seuil, 2004.
- HEINZ-JOSEF THISSEN, Rosette, Stein von, in: Lexikon der Ägyptologie V, Sp. 310f.
- CHRISTIANE ZIEGLER, in: Pharaonendämmerung. Wiedergeburt des alten Ägypten. Strasbourg: DNA, 1990, S. 80–109.

Danksagung

Vorliegender Band verdankt sein Zustandekommen nicht nur der Arbeit der beiden Autoren. Die hier folgende kurze Erwähnung der hilfreichen Mitstreiter wird ihnen in vielem nicht gerecht, ein herzlicher Dank ist aber das mindeste, was wir aussprechen möchten:

Herr Eberhard Holzhäuer hat die Idee einer Buchausgabe in zahlreichen Diskussionen genährt. Die Leitung des Harrassowitz Verlages hat bereitwillig den Vorschlag aufgenommen, den Band in ihr Programm aufzunehmen. Die Herren Michael Langfeld und Robert Gietz haben die Arbeit am *Hieroglyphenschlüssel* stetig begleitet, Jens Fetkenheuer und Reinhard Friedrich garantierten eine reibungslose Veröffentlichung. Wir danken allen herzlichst.

Herr Daniel Sagorski korrigierte und verbesserte die englischen Übersetzungen. Bei allen Fragen konnten wir bei Honorarprofessor Dr. Rainer Hannig Rat holen, der das Projekt zu jedem Zeitpunkt mit großem Interesse verfolgt und unterstützt hat. Ferner sei dem Marburger Hieroglyphenkurs, Herrn Dr. Ruppert Rentz und Frau Gitta Warnemünde für zahlreiche Fragestellungen und Anregungen gedankt, sowie den Herrn Thomas Manz und Wolfgang Beinert.

Dr. Uwe Bredehorn konnte mit Informationen zur *Description d'Égypt* helfen, die Entzifferungsgeschichte der Hieroglyphen zu straffen. Frau Ute Terletzki M.A. und Herr OStR Hans-Hermann Dehmer haben mehrfach geduldig unseren Text auf Lesbarkeit hin verbessert und eins um andere Mal entstandene Fehler angestrichen, die wir hoffen, alle beseitigt zu haben.

Frau Dr. Johanna Dittmar sei aufrichtig gedankt, die uns ihre „Hieroglyphen-Schreibfibel" überließ, die wir dem *Hieroglyphenschlüssel* am Schluss beigefügt haben.

Frau Sigrid Witthuhn sowie den Eheleuten Doris und Johannes Vomberg danken wir für die liebevolle Unterstützung herzlichst.

Liste der Zeichen nach Gruppen A-Aa (Konkordanz zur Gardiner EG³-Liste)

A. Der Mann und seine Tätigkeiten

A1	1
A2	2
A3	2
C11e	3
A4	3
A5	4
A6	4
A7	5
A8	5
A9	6
A10	6
A11	7
A12	7
A13	8
A14	8
A14a	9
A15	9
A16	10
A17	10
A17a	11
A18	11
A19	12
A20	13
A21	13
A22	14
A23	14
A24	15
A25	16
A59	16
A26	17
A27	17
A28	18
A29	18
A30	19
A31	20
A32	20
A33	21
A34	21
A35	22
A36	22
A37	23
A38	23
A39	23
A40	s. 37, vor C1
A41	24
A42	24
A43	25
A44	25
A45	26
A46	26
A47	27
A48	28
A49	28
A50	29
A51	30
A52	30
A53	31
A54	32
A55	32
A59	s. 16, hinter A25

B. Die Frau und ihre Tätigkeiten

B1	33
B2	34
B3	34
B4	35
B5	35
B6	36
B7	36

C. Menschengestaltige Gottheiten

A40	37
C1	38
C2	38
C3	39
C4	39
C5	40
C6	40
C7	41
C8	41
C9	42
C10	42
C11	43
C11e	s. 3, hinter A3
C12	43
C17	44
C18	44
C19	45
C20	45

D. Teile des menschlichen Körpers

D1	46
D2	47
D3	48
D4	49
D5	50
D6	50
D7	51
D8	51
D9	52
D10	52
D11	53
D12	53
D13	54
D14	54
D15	54
D16	55
D17	55
D18	56
D19	56
D20	57
D21	58
D22	58
D23	59
D24	59
D25	60
D26	60
D27	61
D27a	61
D28	62
D29	62
D30	63
D31a	63
D31	64
D31a	s. 63, hinter D30
D32	64
D33	65
D34	66
D34a	66

D35		67	D46		76	D54		81
D36		68	D46a		s. 77, hinter D47	D55		82
D37		69				D56		83
D38		70	D47		76	D57		s. 352, hinter T30
D39		71	D46a		77			
D40		72	D48		77	D58		84
D41		73	D49		77	D59		84
D42		74	D50		78	D60		85
D43		74	D51		79	D61		85
D44		75	D52		80	D62		86
D45		75	D53		80	D63		86

E. Wirbeltiere (Vertebrata): Säugetiere (Mammalia)

E1		87	E12		92	E24		98
E2		87	E13		93	E25		99
E3		88	E14		93	E26		99
E4		88	E15		94	E27		100
E5		89	E16		94	E28		100
E6		89	E17		95	E29		101
E7		90	E18		95	E30		101
E8		90	E19		96	E31		102
E8a		91	E20		96	E32		102
E9		91	E21		97	E33		103
E10		92	E22		97	E34		103
E11		92	E23		98			

F. Teile von Säugetieren

F1		104	F3		105	F5		106
F2		104	F4		105	F6		106

F7	107
F8	107
F9	108
F10	108
F11	109
F12	109
F13	110
F14	110
F15	111
F16	111
F17	112
F18	113
F19	114
F20	115
F21	116
F22	117
F23	117
F24	118
F25	118
F26	119
F27	119
F28	120
F29	121
F30	121
F31	122
F32	122
F33	123
F34	123
F35	124
F36	125
F37	126
F38	126
F39	127
F40	127
F41	128
F42	128
F43	129
F44	129
F45	130
F46	131
F46a	132
F47	132
F47a	132
F48	133
F49	134
F50	s. 319, hinter S29
F51	134
F52	135

G. Wirbeltiere (Vertebrata): Vögel (Aves)

G1	136
G2	136
G3	137
G4	137
G5	138
G6	138
G7	139
R13	139
G7a	140
G7b	140
G8	140
G9	141
G10	s. 275, hinter P3
O10	141
G11	141
G12	142
G13	142
G14	143
G15	143
G16	144
G17	144
G18	145
G19	145
G20	145
G21	146
G22	146
G23	147
G24	147
G25	148

G26a	148
G26	149
G26a	s. 148, hinter G25
G27	149
G28	150
G29	150
G30	151
G31	151
G32	152
G33	152
G34	153
G35	153
G36	154
G37	155
G38	156
G39	157
G40	157
G41	158
G42	159
G43	159
G44	160
G45	160
G46	160
G47	161
G48	161
G49	162
G50	162
G51	163
G52	163
G53	164
G54	164

H. Teile von Vögeln

H1	165
H2	166
H3	167
H4	167
H5	168
H6	168
H6a	169
H7	169
H8	170

I. Wirbeltiere (Vertebrata): Kriechtiere (Reptilia) und ihre Teile sowie Lurche (Amphibia)

I1	171
I2	171
I3	172
I4	s. 173, hinter I5a
I5	172
I5a	173
I4	173
I6	173
I7	174
I8	174
I9	175
I10	176
I11	176
I12	177
I13	177
I14	178
I15	178

K. Wirbeltiere (Vertebrata): Fische (Pices) und ihre Teile

K1	179
K2	179
K3	180
K4	180
K5	181
K6	s. 182, hinter K7
K7	182
K6	182

L. Wirbellose (Evertebrata)

L1	183	L4	185	L6	186
L2	184	L7	185	L7	s. 185, hinter L4
L3	184	L5	186		

M. Pflanzen und Pflanzenteile sowie landwirtschaftliche Produkte

M1	187	M17	200	M31	208
M2	188	M18	201	M32	209
M3	189	M19	201	M33	209
M4	190	M20	202	M34	210
M5	191	M21	202	M35	210
M6	192	M22	203	M36	211
M7	193	M23	204	M37	211
M8	193	M24	205	M38	212
M9	194	M25	s. 205, hinter M26	M39	212
M10	194			M40	213
M11	195	M26	205	M41	213
M12	196	M25	206	M42	214
M13	197	M27	206	M43	214
M14	197	M28	207	M44	215
M15	198	M29	207		
M16	199	M30	208		

N. Himmel, Erde, Wasser

N1	216	N4	218	N7	220
N2	217	N5	219	N8	221
N3	217	N6	220	N9	221

N10	222
N11	222
N12	223
N12a	223
N62a	223
N13	224
N14	224
N15	225
N16	225
N17	226
N18	226
N19	227
N20	227
N21	228
N22	228
N23	229
N24	230
Aa8	231
N25	232
N26	233
N27	234
N28	234
N29	235
N30	235
N31	236
N32	237
N33	237
N33a	238
N34	238
N35	239
N35a	240
N36	241
N37	242
N38	242
N39	243
N40	243
N41	244
N42	244
N62a	s. 223, hinter N12

O. Architektur

O1	245
O2	246
O3	246
O4	247
O5	247
O6	248
O7	248
O8	249
O9	249
O10	s. 141, hinter G10
O11	250
O12	250
O13	250
O14	251
O15	251
O16	252
O17	252
O18	253
O19	253
O20	254
O21	254
O22	255
O23	256
O24	256
O25	257
O26	257
O27	258
O28	258
O29	259
O30	260
O31	260
O32	261
O33	261
O34	262
O35	263
O36	264
O37	264
O38	265

O39	⌒	265	O43	𓎟	268	O48	⊚	270
O40	⌐	266	O44	ⵏ	s. 298,	O49	⊛	271
O41	⌒	266			hinter R21	O50	○	272
Aa11	⌒	267	O45	⌒	269	O51	𓊺	272
Aa12	⌒	267	O46	⌒	269			
O42	𓏢	268	O47	⌒	270			

P. Schiffe und ihre Teile

P1	⛵	273	P4	⛵	276	P9	⚓	279
P1a	⛵	274	P5	⛵	277	P10	⚓	280
P2	⛵	274	P6	⚓	278	Aa5	⚓	280
P3	⛵	275	P7	⚓	278	P11	⚓	281
G10	⛵	275	P8	⚓	279			

Q. Mobiliar

Q1	⌐	282	Q4	⨯	284	Q7	⌐	286
Q2	⌐	283	Q5	⌐	284	Q19	⌐	286
Q3	□	283	Q6	⌐	285			

R. Tempelausstattung und Embleme

R1	𓊹	287	R10	𓊾	292	R17	𓊿	296
R2	𓊺	287	R50	𓊿	293	R18	𓊿	296
R3	𓊻	288	R11	𓊽	293	R19	ⵏ	s. 326,
R4	⌐	288	R12	ⵏ	294			hinter S40
R5	⌒	289	R13	ⵏ	s. 139,	R20	𓊾	297
R6	⌒	289			hinter G7	R21	ⵏ	297
R7	ⵏ	290	R14	ⵏ	294	O44	ⵏ	298
R8	ⵏ	291	R15	ⵏ	295	R22	⌒	298
R9	ⵏ	292	R16	ⵏ	295	R23	⌒	299

R24	299
R25	299
R50	s. 293, hinter R10

S. Kronen, Kleidung, Accessoires

S1	300
S2	300
S3	301
S4	302
S5	302
S6	303
S7	303
S8	304
S9	304
S10	305
S11	306
S12	307
S13	307
S14	308
S14a	308
S15	309
S16	309
S17	310
S17a	s. 313, hinter S22
S18	310
S19	311
S20	311
S21	312
S22	312
S17a	313
S23	314
S24	315
S25	315
S26	316
S27	316
S28	317
S130a	317
S29	318
F50	319
S30	319
S31	319
S32	320
S33	320
S34	321
V39	321
S35	322
S36	322
S37	323
U116	323
S38	324
S39	324
S40	325
R19	326
S41	326
S42	327
S43	328
S44	328
S45	329
Aa30	329
Aa31	330
S123	s. 353, hinter T32
S130a	s. 317, hinter S28

T. Krieg, Jagd, Schlachtung

T1	331
T2	331
T3	332
T4	332
T5	333
T6	333
T7	334
T7a	334
T8	335

T8a	335
T9	336
T9a	336
T10	337
Aa32	337
T11	338
T12	339
Aa17	340
Aa18	340
T13	341
T14	342
T15	343
T16	343
T17	343
T18	344
T19	345
T20	346
T21	346
T22	347
T23	347
T24	348
T25	348
T26	349
T27	349
T28	350
T29	350
T30	351
D57	352
T31	352
T32	353
S123	353
T33	353
T34	354
T35	354

U. Landwirtschaft, Handwerk und andere Berufe

U1	355
U2	355
U3	356
U4	356
U5	356
U6	357
U7	357
U8	358
U17	358
U18	359
U9	359
U10	360
U11	360
U12	360
U13	361
U14	362
V22	362
V23	363
U15	363
U16	364
U17	s. 358, hinter U8
U18	s. 359, hinter U8
U19	364
U20	365
U21	365
U22	366
U23	367
U24	368
U25	368
U26	369
U27	369
U28	370
U29	370
Aa21	371
Aa22	371
U30	372
Aa28	372
Aa29	373
U31	373
U32	374
U33	375
U34	375
U35	376

V24	376	Aa24	379	U40	382
V25	377	U36	379	U41	382
V26	377	U37	380	U116	s. 323, hinter S37
V27	378	U38	380		
Aa23	378	U39	381		

V. Seile , Fasern, Körbe

V1	383	V17	393	V28	396
V2	384	V18	393	V29	397
V3	384	V19	394	Aa1	398
V4	385	V20	395	V30	399
V5	385	V21	395	V31	400
V6	386	V22	s. 362, hinter U14	V31a	400
V7	387			V32	401
V8	387	V23	s. 363, hinter U14	V33	402
V9	388			V34	402
V10	388	V24	s. 376, hinter U35	V35	403
V11	389			V36	403
V12	390	V25	s. 377, hinter U35	V37	404
V13	391			V38	404
V14	391	V26	s. 377, hinter U35	V39	s. 321, hinter S34
V15	392				
V16	392	V27	s. 378, hinter U35		

W. Gefäße

W1	405	W5	407	W9	409
W2	405	W6	408	W10	410
W3	406	W7	408	W10a	411
W4	407	W8	409	Aa4	411

W11	412
W12	412
W13	413
W14	413
W15	414
W16	414
W17	415
W17a	415
W18	416
W19	416
W20	417
W21	417
W22	418
W23	418
W24	419
W24a	420
W25	420

X. Brot und Kuchen

X1	421
X2	422
X3	422
X4	423
X4d	424
X5	424
X6	425
X7	425
X8	426

Y. Schreiben, Spiele, Musik

Y1	427
Y2	427
Y3	428
Y4	428
Y5	429
Y6	430
Y7	430
Y8	431

Z. Striche, geometrische Figuren und aus dem Hieratischen entlehnte Zeichen

Z1	432
Z2	433
Z3	433
Z4	434
Z5	434
Z6	435
Z7	435
Z8	436
Z8a	436
Z9	437
Z10	438
Z11	438

Aa. Unklassifiziertes

Aa1	s. 398, hinter V29
Aa2	439
Aa3	440
Aa4	s. 412, hinter W10a
Aa5	s. 280, hinter P10
Aa6	440
Aa7	441
Aa8	s. 231, hinter N24

Aa9	441
Aa10	442
Aa11	s. 267, hinter O41
Aa12	s. 267, hinter O41
Aa13	442
Aa14	443
Aa15	443
Aa16	443
Aa17	s. 340, hinter T12
Aa18	s. 340, hinter T12
Aa19	444
Aa20	445
Aa21	s. 371, hinter U29
Aa22	s. 371, hinter U29
Aa23	s. 378, hinter U35
Aa24	s. 379, hinter U35
Aa25	445
Aa26	446
Aa27	446
Aa28	s. 372, hinter U30
Aa29	s. 373, hinter U30
Aa30	s. 329, hinter S45
Aa31	s. 330, hinter S45
Aa32	s. 337, hinter T10

sitzender Mann
seated man

Ø, =j, s   **A1**

als Determinativ für Männernamen, -rollen, -berufe:
z.B. 𓆓𓂧𓂧𓅓𓋹𓀀 - <u>D</u>3<u>d</u>3-m-ʿnḫ - *Djadjaemanch* (ein Zauberer)

    𓂉𓀀 - ḥm - Sklave; Diener
    𓀀 - s (z) - Mann; Person; Mensch; Erwachsener
    𓊃𓏤𓀀 - swnw - Arzt

im Gruppen-Determinativ:
z.B.   𓂋𓀀𓏥 - rm<u>t</u> [coll] - Menschen
    𓂝𓅓𓀀𓏥 - ʿ3m [coll] - Asiaten

in Pronomina:
z.B.   𓅱𓀀 - wj [unabhängiges Personalpronomen] - ich
    𓎡𓅱𓀀 - .kw [Stativ-Endung der 1. sg] - ich

als Ideogramm:
    𓀀 - s (z) - Mann; Person; Mensch; Erwachsener

als Suffix der 1. sg: =j - ich; mein
z.B.   𓄔𓅓𓀀 - s<u>d</u>m=j - ich höre
    𓉐𓀀 - pr=j - mein Haus

sitzender Mann (A1) mit einer Hand am Mund

seated man (A1) with a hand at his mouth

A2 Ø

als Determinativ:

z.B.  - wnm - essen; fressen

 - wšb - erwidern, antworten

 - mrj [IIIae inf] - lieben, schätzen; begehren

 - msḏj [IVae inf] - hassen; verabscheuen

 - r3 - Spruch; Ausspruch; Aussage; Sprache

 - rnn - aufziehen, pflegen

 - ḥsj [IIIae inf] - loben, preisen

 - ḥk3 - Zauber, Magie

 - ḥqr - hungern

 - ẖrd - Kind

 - šdj [IIIae inf] - (vor)lesen

hockender Mann

crouched man

A3 Ø

als Determinativ:

z.B.  - ḥmsj [IVae inf] - sich setzen; sitzen; wohnen

[Zeichen kann durch A17a ersetzt werden]

hockender Mann (A3), der in jeder Hand eine Palmrispe (M4) hält

crouched man (A3) holding a palm branch (M4) in each hand

Ø **C11e**

als Ideogramm:

z.B.  - ḥḥ - Million; unendlich viele

sitzender Mann (A1) mit erhobenen Armen

seated man (A1) with raised arms

Ø **A4**

als Determinativ:

z.B. 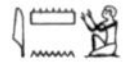 - jmn - geheimnisvoll; verstecken, sich verbergen

 - brk - beten; dienen; opfern; knien

 - sšw3 [kaus] - verarmen lassen, entziehen

 - swnwn [pl] - Schmeicheleien

 - sdgj [kaus; IIIae inf] - (sich) verstecken, verbergen

 - dw3 - preisen

[Zeichen kann mit A30 wechseln]

ein sich versteckender Mann
man in hiding

A5 Ø

als Determinativ:
z.B. - jmn - geheimnisvoll; verstecken, sich verbergen
- jmnj - der Verborgene
- k3p - sich verbergen, sich verstecken

sitzender Mann, der auf dem Kopf ein Gefäß trägt, aus dem Wasser fließt
seated man carrying a vessel on his head with flowing water out of it

A6 w^{c}b

als Ideogramm:
z.B. - w^{c}b - rein sein/werden; geweiht

als phonographisches Determinativ:
z.B. - w^{c}b - rein sein/werden; geweiht

als Phonogramm **w^{c}b**:
z.B. - w^{c}bt [f] - Speisen (im Tempel)

[Zeichen kann durch D60 ersetzt werden]

Mann, der vor Müdigkeit zu Boden sinkt
man sinking to the floor due to tiredness

Ø

A7

als Determinativ:

z.B. - wrḏ - müde; sterben

- bꜣgj [IVae inf] - matt, schlaff; (nach)lässig sein

- bdš - schlaff, ermattet; deprimiert

- mw-ḥmsj - Reservoir, stehendes Gewässer

- nnj [IIIae inf] - träge; erschlaffen; faul

- hnw (hnj) - Huldigung, Ovation

- snn (snnj) - beruhigen

- gnn - schlaff, kraftlos; nachgeben

hockender Mann (A3), der sich auf die Brust schlägt
crouched man (A3) who is punching his chest

Ø, hnw

A8

als Determinativ:

z.B. - hnw - Jubel; Jauchzen; *Henu*-Ritus

als phonographisches Determinativ:

z.B. - hnw - Hausgenossen; Freunde; Angehörige

sitzender Mann (A1), der einen Becher (W10) auf dem Kopf trägt

seated man carrying a cup (W10) on his head

A9 Ø, ꜣṯp (ꜣtp), fꜣj, kꜣt

als Determinativ:

z.B. - ꜣṯp (ꜣtp) - beladen

- ꜣṯpw (ꜣtpw) - Last, Ladung; Leiden

- pꜣwt - Last; Leiden

- fꜣj - hochheben, aufheben; tragen; liefern

- kꜣt [f] - Arbeit; Erzeugnis, Produkt; Technik

als Abkürzung:

z.B. - ꜣṯp (ꜣtp) - beladen

- fꜣj - hochheben, aufheben; tragen; liefern

- kꜣt [f] - Arbeit; Erzeugnis, Produkt; Technik

sitzender Mann (A1), der ein Paddel (P8) hält

seated man (A1) holding an oar (P8)

A10 Ø

als Determinativ:

z.B. - sqdj [IIIae inf] - fahren; per Schiff fahren, rudern

- sqd - Schiffer, Ruderer; Reisender

sitzender Mann (A1), der einen Würdestab (S42) und einen Hirtenstab (S39) hält

seated man (A1) holding a sceptre (S42) and a shepherd's crook (S39)

Ø

A11

als Determinativ:

z.B. - ḫnms - Freund

[Zeichen kann durch A21 ersetzt werden]

Soldat mit Pfeil und Bogen
soldier with bow and arrow

Ø, mš^{c}

A12

als Determinativ:

- jmj-ḫt - Gefolgsmann; Nachkomme, Nachfolger
- ^{c}ḥ3tj (^{c}ḥ3wtj) - Kämpfer, Krieger; Mann
- pẖrt [f] - Grenzwache, Grenzpatrouille
- mnf3t [f] - Infanterie, Elitetruppe; Armee

als Ideogramm:

z.B. - mš^{c} - Heer, Armee; (Arbeiter)truppe, Armee
- mš^{c} - Expedition (zu Schiff); Bewegung
- mš^{c} - marschieren; reisen

gefesselter Mann
man with tied arms

A13 Ø

als Determinativ:

z.B. - njk - Götterfeind
- sqr-ꜥnḫ - Gefangener, Kriegsgefangener

am Boden liegender Mann, aus dessen Kopf Blut strömt
man on the ground with blood streaming from his head

A14 Ø

als Determinativ:

z.B. - jꜣdt [f] - Elend, Not, Mangel; Katastrophe
- jwnw [pl] - Leichenhaufen
- ꜥḏt [f] - Gemetzel; Beleidigung
- btnw - Rebell, Frevler; Aufsässiger
- mwt (mt) - sterben, zugrunde gehen; tot sein
- mr - die Krankheit, das Kranksein
- ḫp - Verstorbener, Hingeschiedener
- ḫftj - Feind, Gegner
- ḫmyw [pl] - böse Wesen, Dämonen
- ḫrwy (ḫrw) - Unruhestifter, Feind
- ḫrw - Feind, Verbrecher

hockender Mann, dessen Kopf durch eine Axt gespalten ist
crouched man, whose head is splited by an axe

Ø **A14a**

als Determinativ:
z.B. - šꜣw - Schicksal; Glück; Urteil

[Gebrauch im Wesentlichen wie A14]

am Boden liegender Mann
man lying on the ground

Ø, ḫr **A15**

als Determinativ:
z.B. - nbj [IIIae inf] - schwimmen
- hꜣw - der Gefallene
- ḫꜣb - Verneigung
- ḫr - fallen, ausfallen
- ḫrw - Feind, Verbrecher
- sḫr - niederstrecken, beseitigen, töten
als Ideogramm:
z.B. - ḫr - fallen, ausfallen
als Abkürzung:
z.B. - ḫrw - Feind, Verbrecher
- sḫr - niederstrecken, niederwerfen, töten

sich vorbeugender Mann
man bowing forward

A16 Ø

als Determinativ:

z.B. - ḫ3b - gekrümmt sein, gebückt sein; sich beugen; beugen

- ẖb - unterwerfen, unterworfen sein

- ksj [IIIae inf] - sich bücken; sich verneigen

- ksw - Verbeugung

sitzendes Kind mit einer Hand am Mund
seated child with a hand at his mouth

A17 Ø, nnj

als Determinativ:

z.B. - ms - Kind

- nmḥ - Armut

- ḥwrw - Armer; Mann geringen Standes

- ḥmsj [IVae inf] - sich setzen; sitzen; wohnen

- ẖrd - Kind

als Phonogramm nnj:

z.B. , - Nnj-nsw - Herakleopolis

[Zeichen kann durch A17a ersetzt werden]

sitzendes Kind (aus dem Hieratischen entstanden)

seated child (generated from hieratic)

Ø **A17a**

als Determinativ:

z.B.  - msw [pl] - Kinder

 - ḥmsj [IVae inf] - sich setzen; sitzen; wohnen

[Zeichen kann A3 und A17 ersetzen]

sitzendes Kind mit der sog. »Roten« Krone (S3)

seated child wearing the so-called »red« crown (S3)

Ø **A18**

als Determinativ:

z.B.  - jnpw - Kronprinz

 - w<u>d</u>ḥ - entwöhntes Kind

 - rnn - aufziehen, pflegen; umhegen

auf einen Stab gestützter und gebeugter alter Mann

bent old man leaning on a stick

A19

Ø, wr, smsw, j3w, jk

als Determinativ:

z.B. - j3wj [IVae inf] - alt sein/werden, bejahrt sein

- jky (jkw, jwky) - Bergmann, Bergarbeiter; Steinbrecher

- wr - der Große, der Vornehme, der Älteste; Fürst, König

- rhn - sich stützen, gestützt sein; vertrauen

- smsw - der Älteste

- tw3 - stützen, unterstützen; sich stützen; anheben

- tnj - das Alter, das Greisenalter

als Ideogramm:

- j3w - der Alte, der alte Mann, der Greis

- wr (wrr) - groß sein/werden; hoch; viel; reich

- smsw - der Älteste

als Phonogramm jk:

- jky (jkw, jwky) - Bergmann, Bergarbeiter; Steinbrecher

[Zeichen kann mit A21 wechseln]

gebeugter Mann mit gegabeltem Stab (U116)

bent man with a forked stick (U116)

Ø, smsw

A20

als Determinativ:

z.B.  - smsw - der Älteste

als Ideogramm:

z.B.  - smsw - der Älteste

als Abkürzung in:

z.B.  - smsw-h3yt - Ältester des Eingangsportals

[Zeichen kann mit A21 wechseln]

vornehmer Mann mit Stab und sog. Taschentuch

noble man with stick and so-called handkerchief

Ø, sr

A21

als Determinativ:

z.B.  - ḫnms - Freund; Geliebter

 - sr - hoher Beamte, Amtsträger

 - snwt (šnyt) [f] - Hofstaat, Hofleute

als Ideogramm:

z.B.  - sr - hoher Beamter, Amtsträger

[Zeichen kann mit A19 und A20 wechseln]

Statue eines Mannes mit Würdestab (S42)
und einem weiteren Stab

statue of a man with a sceptre of dignity
(S42) and another stick

A22 Ø

als Determinativ:

z.B. - jty - Monarch, Landesherr, -fürst, Herrscher

- jtyt [f] - Landesfürstin

- ẖntj - Statue; Götterbild; Abbild

- twt - Statue, Rundbild; Abbild, Ebenbild

König mit Stab und Keule (T3)
king with stick and club (T3)

A23 Ø

als Determinativ:

- jty - Monarch, Landesherr, -fürst, Herrscher

mit einem Stock zuschlagender Mann
man striking with a stick

Ø **A24**

als Determinativ:

z.B. - ꜥḫm - (ab)löschen
- whn - niederreißen (Mauern), zerstören
- wšꜣ - ausstopfen, füllen (Zahn)
- bꜥbꜥ - Fayencehersteller, Glasurmacher
- mkj [IIIae inf] - (be)schützen
- nhm - jubeln, jauchzen, zujubeln
- nḥm - fort-, wegnehmen; rauben
- nḫt - stark (sein); siegreich
- ḥwj [IIIae inf] - schlagen; prügeln, züchtigen
- ḥbs - (be)kleiden, anziehen; bedecken
- ẖdb - töten, niedermetzeln; hinrichten
- sbꜣ - belehren, unterweisen, unterrichten
- shꜣ - Aufruhr, Ungesetzlichkeit, Feindseligkeit
- qrs - einsargen; bestatten, begraben; vergraben
- gs - (sich) salben; bestreichen
- dr - entfernen, vertreiben

mit einem Stock zuschlagender Mann, der den anderen Arm auf dem Rücken hat

man striking with a stick, his other arm is hanging behind his back

A25 Ø, ḥw

als Determinativ:

z.B.  - ḥwj [IIIae inf] - schlagen; prügeln, züchtigen

als Ideogramm:

z.B.  - ḥw - Treiber, Hirt; Kämpfer (König, Gott)

als Phonogramm ḥw:

z.B.  - ḥwj [IIIae inf] - schlagen; prügeln, züchtigen

Mann, der mit einem Stock droht

man threatening with a stick

A59 Ø

als Determinativ:

z.B. - sḥrj [kaus; IIIae inf] - entfernen, vertreiben, verscheuchen

Mann mit vorgestrecktem Arm
man holding out his hand

Ø

A26

als Determinativ:

z.B. - njs - rufen, herbeirufen; zurufen
- nhm - jubeln, jauchzen, zujubeln
- ḏwj - rufen, anreden, anrufen (Gott)
- ḏsw - rufen, rezitieren

als Abkürzung in:

z.B. - sḏm-ʿš - Diener (»der dem Ruf gehorcht«)

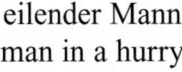

eilender Mann
man in a hurry

Ø, jn

A27

als Determinativ:

z.B. - pḥrr - Läufer (militärisch)
- sḫsw - Läufer, Kurier

als Phonogramm jn:

z.B. - jn [zur Einführung des logischen Subjekts] - seitens, durch

Mann mit erhobenen Armen
man with both arms raised

A28 Ø, qꜣj, ʿḥʿw

als Determinativ:

z.B. - wꜣš - mächtig, angesehen sein; ehren
- ḥꜣj [IIIae inf] - (be)klagen; beweinen
- ḥʿj [IIIae inf] - sich freuen, jubeln; froh sein
- ḥʿwt [f] - Freude, Jubel
- qꜣj [IIIae inf] - hoch sein

als Ideogramm:

z.B. - ʿḥʿw [früher qꜣj gelesen] - Dienstmann, Diener

als Abkürzung:

- qꜣj - hoch sein, hoch über; laut; groß; heftig

auf dem Kopf stehender Mann
man upside-down

A29 Ø

als Determinativ:

z.B. - pꜣḫd (pḫd) - herabhängen, niedergebeugt sein; niedergeworfen sein
- sḫd - auf den Kopf gestellt sein
- sḫdw [pl] - die auf den Kopf Gestellten

stehender Mann mit ehrfurchtsvoll erhobenen Armen

standing man with raised arms

Ø **A30**

als Determinativ:

z.B.  - j3j [IIIae inf] - verehren, preisen, Gebet sprechen

 - j3w (j3jw) - Verehrung, Anbetung, Lobpreis

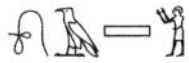 - w3š - das Ansehen, die Macht

 - m3ṯ - preisen

 - sw3š - preisen, loben

 - strj - verscheuchen (Tier)

 - qd - bauen, bebauen; formen; bilden, schaffen

 - tw3 - um etwas bitten

 - twr - respektieren, Ehre erweisen

 - tr (twr) - Abweisung, Zurückweisung

 - try - Achtung, Respekt

 - try - Geachteter

 - dw3 - preisen, am Morgen preisen

 - dw3-nṯr - den Gott preisen; danken

 - dw3w - Hymnus

 - ḏrḏr - fremd, feindselig

stehender Mann mit rückwärts erhobenen Armen

standing man with raised arms behind him

A31 Ø

als Determinativ:

z.B. - ꜥn (ꜥnn) - sich umwenden, wegdrehen

tanzender Mann

dancing man

A32 Ø

als Determinativ:

z.B. - rwj [IIIae inf] - tanzen; klatschen

- hy - Jubel, Jauchzen

- hy-hnw - Jubel und Jauchzen

- ḫbj [IIIae inf] - tanzen; umherspringen, spielen

- ḫbt [f] - Tanz

Mann mit einem geschulterten Bündel
man with a shouldered bundle

Ø, mnjw

A33

als Determinativ:

z.B.  - rwj [IIIae inf] - fortgehen, weichen, sich fortbewegen; vertreiben, entfernen

 - mnjw - Viehhirt, Hirte

 - šm3 - wild, herumstreunend

 - šm3 - Fremder, Vagabund; Nomade

als Ideogramm:

 - mnjw - weiden; behüten, hüten

Mann mit einem Stampfer
man with a rammer

Ø

A34

als Determinativ:

z.B.  - ḫwsj [IVae inf] - stampfen, flachstampfen; bauen

als Abkürzung:

z.B.  - ḫwsj [IVae inf] - stampfen, flachstampfen; bauen

Mann, der eine Mauer (O36) baut
man building a wall (O36)

A35 Ø, qd

als Determinativ:
z.B. - ḫmj [IIIae inf] - angreifen; übel verfahren; demolieren, umstürzen
- qd - bauen, bebauen; bilden, schaffen
- qd - Maurer; Töpfer

als Ideogramm:
z.B. - qd - Maurer; Töpfer

als Abkürzung:
z.B. - qd (jqdw) - bauen, bebauen; bilden, schaffen
- qd - Maurer; Töpfer

Mann, der sich über ein Gefäß beugt (ein Bierbrauer)
man bending over a vessel (a beer brewer)

A36 Ø, ^{c}ftj

als Determinativ:
z.B. - ^{c}ftj - Brauer

als Ideogramm:
z.B. - ^{c}ftj - Brauer

Mann in einem großen Gefäß
man in a large vessel

Ø, ^{c}ftj

A37

[Gebrauch wie A36]

Mann, der die Nacken zweier Pantherköpfe hält
man holding the necks of two panther heads

Qjs

A38

als Ideogramm:
z.B.  - Qjs - die Stadt Cusae, heute: al-Qusija (Hauptstadt des 14. oberägyptischen Gaues)

Mann, der auf zwei Giraffen steht
man standing on two giraffes

Qjs

A39

[Gebrauch wie A38]

sitzender König
seated king

A41 Ø, =j

als Determinativ:

z.B. - jnk - ich

- nb - Herr, Gebieter

- nsw (nswt, njswt) - König

- ḥm - Majestät

in Pronomina:

z.B. - wj [unabhängiges Personalpronomen] - ich

- .kw [Stativendung der 1. sg] - ich

als Suffix der 1. sg: =j - ich; mein

z.B. - ḫ^{c}j=j - ich erschien (sagt der König)

- pr=j - mein Haus (sagt der König)

sitzender König (A41) mit Geißel (S45)
seated king (A41) with flagellum (S45)

A42 Ø, =j

[Gebrauch wie A41]

sitzender König mit der sog. »Weißen« Krone (S1)

seated king wearing the so-called »white« crown (S1)

Ø, nsw

A43

als Determinativ:

z.B.  - nsw (nswt, njswt) - König; König von Oberägypten

 - Wsjr - Osiris (Unterweltsgott)

als Ideogramm:

 - nsw (nswt, njswt) - König; König von Oberägypten

sitzender König mit der sog. »Weißen« Krone (S1) und der Geißel (S45)

seated king wearing the so-called »white« crown (S1) and flagellum (S45)

Ø, nsw

A44

[Gebrauch wie A43]

sitzender König mit der sog. »Roten« Krone (S3)

seated king wearing the so-called »red« crown (S3)

A45

Ø, bjtj

als Determinativ:

 - bjtj - König; König von Unterägypten

als Ideogramm:

 - bjtj - König; König von Unterägypten

sitzender König mit der sog. »Roten« Krone (S3) und der Geißel (S45)

seated king wearing the so-called »red« crown (S3) and flagellum (S45)

A46

Ø, bjtj

[Gebrauch wie A45]

sitzender Hirte mit einem bandverziertem Stock

seated shepherd holding a stick decorated with a ribbon

Ø, mnj, s3w, s3

A47

als Determinativ:

z.B.  - s3wt (z3wt) [f] - Bewachung, Gewahrsam

 - s3j (z3j) [IIIae inf] - schleichen, langsam gehen

als Ideogramm:

z.B.  - mnjw - Viehhirt, Hirte

als Phonogramm s3:

z.B.  - s3j (z3j) [IIIae inf] - schleichen, langsam gehen

 - s3w (z3w) - bewachen, hüten; aufbewahren

 - s3w (z3w) - Wächter, Ghafir

 - s3wtj (z3wtj) - Wächter

 - s3wt (z3wt) [f] - Bewachung, Gewahrsam

 - s3w (z3w) - zerbrechen, demolieren, wegbrechen

 - s3w (z3w) - abschneiden (Nase, Ohr)

[Zeichen kann mit A48 wechseln]

sitzender Hirte mit einem Stock
seated shepherd holding a stick

A48 Ø, jrj

als Determinativ:

z.B. - jrj - zugehörig zu, befindlich an
- jrj - Gefährte; Zugehöriger; Beauftragter

als Ideogramm in:

z.B. - jrj-jḫt - Aufseher, Verwalter
- jrj-^{c}t - Magazin-, Hausverwalter, Abteilungsleiter
- jrj-^{c}ꜣ - Pförtner, Türsteher

als phonographisches Determinativ:

z.B. - sꜣj (zꜣj) [IIIae inf] - schleichen, langsam gehen

[Zeichen kann mit A47 wechseln]

sitzender Syrer, der einen Stock hält
seated Syrian holding a stick

A49 Ø

als Determinativ:

z.B. - ^{c}ꜣmw [coll] - Asiaten, Semiten, Kanaaniter

Mann, der auf einem Stuhl sitzt
man seating on an chair

Ø, =j, šps

A50

als Determinativ:
z.B. - jnk - ich
- smr (smḫr) - Höfling
in Pronomina:
z.B. - wj [unabhängiges Personalpronomen] - ich
- .kw [Stativendung der 1. sg] - ich

als Ideogramm:
z.B. - šps (špsj) - edel; erhaben, herrlich;
auszeichnen, ehren

als Phonogramm šps:
z.B. - šps - Grabkapelle
- špss - prächtig, großzügig austatten

als Suffix der 1. sg: =j - ich; mein
z.B. - sḏm=j - ich höre

[Zeichen kann mit A51 wechseln]

Mann mit einer Geißel (S45), der auf einem Stuhl sitzt

man seating on a chair holding a flagellum (S45)

A51 Ø, šps

als Determinativ:

z.B.  - jmjw-ḥ3t [pl] - Vorfahren

 - mjtj [f] - Ebenbild

 - sn<u>d</u>m [kaus] - angenehm; erquicken; sich niederlassen

als Ideogramm:

z.B.  - šps (špsj) - edel; erhaben, herrlich; auszeichnen, ehren

[Zeichen kann mit A50 wechseln]

kniender Mann mit einer Geißel (S45)

man kneeling and holding a flagellum (S45)

A52 Ø

als Determinativ:

z.B.  - jmjw-ḥ3t [pl] - Vorfahren

 - sᶜḥ - Mumie; der Verstorbene

 - šps (špsj) - edel; erhaben, herrlich; auszeichnen, ehren

aufgerichtete Mumie
mummy upright

Ø, twt

A53

als Determinativ:

z.B. - wj - Mumienmaske, Kartonage; Mumienhülle
- ḫprw - Wesen, Gestalt, Verkörperung; Verwandlung
- ẖntj - Statue; Götterbild; Abbild
- s^{c}ḥ - Mumie; der Verstorbene
- snn - Statue; Figur, Bild; Abbild
- stwt - sammeln (Truppen, Arbeiter); sich gesellen
- šmt [f] - Statuenallee (zum Tempel gehörig)
- šsp - Statue, Bild
- twt - gleich, ähnlich, entsprechend; gleichen
- twtw - Gleichheit, Ähnlichkeit
- twt - vollkommen, vollendet; (ver)sammeln

als Ideogramm:

z.B. - twt - Statue, Rundbild; Bild; Ebenbild, Abbild

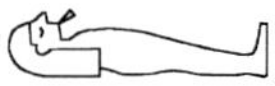

liegende Mumie
lying mummy

A54 Ø

als Determinativ:

z.B. - mnj - der Tod

- nb-^{c}nḫ - Sarkophag (»Herr des Lebens«)

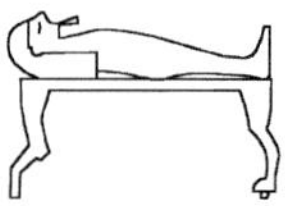

Mumie, auf einem Bett liegend
mummy lying on a bed

A55 Ø

als Determinativ:

z.B. - mnj - der Tod

- ḫpj [IIIae inf] - vergehen, sterben

- ẖ3t [f] - Leichnam

- sḏr - übernachten; schlafen; ruhen; liegen

als phonographisches Determinativ:

z.B. - sḏrw - der Schlafende; der Faulenzer

- sḏrt [f] - »Rast« (ein Fest in Abydos)

als Abkürzung:

- sḏr - übernachten; schlafen; ruhen; liegen

sitzende Frau
seated woman

Ø, =j

B1

als Determinativ für Frauennamen, -rollen, -berufe:

z.B. - b3kt [f] - Dienerin; Sklavin
- mst [f] - Frauenzimmer, Weib
- nfrt [f] - die Schöne, die Schönste (auch als Name)
- ḥmt [f] - Frau; Ehefrau
- ḥst [f] - Sängerin
- st (zt) [f] - Frau, weibliche Person
- ẖkrt [f] - »Schmuck« (Bezeichnung für Frau); Friseurin

im Gruppen-Determinativ:

z.B. - rmṯ [coll] - Menschen
- wpwt [coll] - Untergebene; Leute des Hausstandes

in Pronomina:

z.B. - wj [unabhängiges Personalpronomen] - ich
- .kw [Stativendung der 1. sg] - ich

als Suffix der 1. sg: =j - ich; mein

z.B. - sḏm=j - ich höre (sagt eine Frau)
- pr=j - mein Haus (sagt eine Frau)

Schwangere
pregnant woman

B2 Ø

als Determinativ:

z.B. - jwr - schwanger sein/werden, empfangen
- jwrt [f] - die Schwangere
- bkꜣ - schwanger sein/werden
- bkꜣt [f] - Mutterkuh
- sꜥꜣy (sꜥy) - Geburtswehen haben

Gebärende
woman in labour

B3 Ø, msj

als Determinativ:

z.B. - msj [IIIae inf] - gebären; geboren werden; Eier legen; hervorbringen; erzeugen
- mswt [f] - Geburt; das Gebären
- bẖ - gebären; befruchten
- sms [coll] - Nestlinge, Brut (des Geflügels)

als Ideogramm:

z.B. - msj [IIIae inf] - gebären; geboren werden; Eier legen; hervorbringen; erzeugen

Gebärende (Variante zu B3)
woman in labour (variant of B3)

Ø, msj

B4

[Gebrauch wie B3]

Frau, die ein Kind stillt
woman nursing

Ø

B5

als Determinativ:

z.B. - ꜣṯj [IIIae inf] - aufziehen, hegen; sich kümmern um

- ꜣṯyt - Amme, Kindermädchen

- mnꜥ - säugen; aufziehen; nähren

- mnꜥt [f] - Amme; Pfleger

- rnnt [f] - Amme; Wärterin

- rnnt [f] - Erfüllung, Glück, Reichtum

Frau, die auf einem Stuhl sitzend ein Kind auf dem Schoß hält

woman sitting on a chair, holding a child on her lap

B6 Ø, msj

als Determinativ:

z.B.  - rnn - aufziehen, pflegen; umhegen

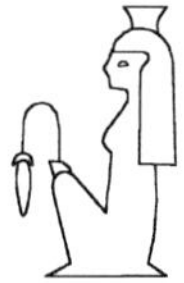

Königin mit Diadem und Blume

queen with diadem and flower

B7 Ø

als Determinativ in Königinnennamen:

z.B.  - Nfrt-jrj - Nefertari (Ehefrau Ramses' II, 13. Jahrhundert v.Chr., 19. Dynastie, Neues Reich)

 - Tyj - Teje (Ehefrau *Amenhotep*s III, 14. Jahrhundert v.Chr., 18. Dynastie, Neues Reich)

sitzender Gott
seated god

Ø, =j

A40

als Determinativ:

z.B. - jnk - ich

- Jtm - *Atum* (Urgott)

- Ptḥ - *Ptah* (Gott von Memphis)

- nṯr - Gott

- R^{c} - Re (Sonnengott)

- s^{c}ḥ - Würdenträger, Vornehmer, Adliger, Edler

- Ḏḥwtj - Thot (Schreiber- und Weisheitsgott)

in Pronomen:

z.B. - wj [unabhängiges Personalpronomen] - ich

- .kw [Stativendung der 1. sg] - ich

als Suffix der 1. sg: =j - ich; mein

z.B. - ḫ^{c}j=j - ich erschien (sagt ein Gott)

- pr=j - mein Haus (sagt ein Gott)

[Zeichen kann durch G7 ersetzt werden]

Gott mit Sonnenscheibe und Uräus (N6) (Re)

god with sun disc and uraeus (N6) (Re)

C1

Ø, R^c

als Determinativ:

 - R^c - Re (Sonnengott)

als Ideogramm:

 - R^c - Re (Sonnengott)

falkenköpfiger Gott mit Sonnenscheibe (N5) und mit sog. Lebenzeichen (S34)

god with the head of a falcon, sun disc (N5) and the so-called symbol of life (S34)

C2

Ø, R^c

als Determinativ:

z.B.  - R^c - Re (Sonnengott)

 - Ḫprj - *Chepri* (Erscheinungsform des Re)

als Ideogramm:

 - R^c - Re (Sonnengott)

 - R^c-msj-sw - Ramses (Eigenname von elf Königen der 19./20. Dynastie)

ibisköpfiger Gott (Thot)
god with the head of an ibis (Thot)

Ø, Ḏḥwtj

C3

als Determinativ:

z.B. - fnḏj - Langschnabel (Epitheton des Thot)

- Ḏḥwtj - Thot (Gott der Schrift und der Weisheit)

als Ideogramm:

- Ḏḥwtj - Thot (Gott der Schrift und der Weisheit)

widderköpfiger Gott
god with the head of a ram

Ø, H̱nmw

C4

als Determinativ:

z.B. - Ḥrj-š=f - *Herischef*, Arsaphes (Gott von Herakleopolis im 20. oberägyptischen Gau)

- H̱nmw - *Chnum* (Orstgott von Esna)

als Ideogramm:

- H̱nmw - *Chnum* (Orstgott von Esna)

widderköpfiger Gott mit sog. Lebenzeichen (S34)

god with the head of a ram an the so-called symbol of life (S34)

C5

Ø, H̱nmw

[Gebrauch wie C4]

kanidenköpfiger Gott

god with the head of a canine

C6

Ø, Jnpw

als Determinativ:

z.B.  - Jnpw - Anubis (Totengott)

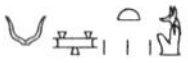 - Wpj-w3wt - *Upuaut/Wepwaut* (Totengott)

als Ideogramm:

z.B.  - Jnpw - Anubis (Totengott)

Gott mit Sethtierkopf (vgl. E20)
god with the head of the Seth-animal (cf. E20)

Ø, Stš (Stẖ, Swtẖ, Stj)

C7

als Determinativ:

z.B. - B^{c}rt [f] - *Baalat* (Göttin)

- pryt [f] - Krise

- mr - schmerzen, krank sein

als Ideogramm:

- Stš (Stẖ, Swtẖ, Stj) - Seth (Gott)

- Stš (Stẖ, Swtẖ, Stj) - Sethos (Eigenname von zwei Königen der 19. Dynastie)

ithyphallischer Gott mit Federkrone und erhobenem Arm mit Geißel (S45)
ithyphallic god with a crown of feathers, uplifted arm and flagellum (S45)

Ø, Mnw

C8

als Determinativ:

z.B. - Mnw - *Min* (Fruchtbarkeitsgott)

als Ideogramm:

- Mnw - *Min* (Fruchtbarkeitsgott)

Göttin mit Kuhgehörn und Sonnenscheibe (N5)

godess with horns of a cow and sun disc (N5)

C9

Ø, Ḥwt-ḥr

als Determinativ:

z.B.  - Ḥwt-ḥr [f] - Hathor (Göttin)

als Ideogramm:

z.B.  - Ḥwt-ḥr [f] - Hathor (Göttin)

Göttin mit Feder (H6) auf dem Kopf

godess with a feather (H6) on her head

C10

Ø, M3^{c}t

als Determinativ:

 - M3^{c}t [f] - *Maat* (Göttin der Weltordnung)

als Ideogramm:

 - M3^{c}t [f] - *Maat* (Göttin der Weltordnung)

Gott mit erhobenen Armen und Palmrispe (M4) auf dem Kopf

god with raised arms and palm branch (M4) on his head

ḥḥ, Ḥḥ

C11

als Ideogramm:

z.B. - Ḥḥ - *Heh* (Gott)

- ḥḥ - Million; unendlich viele

Gott mit sog. Doppelfederkrone (S9) und sog. *Uas*-Zepter (S40) (Amun)

god with the so-called crown of two plumes (S9) and the so-called *Uas*-sceptre (S40)

Ø, Jmn

C12

als Determinativ:

- Jmn - Amun (Gott)

als Ideogramm:

- Jmn - Amun (Gott)

falkenköpfiger Gott mit Doppelfederkrone (S9) (Month)

god with the head of a falcon and with the so-called crown of two plumes (S9) (Month)

C17

Ø, Mnṯw

als Determinativ:

- Mnṯw - Month (Kriegsgott)

als Ideogramm:

- Mnṯw - Month (Kriegsgott)

hockender Gott mit einer Kompositkrone

crouched god with a compound crown

C18

Ø, Tꜣ-tnn

als Determinativ:

z.B. - Tꜣ-tnn - *Tatenen* (chthonischer Urgott)

- Ptḥ-Tꜣ-tnn - *Ptah-Tatenen*

als Ideogramm:

z.B. - Tꜣ-tnn - *Tatenen* (chthonischer Urgott)

mumienförmiger Gott mit Kappe und sog. *Uas*-Zepter (S40) (*Ptah*)

mummy-shaped god with a hood and the so-called *Uas*-sceptre (S40) (*Ptah*)

Ø, Ptḥ

C19

als Determinativ:

 - Ptḥ - *Ptah* (Hauptgott von Memphis)

als Ideogramm:

 - Ptḥ - *Ptah* (Hauptgott von Memphis)

mumienförmiger Gott mit Kappe und sog. *Uas*-Zepter (S40) (*Ptah*) im Schrein

mummy-shaped god with a hood and the so-called *Uas*-sceptre (S40) in a shrine (*Ptah*)

Ø, Ptḥ

C20

[Gebrauch wie C19]

Kopf
head

D1

Ø, tp (ḏp), ḏꜣḏꜣ

als Determinativ:

z.B. - mkḥꜣ - vernachlässigen; verabscheuen
- hnn - neigen, beugen; belastet sein; zustimmen
- ḥꜣ - Hinterkopf; Rückseite
- ḥꜣ - hinter; um ... herum
- dhnt [f] - Stirn
- dhn - mit der Stirn berühren; ernennen
- ḏꜣḏꜣ - Kopf

als Ideogramm:

z.B. - tp (ḏp) - Kopf, Haupt; Anfang; das Beste von
- tp (ḏp) - auf, auf dem Kopf; bei, zu jeder (Zeit)

als Phonogramm tp (ḏp):

z.B. - tpj (ḏpj) - befindlich auf; gebietend über
- tpt (tpj, ḏpj) [f] - feines Salböl

Gesicht
face

ḥr

D2

als Ideogramm:

z.B.  - ḥr (ḥrw) - Gesicht; Blick, Sicht; Aufmerksamkeit

als Ideogramm in:

z.B.  - ḥr-nb [coll] - jedermann, jeder, alle Leute

als Phonogramm ḥr:

z.B.  - ḥr - auf, über; zur Zeit von; (zusammen) mit

 - ḥrj - der Oberste, Vorgesetzte, Chef

 - ḥr-jb - Mitte(lpunkt); Gastkult (eines Gottes) in

 - ḥrw - die Oberseite

 - ḥrt [f] - Felsgrab, Grabanlage

 - ḥrt [f] - Weg; Landweg

 - ḥr - erschrecken, sich ängstigen; abschrecken

Haarlocke
lock of hair

D3

Ø, šnj, wš

als Determinativ:

z.B. - jꜣkb - trauern, (weh)klagen

- wš - leer sein, fehlen; zerstört, lückenhaft, beschädigt; ausfallen (Haar), kahlköpfig sein

- jwn - Art, Charakter, Wesen; Aussehen

- nbd - flechten

- nbdt [f] - Zopf, Haarflechte

- ḫbswt [f] - Götterbart

- $\underline{h}^{c}$q - rasieren, scheren; schädigen

- šnj - Haar, Haupthaar

- gꜣs (gs) - trauern

- gmḥt [f] - Locke, Flechte; Schläfe

als Ideogramm:

z.B. - šnj - Haar, Haupthaar

als Abkürzung:

- gm-wš - leer/beschädigt vorgefunden, Lücke

Auge
eye

Ø, jr, mꜣ

D4

als Determinativ:

z.B. - rmj [IIIae inf] - weinen, beweinen; sich beklagen

- rs - aufwachen, erwachen; wachsam sein, wachen

- sgꜣwt (sgwt) [f] - Staunen, Erstaunen

- šp - blind sein; blind machen, blenden

- dgj (dgꜣ) [IIIae inf] - sehen; erblicken, wahrnehmen

als Ideogramm:

z.B. - jrt [f] - Auge

- jrj - machen, tun, handeln

als Phonogramm jr:

z.B. - jrw - Hersteller; (gut) Handelnder

- jrw - Geschöpf, Gemachtes; Gestalt, Wesen

als Phonogramm mꜣ:

z.B. - mꜣꜣ - sehen; schauen, erblicken

- mꜣj - Löwe; Löwenfigur, Sphinx

Auge mit Schminkstrichen
eye with lines of make-up

D5 Ø

als Determinativ:

z.B.  - ^{c}n(w)t [f] - Schönheit, Anmut

 - nw (nwꜣ) - sehen, schauen; aufpassen

 - rs - aufwachen, erwachen; wachsam sein, wachen

 - ḥnmnm - umherschauen

 - šp - blind sein; blind machen, blenden

 - špt - ärgerlich; verdrießlich; verärgert

 - dgꜣyt [f] - Blick

 - dgj (dgꜣ) [IIIae inf] - sehen; erblicken, wahrnehmen

Auge mit Lidschatten
eye with eye-shadow

D6 Ø

[Gebrauch wie D5]

Auge mit unterem Lidstrich
eye with lower eye-shadow

Ø **D7**

als Determinativ:

z.B. 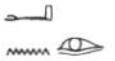 - ^{c}n (j^{c}n) - schön sein; gütig handelnd; freundlich

 - msdmt [f] - schwarze Augenschminke

 - rs - aufwachen, erwachen; wachsam sein, wachen

 - sdm - schminken

 - qdd (qd) - Schlaf

Auge in einem Oval
eye in an oval

Ø **D8**

als Determinativ:

z.B.  - ^{c}jn (^{c}nw) - *Ainu* (ein Ort oder eine Steinbruchgegend)

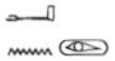 - ^{c}n (j^{c}n) - schön sein; gütig handelnd; freundlich

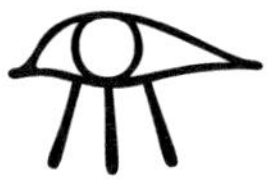

triefendes Auge
running eye

D9

Ø, rmj

als Determinativ:

z.B. [IIIae inf] - rmj - weinen, beweinen; sich beklagen

- rmw - das Weinen

- rmyt [f] - Träne

- s3mt [f] - Trauer

- srmj [kaus; IIIae inf] - zum Weinen bringen

als Ideogramm:

z.B. [IIIae inf] - rmj - weinen, beweinen; sich beklagen

menschliches Auge mit den Merkmalen eines Falkenauges, sog. *Udjat*-Auge

human eye with the markings of a falcon's eye, so-called *Udjat*-eye

D10

Ø, w$\underline{d}$3t

als Determinativ:

z.B. - ʿnḫt [f] - Auge (eines Gottes)

- w$\underline{d}$3t [f] - das *Udjat*-Auge

als Ideogramm:

z.B. - w$\underline{d}$3t [f] - das *Udjat*-Auge

das Weiße des sog. *Udjat*-Auges (D10)
im inneren Augenwinkel

the white part of the inner eye of the so-called *Udjat*-eye (D10)

Ø

D11

als Abkürzung für 1/2 *Heqat*-Maß

Pupille des sog. *Udjat*-Auges (D10)
pupil of the so-called *Udjat*-eye (D10)

Ø

D12

als Determinativ:

z.B.  - b33 - Pupille

 - b3b3w - Loch; Höhlung; Ritz, Spalte

 - p3qyt [f] - (Ton)scherbe; Schädeldach

 - m33 - sehen; schauen, erblicken

 - qrrt (qrt) [f] - Augenhöhle

 - dfd - Iris mit Pupille

als Abkürzung für 1/4 *Heqat*-Maß

Augenbraue
eyebrow

D13 Ø

als Determinativ:

z.B.  - jnḥ - Augenbraue

 - drf - nachziehen (der Augenbraue)

 - sšdw [pl] - Haare

als Abkürzung für 1/8 *Heqat*-Maß

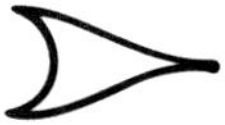

das Weiße des sog. *Udjat*-Auges (D10) im äußeren Augenwinkel

the white part of the outer corner of the eye of the so-called *Udjat*-eye (D10)

D14 Ø

als Abkürzung für 1/16 *Heqat*-Maß

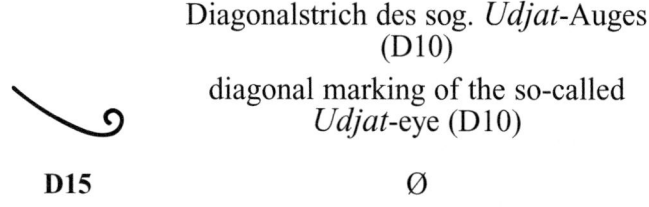

Diagonalstrich des sog. *Udjat*-Auges (D10)

diagonal marking of the so-called *Udjat*-eye (D10)

D15 Ø

als Abkürzung für 1/32 *Heqat*-Maß

Senkrechtstrich des sog. *Udjat*-Auges (D10)

vertical marking of the so-called *Udjat*-eye (D10)

Ø

D16

als Abkürzung für 1/64 *Heqat*-Maß

Senkrecht- und Diagonalstrich (D16+15) des sog. *Udjat*-Auges (D10)

vertical and diagonal marking (D16+15) of the so-called *Udjat*-eye (D10)

Ø, tjt

D17

als Determinativ:

z.B.  - tjt [f] - unterer Teil des *Udjat*-Auges

 - tjt [f] - Bruch (mathematisch)

 - tjt [f] - Schriftzeichen, Hieroglyphe; Entwurf; Rundbild

als Ideogramm:

z.B.  - tjt [f] - Schriftzeichen, Hieroglyphe; Entwurf; Rundbild

Ohr
ear

D18 Ø

als Determinativ:

z.B.  - ᶜnẖwj - Paar Ohren

 - msd̲r - Ohr

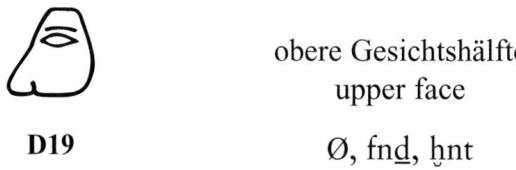

obere Gesichtshälfte
upper face

D19 Ø, fnd̲, ẖnt

als Determinativ:

z.B.  - fnd̲ - Nase

 - fnd̲ - verachten, missachten

 - ršw - froh sein, sich freuen

 - sn - riechen; einatmen

als Ideogramm:

z.B.  - fnd̲ - Nase

 - ẖnt [f] - Stirn, Gesicht; Vorderseite

als phonographisches Determinativ:

z.B.  - ẖntj - vorn befindlich, vorne; südlich

 - ẖntj - Vorhalle; Prunksaal; Außenkammer

[Zeichen kann durch U31 ersetzt werden]

obere Gesichtshälfte (Variante zu D19)
upper face (variant of D19)

Ø, fnḏ

D20

als Determinativ:

z.B. - fnḏ - Nase
- fnḏ - verachten, missachten
- msꜣḏt [f] - Nasenloch
- nšp - atmen, einatmen
- ršw - froh sein, sich freuen
- ḫnm - erfreuen; froh, erfreut sein; freundlich
- ḫnm - riechen; einatmen; genießen
- ḫnt [f] - Stirn, Gesicht; Vorderseite
- ḫntj - vorn befindlich, vorne; südlich
- ḫntj - Vorhalle; Prunksaal; Außenkammer
- srf - sich niederlassen, ruhen, ausruhen

als Ideogramm:

z.B. - fnḏ - Nase

[Zeichen kann durch U31 ersetzt werden]

Mund
mouth

D21 r3, r

als Ideogramm:

z.B. - r3 - Mund
- r3 - Öffnung; Tür; Eingang; Mündung
- r3 - Spruch, Ausspruch; Meinung; Sprache

als Phonogramm r:

z.B. - rḫ - erfahren, kennen; wissen; verstehen
- rḏj (rdj) [IIIae inf] - geben; gewähren; veranlassen; setzen, stellen, legen

[Kombinationen mit D21: D22, D23, M6, M24, M25]

Mund (D21) mit zwei senkrechten Strichen
mouth (D21) with two vertical strokes

D22 r3wj, rw

als Ideogramm:

z.B. - r3wj - Zweidrittel

als Phonogramm rw:

z.B. - rwnt [f] - Mädchen, Jungfrau

Mund (D21) mit drei senkrechten Strichen

mouth (D21) with three vertical strokes

ḫmt-r3w

D23

als Ideogramm:

z.B.  - ḫmt-r3wj - Dreiviertel

Oberlippe mit Zähnen

upper lip with teeth

Ø, sp

D24

als Determinativ:

z.B.  - spt [f] - Lippe; Schamlippe; Rand

 - šsp - Oberlippe

als Ideogramm:

z.B.  - spt [f] - Lippe; Schamlippe; Rand

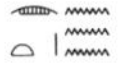 - spt [f] - Ufer

 - spt [f] - Basis (Statue, Säule)

[Zeichen kann mit F42 wechseln]

Ober- und Unterlippe mit Zähnen
upper and lower lip with teeth

D25

Ø, sp

als Determinativ:

z.B. - sptj [f] - die beiden Lippen, Ränder

- ḥpd (ḥpḏ) - öffnen (Mund)

als Ideogramm:

z.B. - sptj [f] - die beiden Lippen, Ränder

aus dem Mund herausfließende Flüssigkeit
fluid flowing from the mouth

D26

Ø

als Determinativ:

z.B. - bšj [IIIae inf] - ausspeien, ausbrechen; erbrechen

- psg - bespeien, (an)spucken; ausspeien; ausspucken

- psg (pgs) - Spucke, Speichel

- snf (znf) - Blut

- q3ᶜ - ausspeien, ausspucken

- kff - lutschen

kleine weibliche Brust
small woman's breast

Ø, mn<u>d</u>

D27

als Determinativ:

z.B. - bntj [f] - Brustwarzen; weibliche Brüste
- mn<u>d</u> - Brust
- mn^{c}t [f] - Amme
- mn^{c}j - Erzieher, Tutor
- šdj [IIIae inf] - säugen, ernähren; aufziehen

als Ideogramm:

z.B. - mn<u>d</u> - Brust

volle weibliche Brust
well-developed woman's breast

Ø

D27a

als Determinativ:

z.B. - bntj [f] - Brustwarzen; weibliche Brüste
- mn<u>d</u> - Brust
- mn^{c}t [f] - Amme
- mn^{c}j - Erzieher, Tutor
- šdj [IIIae inf] - säugen, ernähren; aufziehen

[Gebrauch im Wesentlichen wie A27]

ausgebreitete Arme
spread out arms

D28 k3

als Ideogramm:

z.B.  - k3 - *Ka*, Persönlichkeit, Lebenskraft

 - k3 - Nahrung, Speise

als Phonogramm k3:

z.B.  - bk3 - schwanger sein/werden

 - ḥk3 - Zauber, Magie; Zauberspruch

 - k3 - Stier

 - k3t [f] - Arbeit; Erzeugnis; Produkt; Ausführung; Technik

 - k3wtj - Arbeiter; Träger

 - k3ry - Gärtner

[Kombinationen mit D28: D29 , D30 , D31a ]

ausgebreitete Arme (D28) auf einer Standarte (R12)

spread out arms (D28) on a standard (R12)

D29 k3

als Ideogramm:

z.B.  - k3 - *Ka*, Persönlichkeit, Lebenskraft

 - k3t [f] - weiblicher *Ka*

seitwärts ausgebreitete Arme (D28) mit Band

spread out arms (D28) to the side with a ribbon

Ø

D30

als Determinativ:

z.B.  - Nḥb-k3w (Nḥbw-k3w) - *Neheb-kau* (Totenrichter)

ausgebreitete Arme (D28) und Bleuel (U36)

spread out arms (D28) and mallet (U36)

ḥm-k3, ḥnk

D31a

als Ideogramm:

z.B.  - ḥm-k3 - *Ka*-Diener, Totenpriester; Amt des *Ka*-Dieners

 - ḥmt-k3 [f] - *Ka*-Dienerin, Totenpriesterin

als Phonogramm ḥnk:

z.B.  - ḥnk - gestiftetes Land

umschließende Arme
enclosed arms

D32 Ø

Determinativ:

z.B. - jnq - umfassen; zusammenlegen; sammeln
- pg3 - öffnen, ausbreiten
- pg3 - Öffnung; Eingang; Kampfplatz
- ḥpt - umarmen; im Arm tragen; packen
- sẖn - umfangen, umfassen; suchen

[Kombination mit D32: D31]

umschließende Arme (D32) und Bleuel (U36) (frühere Variante zu D31a)
enclosed arms (D32) and mallet (U36) (earlier variant of D31a)

D31 ḥm-k3

als Ideogramm:

z.B. - ḥm-k3 - *Ka*-Diener, Totenpriester; Amt des *Ka*-Dieners
- ḥmt-k3 - [f] *Ka*-Dienerin, Totenpriesterinals

Arme, die einen Riemen pullen
arms rowing an oar

ẖn

D33

als Phonogramm ẖn:

z.B. - ẖnj [IIIae inf] - rudern, reisen; fahren; transportieren

- ẖnt [f] - Fahrt; Festzug, Prozession

- ẖnw - Ruderer

- ẖnyt [f; coll] - Rudermannschaft

- ẖnn - stören; frech sein; in Unordnung sein

- ẖnnw - Störenfried; Streitsüchtiger

- ẖnnw - Störung, Unordnung, Chaos; Tumult

- ẖntj - Statue; Götterbild; Abbild

[Zeichen kann mit F26 wechseln]

Arme, die Axt und Schild halten
arms holding battle-axe and shield

D34 ꜥḥꜣ

als Phonogramm ꜥḥꜣ:

z.B. - ꜥḥꜣ - kämpfen, kampffähig sein; sich bemühen
- ꜥḥꜣ - Kämpfer, Krieger
- ꜥḥꜣt [f; coll] - Kriegerschar, Krieger
- ꜥḥꜣw [pl] - Waffen; Pfeile
- ꜥḥꜣt [f] - Kampfplatz
- ꜥḥꜣtj (ꜥḥꜣwtj) - Kämpfer, Krieger; Mann
- ꜥḥꜣtj - zanken, zänkisch sein
- ꜥḥꜣ - Nilbarsch (Lates niloticus)

als Abkürzung:

z.B. - ꜥḥꜣ - vorsichtig, ungünstig

Arme, die Keule (T3) und Schild halten
(frühere Variante zu D34)
arms holding club (T3) and shield (earlier variant of D34)

D34a ꜥḥꜣ

[Gebrauch wie D34]

Achselzucken mit seitwärts ausgestreckten Armen

shrug of the shoulders with arms extended to the side

Ø, n

D35

als Determinativ:

z.B. - ḫmj [IIIae inf] (ḫm) - nicht erfahren haben; nicht kennen; nicht wissen

- ḫm - der Unwissende, Nichtskönner, Stümper

- ḫm - Schrein, Kultstätte; Heiligtum, Tempel

- ḫmt - vorher überlegen, bedenken; beabsichtigen

- smḫ - vergessen, nicht mehr wissen wollen

als Ideogramm:

z.B. - n - nicht

- nn - nicht

- jwtj [Relativpronomen m sg] - welcher nicht (ist); einer, der nicht (ist/hat)

als Phonogramm n:

z.B. - nnšm - Milz

- n [Dativ, aus dem Hieratischen]

Unterarm
forearm

D36

Ø, ^{c}

als Determinativ:

z.B. - pḥtj - Kraft; Körperkraft; Macht; Stärke

- ḫmj - angreifen; demolieren

- sẖr [kaus] - niederstrecken, töten

als Ideogramm:

z.B. - ^{c} - Arm; Hand; Pfote

- ^{c} - Gegend, Teilgebiet, Distrikt; Parzelle; Seite

- ^{c} - Zustand, Befinden; Aktion, Handeln

- ^{c} - Schriftstück, Urkunde; Register

als Phonogramm ^{c}:

z.B. - ^{c}ḥ^{c} - aufstehen, sich hinstellen; stehen; stillstehen; warten

- ḥ^{c}w (ḥ^{c}) - Körper, Leib

[Zeichen kann D37, D38, D39, D40, D41, D42, D43, D44 ersetzen]

[Kombinationen mit D36: D59, G20, G45, M27, O12, P7, Aa22]

Unterarm (D36) mit kegelförmigem Brot (X8)

forearm (D36) holding a conical loaf of bread (X8)

D37

Ø, jmj, r$\underline{d}$j, m, mj, $\underline{d}$

als Ideogramm:

z.B. - jmj [imp] - gib!

- r$\underline{d}$j (rdj) [IIIae inf] - geben; gewähren; veranlassen; setzen, stellen, legen

als Phonogramm m:

z.B. - mk [Präsentativ] - siehe, siehe hier, denn siehe

als Phonogramm mj:

z.B. - Kmj - *Kemi* (Name einer Königin)

als Phonogramm $\underline{d}$:

z.B. - $\underline{D}$dw - Busiris

[Zeichen kann D36, D40, D44 ersetzen]

[Kombination mit D37: G19]

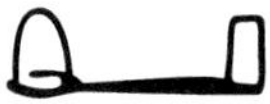

Unterarm (D36) mit rundem Brot
forearm (D36) holding a rounded loaf of bread

D38

Ø, m

als Determinativ:

z.B.  - jmj [imp] - gib!

als Phonogramme m:

z.B.  - mk [Präsentativ] - siehe, siehe hier, denn siehe

 - mkj - Beschützer

 - mkḥ3 - vernachlässigen; sich abwenden, meiden

[Zeichen kann D36, D37, D39, D42 ersetzen]

Unterarm (D36) mit bauchigem Gefäß (W24)

forearm (D36) holding a bellied vessel (W24)

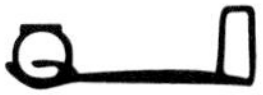

Ø, m, ḥnk

D39

als Determinativ:

z.B.  - ḥnk - schenken, beschenken; dienen

 - drp - beschenken; speisen; spenden

als phonographisches Determinativ:

z.B.  - ḥnkt [f] - Bett

als Phonogramm m:

z.B.  - mwt [f] - Mutter

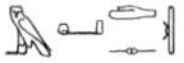 - mds - scharf (Messer); energisch

als Phonogramm ḥnk:

z.B.  - ḥnk - schenken, beschenken; dienen

 - ḥnk - Opfer

 - ḥnkt [f] - Opfer; Opfergabe; Stiftung

[Zeichen kann mit D37 wechseln]

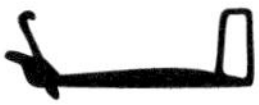

Unterarm (D36) mit Stock
forearm (D36) holding a stick

D40

Ø, nẖt

als Determinativ:

z.B. - jtḥ - ziehen, schleppen
- wsr - mächtig, stark sein
- mḥ - fassen, packen; festhalten
- nẖt - Kraft, Stärke; Sieg
- nrj [IIIae inf] - (sich) erschrecken; Respekt haben vor
- ḥdb - daliegen, zu Boden geworfen sein; niederwerfen
- sẖm - Macht
- qrf - krümmen, biegen (Arme, Beine)

als Ideogramm:

z.B. - nẖt - Kraft, Stärke; Sieg

als Abkürzung:

z.B. - ẖ3j [IIIae inf] - untersuchen; (ab)messen

[Zeichen kann mit A24 (besonders in der 18. Dynastie) wechseln und D37 ersetzen]

Unterarm (D36), gebeugter Oberarm, Handfläche nach unten

forearm (D36), bent upper arm, palm downwards

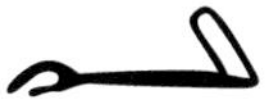

Ø, nj

D41

als Determinativ:

z.B. - j3bj - die Linke, linke Seite; Osten, Ostufer
- m3ḥ - klatschen, Takt schlagen (mit Klappern)
- rmn - Oberarm, Schulter; Waagebalken
- hnn - (sich) neigen, beugen, biegen; belastet sein
- ḥsj [IIIae inf] - singen, musizieren
- sfḫ - lösen, auslösen; gelöst werden; ablösen
- ksj [IIIae inf] - sich bücken; sich verneigen
- gb3 - der Arm
- grḥ - fertig machen/werden; fertig gestellt sein

als Phonogramm nj:

z.B. - njw - Strauß (Struthio camelus)
- njwj - Speer; Lanze

als Abkürzung:

- grḥ - Ende, Fertigstellung; Ende (Schlusszeichen in Handschriften)

Unterarm (D36), gestreckter Oberarm, Handfläche nach unten

forearm (D36), streched upper arm, palm downwards

D42

Ø, mḥ

als Determinativ:

z.B.  - grḥ - fertig machen/werden

als Ideogramm:

z.B.  - mḥ - Elle (Körperteil, Maß)

[Zeichen kann D41 ersetzen]

Unterarm (D36) mit Geißel (S45)

forearm (D36) holding a flagellum (S45)

D43

Ø, ḫw

als Ideogramm:

z.B.  - ḫwj [IIIae inf] - (be)schützen

als Phonogramm ḫw:

z.B.  - ḫww [pl] - Sünden; Böses

 - sḫwd - bereichern

Unterarm (D36) mit Würdestab (S42)

forearm (D36) holding a sceptre of dignity (S42)

Ø, ḫrp

D44

als Determinativ:

z.B. - ḫrp - leiten, verwalten; vorführen

- ḫnj [IIIae inf] - das Sistrum spielen; klatschen

als Abkürzung:

z.B. - ḫrp - leiten, verwalten; vorführen

Arm mit Lotusknospenszepter

arm holding a sceptre shaped like a lotus bud

Ø, ḏsr

D45

als Determinativ:

z.B. - ḏsr - heilig, erhaben sein; geweiht

als Ideogramm:

z.B. - ḏsr - heilig, erhaben sein; geweiht

als Phonogramm ḏsr:

z.B. - ḏsrw - Heiligkeit, Erhabenheit

- ḏsrt [f] - Deir el-Bahari (in Theben-West); heiliger Ort

Hand
hand

D46

d, d̲rt

als Ideogramm:

z.B.  - d̲rt (d̲ꜣt, dt) [f] - Hand

als Phonogramm d:

z.B.  - wdj [IIIae inf] - setzen, stellen, legen; stoßen, werfen

 - bd - Natron

 - msdmt [f] - schwarze Augenschminke

 - šdj [IIIae inf] - (fort)nehmen; einziehen

 - qd - Wesen, Art, Charakter

 - dr - entfernen, vertreiben

hohle Hand
cupped hand

D47

Ø

als Determinativ:

z.B.  - sḫj [IIIae inf] - schlagen, misshandeln

 - d̲rt [f] - Hand

benetzte Hand
damped hand

jd

D46a

als Ideogramm:

z.B.  - jdj - erfrischen; beruhigen; löschen (Flammen)

 - jdt [f] - Weihrauchduft; Parfüm, Wohlgeruch

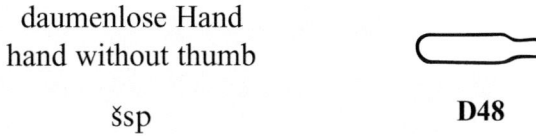

daumenlose Hand
hand without thumb

šsp

D48

als Abkürzung:

 - šsp - Handbreite, Handfläche, Handteller (entspricht als Maßeinheit vier Fingerbreiten)

Faust
fist

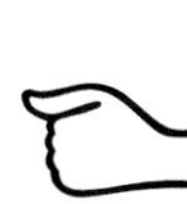

Ø

D49

als Determinativ:

z.B.  - ꜣmm - ergreifen, fassen, angreifen

 - ꜣmm - Faust; Griff

senkrechter Finger
vertical finger

D50

Ø, ḏb^c

als Determinativ:

z.B. - ^{c}qꜣ - richtig, genau; akkurat, präzise; rechtschaffen

- ḏb^c - Finger

- mtj - genau, rechtmäßig, richtig; zuverlässig

als Ideogramm:

z.B. - ḏb^c - Finger

- m-ḏb^{c}w - in der Hand von; aus der Hand

- (j)r-ḏb^{c}wj - neben

als Phonogramm ḏb^c:

z.B. - ḏb^{c}wt - Siegel, Siegelring, Stempelsiegel

- ḏb^{c}w - Vorwurf, Tadelnswertes

als Abkürzung:

z.B. - ḏb^c - 10 000, zehntausend

- ḏb^c - Fingerbreite (als Längenmaß, als Mengenmaß)

[Kombination mit D50: U12]

[Zeichen kann durch T14 ersetzt werden]

waagerechter Finger
horizontal finger

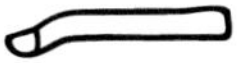

Ø, ᶜnt, dqr

D51

als Determinativ:

z.B. - ᶜnt [f] - Finger-, Zehennagel; Kralle; Daumen
- ᶜnb - verschließen, umschlossen halten
- nqᶜ - einritzen (Frucht); abkratzen; ausreissen
- ḫ3j [IIIae inf] - untersuchen; (ab)messen, abfüllen
- ṯ3w (ṯ3y) [IIIae inf] - nehmen, fassen

als Ideogramm:

z.B. - ᶜnt [f] - Finger-, Zehennagel; Kralle; Daumen

als phonographisches Determinativ:

z.B. - dqw - Mehl, Brotmehl
- dqr - Frucht

Phallus
phallus

D52

Ø, mt

als Determinativ:

z.B. - ꜥꜣ (jꜥꜣ) - Esel (Equus asinus)
- kꜣ - Stier
- ṯꜣy (ṯꜣw) - Mann, männliche Person

als Phonogramm mt:

z.B. - mt - Hohlgefäß (im Körper), Leitbahn
- mtj - genau, rechtmäßig, richtig; zuverlässig
- mtwt [f] - Same(n), Sperma
- mtr - bezeugen, Zeugnis ablegen, lehren

ejakulierender Phallus
ejaculated phallus

D53

Ø, bꜣḥ

als Determinativ:

z.B. - wsš (wzš) - urinieren
- mtwt [f] - Same(n), Sperma
- hj (hꜣy) - Ehemann, Gatte

als Ideogramm:

z.B. - m-bꜣḥ - vor, hervor; in Gegenwart von

Beine in Schrittstellung (vorwärts gewandt)

legs in the position of a step (forward)

Ø, jw, nmtt

D54

als Determinativ:

z.B. - 3bj (j3b) - aufhören, anhalten, verweilen

- ^{c}ḥ^{c} - aufstehen, sich hinstellen; stehen; stillstehen; warten

- ^{c}q - eintreten, betreten; freien Zutritt haben; eindringen

- w^{c}r - fliehen; entlaufen

- prj [IIIae inf] - hinausgehen, heraustreten, herauskommen; aufsteigen

- pẖr (pšr) - umwenden, umdrehen; herumgehen

- ḥpwtj - Läufer

- šm - losgehen; gehen

- tkn - sich nähern, nahekommen

als Ideogramm:

z.B. - jwj [IIIae inf] - kommen, zurückkommen, herbeikommen

- nmtt [f] - Gang, Schreiten, Schritt; Prozession; Unternehmung; Ablauf, Geschäftsgang

[Kombinationen mit D54: M18, N40, O35, T32, V15, W25]

Beine in Schrittstellung (rückwärts gewandt)

legs in the position of a step (backwards)

D55 Ø

als Determinativ:

z.B.  - jntnt (jntjnt) - zurückhalten

 - ᶜnn - sich umwenden, umkehren

 - ḥm - weichen, sich entfernen

 - ḥm-ẖt - zurückziehen, sich zurückziehen

 - ḥnḥn (ḥnḥ) - zurückhalten, behindern

 - ẖtẖt - zurückweichen; verloren gehen

 - sḥm [kaus] - weichen lassen; zurücktreiben, zurückweisen

 - tnm - umherirren, in die Irre gehen; sich irren

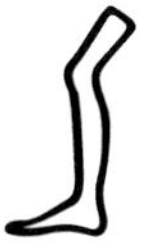

Bein
leg

Ø, rd, ꜣṯw, pds, gḥ

D56

als Determinativ:

z.B.  - w^{c}rt [f] - Nekropolenbezirk; (Wüsten)bezirk

 - mnt [f] - Oberschenkel

 - rd - Fuß

als Ideogramm:

z.B.  - rd - Fuß

als phonographisches Determinativ:

z.B.  - sbq - klug, vernünftig

 - w^{c}rt [f] - Teil; Abteilung; (Verwaltungs)bezirk

als Phonogramme ꜣṯw, pds und gḥ:

z.B.  - ꜣṯw (ꜣtw, früher w^{c}rtw) - Bezirkspfleger, -amtmann

 - pds - Kasten

 - gḥs - Gazelle (Gazelle dorcas)

als Abkürzung:

z.B.  - ꜣṯw (ꜣtw, früher w^{c}rtw) - Bezirkspfleger, -amtmann

 - w^{c}rt [f] - Teil; Abteilung; Verwaltungsbezirk

 - sbq - klug, vernünftig

Unterschenkel und Fuß
lower leg and foot

D58

Ø, bw, b

als Ideogramm:

z.B. - bw - Ort, Stelle

als Phonogramm b:

z.B. - bj3t [f] - Charakter, Gesinnung; Verhaltensweise

- bjn - schlecht, übel; nichtsnutzig

- b^{c}ḥw - Überschwemmung; Überfluss

- nbj [IIIae inf] - vergolden; bilden, herstellen

- ḥb (ḥ3b) - Fest

- ẖbj [IIIae inf] - tanzen

[Kombination mit D58: S13]

Unterschenkel und Fuß (D58) mit Unterarm (D36)
lower leg and foot (D58) with forearm (D36)

D59

^{c}b

als Phonogramm ^{c}b:

z.B. - ^{c}b - Horn

- ^{c}b^{c} (^{c}b) - prahlen, sich einer Sache rühmen

Unterschenkel und Fuß (D58) mit einem Krug, aus dem Wasser fließt

lower leg and foot (D58) with a vessel, from which water flows

w^{c}b

D60

als Ideogramm:

z.B. - w^{c}b - rein sein/werden; sauber; geweiht, heilig

als Phonogramm w^{c}b:

z.B. - w^{c}b - rein sein/werden; sauber; geweiht, heilig

- w^{c}b - (kultische) Reinheit; Reinigung

- w^{c}b - der Reine, der *Wab*-Priester

- w^{c}bt [f] - *Wabet*, Balsamierungsstätte; Wirtschaftsraum

Zehen

toes

s3ḥ

D61

als Ideogramm:

z.B. - s3ḥ - Zehe (des Menschen)

als phonographisches Determinativ:

z.B. - s3ḥ - herankommen an; erreichen; treten

- s3ḥw [pl] - Nachbarn (auch Freunde)

- s3ḥ - Lehnsfeld (ein Ackerstück)

- s3ḥ - Orion (ein Sternbild)

Zehen (spätere Variante zu D61)
toes (later variant of D61)

D62

s3ḥ

[Gebrauch wie D61]

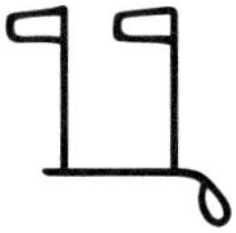

Zehen (Variante zu D61)
toes (variant of D61)

D63

s3ḥ

[Gebrauch wie D61]

Rind
bull

Ø, jḥ (ng3w, k3)

E1

als Determinativ:

z.B. - jw3 - Ochse, Langhornrind, Hausrind
- jw3 - sich freuen
- jryt [f] - Milchkuh
- jht [f] - Himmelskuh
- jḥt [f] - Kuh
- mnmnt [f] - Herde, Vieh, Herdenvieh
- ng3w - Langhornrind
- k3 - Stier

als Ideogramm:

z.B. - jḥ (ng3w, k3) - Stier

angreifender Stier
attacking bull

Ø, k3

E2

als Determinativ:

z.B. - sm3 - Wildrind

als Ideogramm in dem Epitheton des Königs:

- k3-nḫt - »Starker Stier«

Kalb
calf

E3 Ø

als Determinativ:
z.B. - bḥs (bḥz) - Kalb
- rny - Jungstier
- snwj - Zwillingskälber
- kmt [f; coll] - heilige Herde

heilige *Hesat*-Kuh
sacred *Hesat*-cow

E4 Ø, Ḥs3t

als Determinativ:
z.B. - Ḥs3t [f] - die göttliche Kuh, *Hesat* (Kuhgöttin)

als Ideogramm:
z.B. - Ḥs3t [f] - die göttliche Kuh, *Hesat* (Kuhgöttin)

Kuh, die ein Kalb säugt
cow nursing a calf

Ø

E5

als Determinativ:

z.B. - ꜣms - sich freuen, freundlich sein; fürsorgend sein; Interesse zeigen für

Pferd
horse

Ø, ssmt

E6

als Determinativ:

z.B. - jbr - Hengst

- ḥtr (ḥtrj) - Pferdegespann, Pferde

- ssmt [f] - Pferd

als Ideogramm:

z.B. - ssmt [f] - Pferd

Esel (Equus asinus)
donkey (Equus asinus)

E7 Ø

als Determinativ:

z.B. - ꜥꜣ (jꜥꜣ) - Esel (Equus asinus)
- wḥm - Esel
- hrw (hjw) - Monster; Esel
- šw - Esel

[Zeichen kann durch E20 ersetzt werden]

Kitz
kid

E8 Ø, jb

als Determinativ:

z.B. - ꜥwt [f] - Kleinvieh; Wild; Ziegen
- mnmnt [f] - Herde, Vieh, Herdenvieh

als phonographisches Determinativ:

z.B. - jbj [IIIae inf] - durstig sein
- jb - wünschen; denken; fühlen, erkennen
- jbḥ - Zahn, Stoßzahn

als Phonogramm jb:

z.B. - jbḥ - Libationspriester

springendes Kitz
jumping kid

Ø, jb

E8a

[Gebrauch wie E8]

junge Kuhantilope
(Alcelaphus buselaphus)
newborn bubalis
(Alcelaphus buselaphus)

jw

E9

als Phonogramm jw:

z.B. - jwyt [f] - Böses, Sünde
- jwyt [f] - Stadtviertel
- jw^{c} - Schenkel (Tier, Mensch)
- jw^{c} - erben, beerben
- jw^{c}w - der Erbe
- jw^{c}t [f] - das Erbe, Erbschaft
- jwnyt [f] - Pfeilersaal
- jwr - schwanger sein/werden, empfangen
- jwḥ - befeuchten, bewässern; überfluten
- jwsw - Waage, Handwaage
- jwtn - Boden, Erdboden, Erde; Fußboden

Widder (Ovis longipes palaeoaegypticus)
ram (Ovis longipes palaeoaegypticus)

E10 Ø

als Determinativ:

z.B. - b3 - Widder, Schafbock; *Ba*, Seele
- H̱nmw - *Chnum* (Orstgott von Esna)
- sr - Widder
- srt [f] - Schaf

Widder (Ovis longipes palaeo-aegypticus)
(frühere Variante zu E10)
ram (Ovis longipes palaeoaegypticus)
(earlier variant of E10)

E11 Ø

[Gebrauch wie E10]

Schwein (Sus scrofa)
pig (Sus scrofa)

E12 Ø

als Determinativ:

z.B. - rrj - Schwein, Ferkel
- š3j - Schwein (Sus scrofa)

Katze
cat

Ø

E13

als Determinativ:

z.B. - mjt [f] - Katze

- mjw - Kater

Hund
dog

Ø

E14

als Determinativ:

z.B. - jw - Hund

- jwjw - Hund

- jš [pl] - Hunde

- whrt [f] - Hündin

- bḥn - Hund

- ṯsm - Windhund, Hund

liegender Kanide
lying canine

E15 Ø, Jnpw, ḥrj-sšt3

als Determinativ:
z.B. - Jnpw - Anubis (Gott der Toten und der Nekropole)
- jnpw - Thronfolger, Thronprätendent

als Ideogramm:
z.B. - Jnpw - Anubis (wie oben)
- ḥrj-sšt3 - Kommissar, »Hüter des Geheimnisses«

auf einem Schrein liegender Kanide
lying canine on a shrine

E16 Ø, Jnpw, ḥrj-sšt3

als Determinativ:
z.B. - Jnpw - Anubis (wie oben)

als Ideogramm:
z.B. - Jnpw - Anubis (wie oben)
- ḥrj-sšt3 - Kommissar, »Hüter des Geheimnisses«

Schakal
jakal

Ø, s3b

E17

als Determinativ:
z.B. - s3b (z3b) - Schakal

als Ideogramm:
z.B. - s3b (z3b) - Schakal
- s3b (z3b) - durchziehen
- s3b (z3b) - Magistrat; Staatsdiener

Schakal (E17) auf einer Standarte mit Uräus
jakal (E17) on a standard with an uraeus

Ø, Wpj-w3wt

E18

als Determinativ:
z.B. - Wpj-w3wt - *Upuaut/Wepwaut* (Gott von Assiut)

als Ideogramm:
z.B. - Wpj-w3wt - *Upuaut/Wepwaut* (Gott von Assiut)

Schakal (E17) auf einer Standarte (R12) mit Wulst und Keule (T3) (frühere Variante zu E18)

jakal (E17) on a standard (R12) with torus and club (T3) (earlier variant of E18)

E19 Ø, Wpj-wꜣwt

[Gebrauch wie E18]

sitzendes Erdferkel (mythologisiert als Sethtier)

seated orycteropus (mythological the animal of Seth)

E20 Ø, Stš (Stẖ, Swtḫ, Stj)

als Determinativ:

z.B.  - ꜥꜣ (jꜥꜣ) - Esel (Equus asinus)

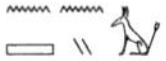 - nšnj [IVae inf] - wütend sein, rasen, wüten

 - ẖnn - stören; frech sein; in Unordnung sein

 - shꜣ - Aufruhr, Ungesetzlichkeit

als Ideogramm:

z.B.  - Stš (Stẖ, Swtḫ, Stj) - Seth (Gott)

[Zeichen kann mit E7 und E27 wechseln]

liegendes Erdferkel (mythologisiert als Sethtier)

lying orycteropus (mythological the animal of Seth)

Ø **E21**

als Determinativ:

z.B. - hmhm - brüllen (der Stiere)

- nšnj - Wut, Groll; Unwetter; Unglück; der Wütende

- h̲nn - stören; frech sein; in Unordnung sein

- sh3 - in Unordnung sein

- Stš (Sth̲, Swtḫ, Stj) - Seth (Gott)

Löwe (Panthera leo)

lion (Panthera leo)

Ø, m3j **E22**

als Determinativ:

z.B. - m3j - Löwe; Löwenfigur, Sphinx

- m3t [f] - Löwin

- m3j-ḥs3 - grimmiger, wilder Löwe

als Ideogramm:

z.B. - m3j - Löwe; Löwenfigur, Sphinx

liegender Löwe (Panthera leo)
lying lion (Panthera leo)

E23

Ø, rw, šn^{c}

als Determinativ:
z.B.  - rw - Löwe

als Ideogramm:
z.B.  - rw - Löwe

als Phonogramm rw:
z.B.  - jtrw - Strom, Fluss; Nil; Nilarm, Kanal
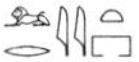 - rwyt [f] - Halle, Gebäude

als Phonogramm šn^{c}:
z.B.  - šn^{c}t [f] - Magazin

[Zeichen kann mit U13 verwechselt werden]

Leopard (Panthera pardus)
leopard (Panthera pardus)

E24

Ø, ꜣby

als Determinativ:
z.B.  - ꜣby - Leopard

als Ideogramm:
z.B.  - ꜣby - Leopard

Nilpferd (Hippopotamos amphibius)
hippopotamus (Hippopotamos amphibius)

Ø **E25**

als Determinativ:

z.B. - ḥḏt [f] - »das Weiße« (Bezeichnung für Nilpferd)

- ḫ3b - Nilpferd

- db - Nilpferd

- dbt [f] - Nilpferdkuh

Elefant (Loxodonta africana)
elephant (Loxodonta africana)

Ø, 3bw **E26**

als Determinativ:

z.B. - 3bw - Elefant

als phonographisches Determinativ:

z.B. - 3bw - Elephantine (Insel bei Assuan)

Giraffe (Giraffa camelopardalis)
giraffe (Giraffa camelopardalis)

E27 Ø

als Determinativ:
z.B. - mmj - Giraffe
- sr - vorhersagen, prophezeien; proklamieren
- srwt [f] - Prophezeiung
- sr - zeigen, einführen

als phonographisches Determinativ:
z.B. - sr - Handtrommel

[Zeichen kann mit E20 wechseln]

nordafrikanische Säbelantilope (Oryx gazella dammah)
scimitar oryx (Oryx gazella dammah)

E28 Ø

als Determinativ:
z.B. - m3-ḥḏ - nordafrikanische Säbelantilope (Oryx gazella dammah)
- ᶜwt [f] - Kleinvieh; Wild; Ziegen

Dorkasgazelle (Gazella dorcas)
gazella (Gazella dorcas)

Ø **E29**

als Determinativ:
z.B.  - gḥs - Gazelle, Dorkasgazelle (Gazella dorcas)

nubischer Steinbock (Capra ibex nubiana)
nubien ibex (Capra ibex nubiana)

Ø **E30**

als Determinativ:
z.B.  - jm3t [f] - Steinbockschaf; Weibchen (anderer Wildarten)
 - nj3w (nr3w) - nubischer Steinbock, Ibex (Capra ibex nubiana)

Ziege mit Halsband und Siegel
goat with collar and cylinder seal

E31 Ø

als Determinativ:

z.B. - s^{c}ḥ - Würde, Adel, Beamtenadel; Amtsinsignien

- s^{c}ḥ - Binde (um den Kopf)

- s^{c}ḥ - würdig, adelig sein

- s^{c}ḥ - Würdenträger, Vornehmer, Adliger

als Ideogramm:

z.B. - s^{c}ḥ - Würde, Adel, Beamtenadel; Amtsinsignien

[Zeichen kann mit S20 wechseln]

Mantelpavian (Comopithecus hamadryas)
hamadryas baboon (sacred baboon)
(Comopithecus hamadryas)

E32 Ø

als Determinativ:

z.B. - j^{c}n - Mantelpavian (Comopithecus hamadryas)

- ky - Affe

- kyt [f] - Äffin

- qnd - zetern, wütend werden, zürnen

Grüne Meerkatze (Cercopithecus aethiops)
green meerkat (Cercopithecus aethiops)

Ø **E33**

als Determinativ:

z.B. - gjf (gwf, gf) - Grüne Meerkatze

- gjft [f] - Grünes Meerkatzenweibchen

Hase (Lepus capensis)
hare (Lepus capensis)

Ø, wn **E34**

als Determinativ:

z.B. - s$\underline{h}^{c}$t [f] - Hase

als Ideogramm:

z.B. - wn [Kunstwort] - Hase

als Phonogramm wn:

z.B. - wn (wnn) - sein, vorhanden sein, existieren

- wnwt [f] - Stunde; Zeit; Moment

- wnḫ - sich kleiden; bekleiden

- Pwnt [f] - *Punt* (ein Land am Roten Meer)

- ḥwn - junger Mann

- dwn - spannen (Bogen); ausstrecken; sich unterwerfen

Rinderkopf
head of an ox

F1

Ø, jḥ (ng3w, k3)

als Determinativ:

z.B.  - jd - Stier

 - šsr - Schlachtrind

als Abkürzung:

z.B.  - jḥ (ng3w, k3) - Rindfleisch (besonders in Opferlisten)

Kopf eines angreifenden Stieres
head of an attacking bull

F2

Ø

als Determinativ:

z.B.  - d̲nd - zornig sein, wüten

Nilpferdkopf
head of an hippopotamus

ꜣt **F3**

als phonographisches Determinativ:
z.B. - ꜣt [f] - Zeit(dauer); Augenblick, Moment

als Phonogramm ꜣt:
z.B. - ꜣt [f] - Ansturm; Aktion; Kraft

Vorderteil eines Löwen
forepart of a lion

ḥꜣt **F4**

als Phonogramm ḥꜣt:
z.B. - ḥꜣt [f] - Vorderseite; Stirn; Vorderteil; Anfang
- ḥꜣt-ꜥ [f] - Anfang (von Sprüchen, Büchern)
- ḥꜣtj - Herz
- ḥꜣwtj - Erster; Erster Befehlshaber

als Abkürzung in:
z.B. - ḥꜣtj-ꜥ - Graf, Gaufürst; Bürgermeister, Präfekt

Kopf der Kuhantilope
head of a bubalis

F5

Ø, sš3, šs3

als Determinativ:

z.B. - qnj (qn) [IIIae inf] - tapfer sein, stark sein

- qn - fett sein

als Ideogramm:

z.B. - šs3 - erfahren, vertraut, bewandert, kundig

als phonographisches Determinativ:

z.B. - sš3 - Gebet

- šs3 - erfahren, vertraut, bewandert, kundig

- šs3w - Geschicklichkeit; Erfahrung

- šs3w - Heilkunde, Krankheitslehre, Diagnostik

- šs3t (sš3t, sšjt) [f] - Nacht; Nachthimmel

Vorderteil der Kuhantilope
forepart of a bubalis

F6

Ø, sš3, šs3

[Gebrauch wie F5]

Widderkopf
head of a ram

Ø

F7

als Determinativ:

z.B. 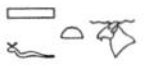 - šft [f] - Widder, Schaf (Ovis longipes)

 - šfj [IIIae inf] - respektieren; erhaben sein

 - šfyt [f] - majestätische Erscheinung, Aura, Ansehen

 - šfšft [f] - Ausstrahlung, Ansehen, Charisma

Vorderteil eines Widders
forepart of a ram

Ø

F8

[Gebrauch wie F7]

Leopardenkopf/-köpfe
head/heads of a leopard

F9 Ø, ꜣt, pḥtj

als Determinativ:
z.B. - pḥtj [f] - Kraft; Stärke; Ansehen

als Ideogramm:
z.B. - pḥtj - kräftig, stark (König, Gott)

als Phonogramm ꜣt:
z.B. - ꜣt [f] - Zeit(dauer); Augenblick, Moment
- ꜣt [f] - Ansturm, Aktion; Kraft

als Abkürzung:
z.B. - pḥtj [f] - Kraft; Stärke; Ansehen

Kopf und Schlund eines Rindes
head and throat of an ox

F10 Ø

als Determinativ:
z.B. - ꜥm - (ver)schlucken, trinken; verschlingen; einatmen
- nḏꜣ - verdursten
- ḥtyt [f] - Kehle
- ḫḫ - Hals (des Menschen)

Kopf und Schlund eines Rindes (frühere Variante zu F10)

head and throat of an ox (earlier variant of F10)

Ø

F11

[Gebrauch wie F10]

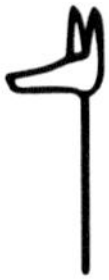

Kopf und Schlund eines Kaniden
head and throat of canine

wsr

F12

als Phonogramm wsr:

z.B.  - wsr - mächtig, stark sein; einflussreich; reich

 - Wsr-ḥ3t-Jmn - *Userhat-Amun* (Name der Barke des Amun)

 - wsr - Macht, Stärke

 - wsrt [f] - Hals, Nacken; Marterpfahl

 - wsrt [f] - Macht

 - wsrw - Ruder, Riemen

Gehörn eines Rindes
horns of an ox

F13

wpt, jp, wpt

als Ideogramm:

z.B. - wpt [f] - Gehörn; Scheitel; Zenit

als Phonogramm wp:

z.B. - wpj [IIIae inf] - trennen, scheiden; schlichten

- wpt-r3 [f] - Mundöffnung (ein Ritual)

- wpw - außer; aber; sondern

- wp-st - im einzelnen; detailliert, aufgeschlüsselt, einzeln genannt (in Aufzählungen)

- wpj [IIIae inf] - zerteilen, zerstückeln

- wpwt [f; coll] - Untergebene; Hausstand

- wpwt (jpwt) [f] - Auftrag, Botschaft, Meldung

- wpwtj (jpwtj) - Bote, Kurier, Attaché

Gehörn eines Rindes (F13) mit Palmrispe (M4)
horns of an ox (F13) with a palm branch (M4)

F14

wpt-rnpt

als Abkürzung:

z.B. - wpt-rnpt [f]- Neujahr; Neujahrsfest

Gehörn eines Rindes mit Palmrispe (M4) und Sonnenscheibe (N5)

horns of an ox with a palm branch (M4) and sun disc (N5)

wpt-rnpt

F15

[Gebrauch wie F14]

Horn

horn

Ø, ^{c}b, db

F16

als Determinativ:

z.B.  - ^{c}b - Horn

 - ḥnwt [f] - Horn

 - db - Horn

als Ideogramm:

z.B.  - ^{c}b - Horn

 - db - Horn

als phonographisches Determinativ:

z.B.  - m-^{c}b - zusammen mit

 - ^{c}b^{c} - prahlen, sich rühmen

als Phonogramm ^{c}b:

z.B.  - ^{c}b - Mahl

 - ^{c}bw-r3 - Frühstück, Mahlzeit

[Kombination mit F 16: F17 ]

Horn (F16) mit einem Krug, aus dem Wasser fließt

horn (F16) with a vessel, from which water flows

F17

Ø, ^{c}bw

als Determinativ:

z.B. - ^{c}bw - Reinheit, Reinigung

- ^{c}bw - Unreinheit

als Ideogramm:

z.B. - ^{c}b - rein sein

- ^{c}bw - Priester (»der, der (kultisch) reinigt«)

als Phonogramm ^{c}bw:

z.B. - ^{c}bw [pl] - Opfer

- ^{c}bw-r3 [pl] - Frühstück, Mahlzeit

Stoßzahn
tusk

Ø, jbḥ, bḥ, bj, ḥw

F18

als Determinativ:

z.B.  - jbḥ - Zahn, Stoßzahn

 - psḥ - beißen; stechen

 - nḥḏt [f] - Zahn, Stoßzahn

als Ideogramm:

z.B.  - jbḥ - Zahn, Stoßzahn

als phonographische Determinative:

z.B.  - Ḥw - *Hu* (Gott)

 - ḥw - Nahrung, Speise

 - sbḥ - schreien, aufschreien, zurufen; klagen

als Phonogramm bj:

z.B.  - bjt [f] - Charakter, Sinnesart, Temperament

als Phonogramm bḥ:

z.B.  - bḥs - Kalb; Jungtier

 - bḥdw - Thron

 - Bḥdtj - Der von Edfu (Gott Horus von Edfu)

als Phonogramm ḥw:

z.B.  - Ḥwj - *Hwj* (Abkürzung für *Amenhotep*)

Unterkiefer eines Rindes
lower jaw of an ox

F19

Ø, ^{c}rt

als Determinativ:

z.B.  - ^{c}rt [f] - Unterkiefer; Kinnbacke

 - wgyt [f] - Unterkiefer; Kinnbacke

als Ideogramm:

z.B.  - ^{c}rt [f] - Unterkiefer; Kinnbacke

 - wgyt [f] - Unterkiefer; Kinnbacke

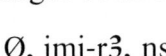

Rinderzunge
tongue of an ox

Ø, jmj-r3, ns

F20

als Determinativ:
z.B. - dp - kosten, schmecken

als Ideogramm:
z.B. - ns - Zunge

als Phonogramm ns:
z.B. - nj-sw - er gehört zu
- nsr - brennen
- nsr - Flamme, Feuer; Entzündung
- nsrt [f]- Flamme (aus dem Auge eines Gottes oder aus dem Mund einer Schlange)

als Abkürzung:
z.B. - jmj-r3 - Vorsteher

[Zeichen kann mit Z6 wechseln]

Rinderohr
ear of an ox

F21 Ø, msḏr, ḏrḏ, jdn, sḏm, sdm

als Determinativ:

z.B.  - ᶜnḫwj - die Ohren

 - sḏm - hören; anhören; gehorchen

als Ideogramm:

z.B.  - msḏr - Ohr

 - ḏrḏ - Blatt

als Phonogramm jdn:

z.B.  - jdnw - Stellvertreter, stellvertretender Leiter

als Phonogramm sdm:

z.B.  - sdm - schminken

als Phonogramm sḏm:

z.B.  - sḏm - hören; anhören; gehorchen

Hinterteil eines Löwen
rear part of a lion

Ø, pḥ

F22

als Determinativ:

z.B. - ʿrt [f] - After, Anus
- kfꜣ - Hinterteil, Steiß; Boden (eines Topfes); Basis

als phonographisches Determinativ:

z.B. - kfꜣ-jb - vertrauenswürdig, großzügig,

als Phonogramm pḥ:

z.B. - pḥ - erreichen; ans Ziel gelangen; antreffen
- pḥtj - Kraft; Stärke; Ansehen
- pḥwj - Hintern, Hinterteil; After; Ende

Rinderbein
leg of an ox

Ø, ḫpš

F23

als Determinativ:

z.B. - msḫtjw - Großer Wagen (Sternbild)

als Ideogramm:

z.B. - ḫpš - Bug (eines Tieres)
- ḫpš - Schlaghand; Kraft, Schlagkraft

Rinderbein (spiegelbildliche Abbildung von F23)

leg of an ox (reflection of F23)

F24 Ø, ẖpš

[Gebrauch wie F23]

Rinderfuß

lower leg of an ox

F25 wḥmt, wḥm

als Ideogramm:

z.B.  - wḥmt [f] - Huf, Rinderfuß

als Phonogramm wḥm:

z.B.  - wḥm - wiederholen

 - wḥm-mswt - »Wiedergeburt« (u.a. eine Ära)

 - wḥmw - Herold, Verkünder, Bote

Balg
pelt

ẖnt, ẖn

F26

als Ideogramm:

z.B.  - ẖnt [f] - Tierfell, Balg; Pergament

als Phonogramm ẖn:

z.B.  - mẖnt [f] - Fähre

 - m-ẖnw - in, im Inneren, unter (einer Anzahl); innen; darin

 - ẖn - herantreten; sich nähern; aufeinandertreffen

[Zeichen kann mit D33 wechseln]

Haut eines Rindes
skin of an ox

Ø

F27

als Determinativ:

z.B. 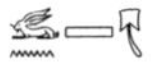 - wnš - Wolfsschakal (Canis aureus lupaster)

 - pnw - Nagetier; Maus, Ratte

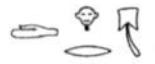 - dḥr - Leder, (abgezogene) Haut

[Zeichen kann N2 ersetzen]

Haut eines Rindes (mit gerade herabhängendem Schwanz)

skin of an ox (with a straight hanging tail)

F28 Ø, 3b

als Determinativ:

z.B. - ᶜwt (j3wt) [f] - Kleinvieh; Wild; Ziegen

als Phonogramm 3b:

z.B. - 3bḏw - Abydos
- s3b (z3b) - Schakal
- s3bt [f] - vielfarbige Schlange
- s3bt [f] - gescheckte Kuh

als Abkürzung:

z.B. - s3b - bunt, scheckig, buntgescheckt
- S3b-šwt - »Buntgefiederter« (Gott Horus)

[Zeichen kann U23 ersetzen]

Haut eines Rindes (F28), von einem Pfeil durchbohrt

skin of an ox (F28), pierced by an arrow

Ø, st, stj

F29

als Determinativ:

z.B. - stj (sṯj) - schießen (auf); werfen; schütten

als Phonogramm st:

z.B. - stj (sṯj) [IIIae inf] - schießen (auf); werfen; schütten

- stjw [pl] - Nubier

- stj [IIIae inf] - strömen, sich ergießen, ausfließen

- Sṯt [f] - *Satet* (Göttin)

- sṯj (stj) - begatten, befruchten; sich erzeugen

Wasserschlauch

waterskin

šd

F30

als Phonogramm šd:

z.B. - wšd - anreden; befragen

- šdj [IIIae inf] - nehmen, fortnehmen

- šdj [IIIae inf] - (er)retten

- šdj [IIIae inf] - (vor)lesen

drei zusammengebundene Felle
three tied up furs

F31

mst, ms

als Ideogramm:
z.B.  - mst [f] - Schurz (aus Fuchsfellen)

als Phonogramm ms:
z.B.  - msj [IIIae inf] - gebären, geboren werden; hervorbringen; erzeugen; schaffen
 - ms - Kind
 - mswt [f] - Gestalt, Form, Aspekt
 - Ḏḥwtj-msjw - Thutmosis (Eigenname von vier Königen der 18. Dynastie)

Euter und Schwanz
udder and tail

F32

ẖt, ẖ

als Ideogramm:
z.B.  - ẖt [f] - Leib, Bauch

als Phonogramm ẖ:
z.B.  - ꜥẖj [IIIae inf] - (auf)fliegen
 - ꜥẖm - Götterbild
 - ẖrd - Kind

Schwanz
tail

Ø, sd

F33

als Determinativ:
z.B. - sd (sḏ) - Schwanz, Bürzel

als Phonogramm sḏ:
z.B. - sḏtj (sdtj) - Zögling

Herz
heart

Ø, jb

F34

als Determinativ:
z.B. - ḥꜣtj - Herz

als Ideogramm:
z.B. - ꜣwt jb [f] - Freude, Fröhlichkeit
- jb - Herz
- ḥr-jb - Mitte(lpunkt); der darin Befindliche; mit Gastkult in

Herz und Luftröhre
heart and windpipe

F35

nfr

als Phonogramm nfr:

z.B. 𓄤𓆑𓂋 - nfr - gut, schön, perfekt

𓄤𓆑𓂋𓅱𓀔𓏥 - nfrw [pl] - Heranwachsende; Rekruten

𓄤𓆑𓂋𓏏𓁐 - nfrt [f] - Schöne, Schönheit; Mädchen

𓄤 - nfr - Gutes, Perfektes; gute Tat/Eigenschaften; Wohlbefinden, Glück

𓄤𓄤𓄤 - nfrw - Schönheit; Vorzüge; Schätze

𓄤𓄤𓄤𓉐 - nfrw - Basis (eines Bauwerkes); innerster Raum; Nulllinie

𓄤𓊪𓅱 - nfr pw - es ist nicht

Lunge und Luftröhre
lungs and windpipe

F36

smꜣ (zmꜣ)

als Ideogramm:

z.B.  - smꜣ (zmꜣ) - Lunge

als Phonogramm smꜣ (zmꜣ):

z.B.  - smꜣ - vereinigen, zusammensetzen; sich vereinigen

 - smꜣw - Grabstätte

 - smꜣ tꜣ (zmꜣ tꜣ) - landen; begraben (werden)

 - smꜣ tꜣwj (zmꜣ tꜣwj) - die Beiden Länder vereinigen; die Vereinigung der Beiden Länder (ein Ritual)

 - smꜣy - Gefährte, Verbündeter

 - smꜣyt [f] - Verbündete; Bande (des Gottes Seth)

 - smꜣw - Vereinigung, Bündnis

 - smꜣ - Schläfe

Rückgrat mit Rippen
backbone with rips

F37

Ø, jꜣt, sm

als Determinativ:

z.B. - jꜣt - Rückgrat, Rücken; Rückenstück (Bratfleisch)

- psḏ - Rücken, Rückgrat

als Ideogramm:

z.B. - jꜣt - Rückgrat, Rücken; Rückenstück (Bratfleisch)

als Phonogramm sm:

z.B. - sm - helfen, sorgen für, Gutes tun

- sm - Beschäftigung, Tat, Zeitvertreib

Rückgrat mit Rippen (Variante zu F37)
backbone with rips (variant of F37)

F38

Ø

als Determinativ:

z.B. - psḏ - Rücken, Rückgrat

Rückgrat mit hervorquellendem Rückenmark

backbone with bulging out spinal cord

Ø, jm3ẖ

F39

als Determinativ:

z.B. - psḏ - Rücken, Rückgrat

als Ideogramm:

z.B. - jm3ẖ - Rückenmark (des Rindes)

- jm3ẖ - Versorgung (für das Jenseits), Seligkeit; Würde, Ehrwürdigkeit

als Phonogramm jm3ẖ:

z.B. - jm3ẖ - versorgt sein; geehrt sein, würdig

- jm3ẖw - der Versorgte, Honoratior

Rückgrat mit beidseits hervorquellendem Rückenmark

backbone with bulging out spinal cord on both sides

3w

F40

als Phonogramm 3w:

z.B. - 3w - Länge, Ausdehnung, Weite

- 3wt [f] - Geschenk, Gabe (von Speisen)

- 3wt jb [f] - Freude, Fröhlichkeit

- f3w - Prestige, Reputation; Pracht, Glanz

- n3w (njw) - Brise, Lufthauch, Atemluft

Wirbel am Rückgrat
vertebra of the backbone

F41

Ø

als Determinativ:

z.B. - psḏ - Rücken; Rückgrat

- $š^{c}t$ [f] - Verwundung; Gemetzel, Massaker; Blutrausch; Unheil, Schrecken

- $š^{c}t$ [f] - Messer

- $š^{c}t$ [f] - Kapitell des *Djed*-Pfeilers (R11)

Rippe
rib

F42

Ø, spr

als Determinativ:

z.B. - spr - Rippe; Rippenstück

als Ideogramm:

z.B. - spr - Rippe; Rippenstück

als Phonogramm spr:

z.B. - spr - gelangen nach, (an)kommen, erreichen

- spr - bitten, anflehen; sich beschweren

- sprw - Eingabe, Gesuch, Bitte

[Zeichen kann durch N11 ersetzt werden]

Rippenstück
ribs of meat

Ø

F43

als Determinativ:
z.B.  - spḥt [f] - Rippenstück

Schenkelknochen mit Fleisch
thigh-bone with meat

Ø, jw^c, jsw

F44

als Determinativ:
z.B.  - jw^c - Schenkel (Tier, Mensch)

als Phonogramm jw^c:
z.B.  - jw^c - erben, beerben; Nachfolge antreten
 - jw^{c}w - der Erbe
 - jw^{c}t [f] - das Erbe, Erbschaft

als Phonogramm jsw:
z.B.  - jsw - Entgelt, Lohn, Ersatz
 - jswtj - Stellvertreter

F45

Uterus
uterus

Ø, jdt

als Determinativ:
z.B.  - jdt [f] - Mutterschwein
 - jdt [f] - Uterus; Bauch

als Ideogramm:
z.B.  - jdt [f] - Kuh
 - jdt [f] - Uterus; Bauch

Eingeweide
viscera

Ø, q3b, p<u>h</u>r, dbn

F46

als Determinativ:

z.B. - w<u>d</u>b - umwenden, sich (hin)wenden; zurückkehren

- w<u>d</u>b - Ufer, Uferland; Ackerland am Ufer

- q3b - vermehren; verdoppeln

als phonographisches Determinativ:

z.B. - q3b - Darm

- q3b - das Innere

als Phonogramm p<u>h</u>r:

z.B. - p<u>h</u>r - umwenden, umdrehen; umhergehen

- p<u>h</u>r - Opferumlauf; Opferspeisen

- p<u>h</u>rt [f] - Heilmittel, Medizin, Medikament

als Phonogramm dbn:

z.B. - dbn - *Deben* (Gewichtseinheit: ca. 91 g); Gewicht

[Kombination mit F46: F50]

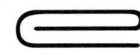

Eingeweide (Variante zu F46)
viscera (variant of F46)

F46a

Ø, qꜣb, pẖr, dbn

[Gebrauch wie F46]

Eingeweide (spiegelbildliche Abbildung zu F46)
viscera (reflection of F46)

F47

Ø, qꜣb, pẖr, dbn

[Gebrauch wie F46]

Eingeweide (Variante zu F46)
viscera (variant of F46)

F47a

Ø, qꜣb, pẖr, dbn

[Gebrauch wie F46]

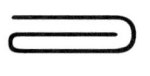

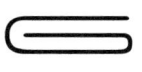

Eingeweide (Variante zu F46)
viscera (variant of F46)

Ø, q3b, wdn, p<u>h</u>r, dbn

F48

als Determinativ:

z.B. - w<u>d</u>b - umwenden, sich (hin)wenden; zurückkehren

- q3b - vermehren; verdoppeln

als Phonogramm wdn:

z.B. - wdn - opfern; weihen, widmen; darbringen

- wdn (wdnw) - Weihopfer, Opfer; Opferlitanei

als Phonogramm p<u>h</u>r:

z.B. - p<u>h</u>r - umwenden, umdrehen; umhergehen

- p<u>h</u>r - Opferumlauf; Opferspeisen

- p<u>h</u>rt [f] - Grenzwache, Grenzpatrouille

- p<u>h</u>rt [f] - Heilmittel, Medizin, Medikament

als Phonogramm q3b:

z.B. - q3b - Darm

- q3b - das Innere

als Phonogramm dbn:

z.B. - dbn - umwandeln, durchziehen, umkreisen

- dbn - *Deben* (Gewichtseinheit: ca. 91 g); Gewicht

[Zeichen kann mit M11 verwechselt werden]

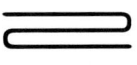

Eingeweide (spiegelbildliche Abbildung von F48)

viscera (reflection of F48)

F49

Ø, q3b, wdn, pẖr, dbn

[Gebrauch wie F48]

Fleischstück

piece of meat

F51

Ø, 3s, ws

als Determinativ:

z.B. 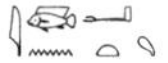 - jn^{c}t [f] - Kinn

 - ^{c}t [f] - Glied, Körperglied

 - mt - Hohlgefäß (im Körper); Leitbahn

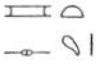 - mjst (mjzt, mrzt) [f] - Leber

 - nḥbt [f] - Hals, Nacken

 - ḥ^{c}w (ḥ^{c}) [pl] - Körper, Leib; Haut, Fleisch

 - ḥ^{c}w (ḥ^{c}) - selbst; eigentlich; besonders

 - kns - Scham, Leistengegend

als Phonogramm 3s:

z.B.  - 3st [f] - Isis (Göttin)

als Phonogramm ws:

z.B.  - Wsjr - Osiris (Toten- und Vegetationsgott)

Exkrement
excrement

Ø

F52

als Determinativ:

z.B.  - ḥs - Kot, Exkrement

 - mḥsḥs - Scheißkerl (Schimpfwort)

Schmutzgeier (Neophron percnopterus)
Egyptian vulture (Neophron percnopterus)

G1 ꜣ

als Ideogramm:
- ꜣ - Schmutzgeier (Neophron percnopterus)

als Phonogramm ꜣ:
z.B. - ꜣpd - Vogel
- jṯꜣ - (fort)nehmen; fortführen; stehlen
- ꜥꜣ - groß; hoch; zahlreich; reich; erhaben
- wꜣj [IIIae inf] - (weit) entfernt, fern sein
- hꜣw - Zeit(alter); Umgebung
- hꜣb - schicken, (aus)senden
- kꜣj - denken; bedenken; ersinnen
- dꜣb - Feige

[Zeichen kann leicht mit G4 verwechselt werden]
[Kombinationen mit G1: G2, G3]

zwei Schmutzgeier (G1)
two Egyptian vultures (G1)

G2 ꜣꜣ

als Phonogramm ꜣꜣ:
z.B. - mꜣꜣ - sehen; schauen, erblicken

Schmutzgeier (G1) und Sichel (U1)
Egyptian vulture (G1) and sickle (U1)

m3 **G3**

als Phonogramm m3:
z.B. - sm3wj [kaus] - erneuern, neu machen

Adlerbussard (Buteo rufinus)
long-legged buzzard (Buteo rufinus)

tjw (tw) **G4**

als Phonogramm tjw (tw):
z.B. - jmntjw [pl] - die Westlichen
- ᶜntjw - Myrrhenharz; Myrrhe (Commiphora spec.)
- ntjw [Relativpronomen m sg] - die, die sind
- ntjw-jm [pl] - die Verstorbenen
- twryt [f] - ein Stab
- tjsw - Schlagstock
- ḏrtjw [pl] - die Vorfahren

[Zeichen kann leicht mit G1 verwechselt werden]

Falke (Falco peregrinus)
falcon (Falco peregrinus)

G5 Ḥr

als Ideogramm:

z.B. - Ḥr - Horus (Gott); Horus (Bezeichnung des lebenden Königs)

- R^{c}-Ḥr-3ḫtj - Re-Harachte (Gott)

- Ḥr-ḏd=f - *Hordjedef* (berühmter Autor)

als Ausnahme:

- ḥm=j - Seine Majestät (»meine Majestät«, König)

[Kombinationen mit G5: G6, G7, G7a, G7b, G8, G9, G10, O10, R13]

Falke (G5) und Geißel (S45)
falcon (G5) and flagellum (S45)

G6 Ø

als Determinativ:

z.B. - bjk - Falke (Bezeichnung für Gott Horus oder den König; Falkenfigur)

Falke (G5) auf einer Standarte (R12)
falcon (G5) on a standard (R12)

Ø, =j

G7

als Determinativ (von Göttern und Königen):
z.B. - Jmn - Amun (Gott von Karnak)
- nsw (swt, njswt) - König; König von Oberägypten

in Pronomen:
z.B. - wj [unabhängiges Personalpronomen] - ich
- .kw [Stativendung der 1. sg] - ich

als Suffix der 1. sg:=j - ich; mein
z.B. - ḫ^{c}=j - ich erschien (sagt ein Gott/König)
- pr=j - mein Haus (sagt ein Gott/König)

Falke (G5) auf einer Standarte (R12) mit einer Feder (H6)
falcon (G5) on a standard (R12) with a feather (H6)

jmnt

R13

als Ideogramm:
z.B. - jmnt [f] - Westen

als Phonogramm jmn:
z.B. - jmn - rechte Seite
- jmntjw [pl] - die Toten

Falke (G5) in einem Boot
falcon (G5) in a boat

G7a Ø

als Ideogramm:

 - Nmtj - *Nemti* (Gott des 12. oberägyptischen Gaus)

Falke (G5) in einem Boot (Variante zu G7a)
falcon (G5) in a boat (variant of G7a)

G7b Ø

[Gebrauch wie G7a]

Falke (G5) auf einem Perlenkollier (S12)
falcon (G5) on a collar of beads (S12)

G8 bjk-nbw (Ḥr-nbw)

als Ideogramm:

z.B.  - bjk-nbw (Ḥr-nbw) - Goldhorus (Bezeichnung für einen der 5 Namen des Königs)

Falke (G5) mit Sonnenscheibe (N5)
falcon (G5) with sun disc (N5)

R^{c}-Ḥr

G9

als Ideogramm:
z.B.  - R^{c}-Ḥr-ꜣḫtj - Re-Harachte (Gott)

Schema eines umfriedeten Gebäudekomplexes (O6) mit Falke (G5)
scheme of an enclosed complex of buildings (O6) with a falcon (G5)

Ḥwt-Ḥr

O10

als Abkürzung:
 - Ḥwt-Ḥr [f] - Hathor (Göttin)

Falkenabbild
image of a falcon

Ø

G11

als Determinativ:
z.B.  - ^{c}ẖm - Götterbild, *Achom*
 - šnbt [f] - Brust; Oberkörper; Brustraum

Falkenabbild (G11) mit Geißel (S45)
image of a falcon (G11) with flagellum (S45)

G12 Ø

[Gebrauch wie G11]

Falkenabbild mit sog. Doppelfederkrone (S9)
image of a falcon with the so-called crown of two plumes (S9)

G13 Ø

als Determinativ:
z.B.  - Spdw - *Sopdu* (Gott)

als Ideogramm:
z.B.  - Ḥr-nḫnj - Horus *Necheni*; Horus von Hierakonpolis

Gänsegeier (Gyps fulvus)
griffon-vulture (Gyps fulvus)

Ø, nrt, nr, mt

G14

als Determinativ:

z.B. - nrt [f] - Gänsegeier

als Ideogramm:

- nrt [f] - Gänsegeier

als phonographisches Determinativ:

z.B. - nrw - Schrecken, Respekt, Einschüchterung, Furcht

- nr - Hüter, Hirt, Rinderhirte

als Phonogramm mt (mwt):

z.B. - mwt [f] - Mutter

- mwt [f] - Gewicht (der Waage)

- mṯn - Weg, Straße

Gänsegeier (G14) mit Geißel (S45)
griffon-vulture (G14) with flagellum (S45)

Mwt

G15

als Ideogramm:

- Mwt - *Mut* (Göttin)

Gänsegeier (G14) und aufgerichtete Kobra (I12), je auf einem Korb (V30)

griffon-vulture and cobra (I12), each on a basket (V30)

G16

nbtj

als Ideogramm:

- nbtj - *Nebti*-Name; »Die-beiden-Herrinnen« (eine Bezeichnung für einen der 5 Namen des Königs)

Eule, Schleiereule (Tyto alba)

owl, barn-owl (Tyto alba)

G17

m

als Phonogramm m:

z.B. - jmj-rꜣ (mr) - Vorsteher

- m - in, in...hinein, aus...heraus, von...an, auf; durch, mittels; mit; als; gegen; infolge, auf Grund von; nämlich

- m^{c}ḥ^{c}t [f] - Grabbau; Grabmal; Kenotaph

- mk [Präsentativ] - siehe, siehe hier, denn siehe

- sḏm - hören; anhören; gehorchen

- šm - losgehen, gehen

- Kmt [f] - Ägypten

[Kombinationen mit G17: G18, G19, G20]

zwei Eulen (G17)
two owls (G17)

mm

G18

als Phonogramm mm:
z.B.  - mmj - Giraffe

Eule (G17) und Unterarm mit kegelförmigem Brot (D37)
owl (G17) and forearm with a conical loaf of bread (D37)

mj, m

G19

als Phonogramm m:
z.B.  - mn - es ist nicht, es gibt nicht, es gibt kein
 - ms - Herbeibringen; Träger

als Phonogramm mj:
z.B.  - mj [imp] - nimm!

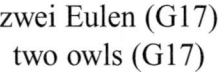

Eule (G17) und Unterarm (D36)
owl (G17) and forearm (D36)

mj, m

G20

[Gebrauch wie G19]

Helmperlhuhn (Numida meleagris)
sennar guinea-fowl (Numida meleagris)

G21 nḥ

als Ideogramm:

- nḥ - Helmperlhuhn

als Phonogramm nḥ:

z.B. - nḥj [IIIae inf] - anflehen, beten; erbitten, erflehen

- nḥb - anschirren, ins Joch spannen; verleihen; einrichten, ausstatten

- nḥbt [f] - Lotusknospe, Lotus

- nḥḥ - Ewigkeit, Unendlichkeit

- nḥḏt [f] - Zahn, Stoßzahn

[Zeichen kann leicht mit G1 und G43 verwechselt werden]

Wiedehopf (Upupa epops)
hoopoe (Upupa epops)

G22 ḏb

als Phonogramm ḏb:

z.B. - ḏbt [f] - Ziegel; Block; Scheibe

Kiebitz (Vanellus vanellus)
lapwing (Vanellus vanellus)

rḫyt

G23

als Phonogramm rḫyt:
z.B.  - rḫyt [f] - *Rechit*, »Kiebitzvolk« (das besiegte unterägyptische Volk der Reichseinigungszeit); Untertanen; Menschen

Kiebitz (G23) mit gebrochenen Flügeln
lapwing (G23) with broken wings

rḫyt

G24

[Gebrauch wie G23]

Schopfibis bzw. Waldrapp (Geronticus eremita)

crested ibis (Geronticus eremita)

G25 ꜣḫ

als Ideogramm:

z.B. - ꜣḫ - *Ach*, Geist, Verklärter

- ꜣḫ - Verklärung

als Phonogramm ꜣḫ:

z.B. - ꜣḫ - nützlich, brauchbar, hilfreich; verklärt sein, selig; herrlich, glänzend sein

- ꜣḫw - Macht; zauberkräftige Sprüche; nützliche Kenntnis; Verklärtsein

- ꜣḫw [pl] - Uräus-Schlangen

- ꜣḫt [f] - Horizont

stehender Heiliger Ibis (Threskiornis aethiopicus)

standing sacred ibis (Threskiornis aethiopicus)

G26a Ø

als Determinativ:

z.B. - hbj - Ibis, Heiliger Ibis

- Ḏḥwtj - Thot (Schreiber- und Weisheitsgott)

- ḏḥwtj - Thot (Fest); Thot (1. Monat der *Achet*-Jahreszeit)

Heiliger Ibis (G26a) auf einer Standarte (R12)
sacred ibis (G26a) on a standard (R12)

Ø

G26

[Gebrauch wie G26a]

Flamingo (Phoenicopterus ruber roseus)
flamingo (Phoenicopterus ruber roseus)

Ø, dšr

G27

als Determinativ:

z.B.  - dšrw - Flamingo

 - dšrw - Blut

als Phonogramm dšr:

z.B.  - dšr - gelbrötlich, rot sein; rot werden (aus Zorn)

 - dšrt [f] - *Descheret*-Gefäß, roter Krug

 - dšrt [f] - sog. Rote Krone

 - dšrt [f] - Wüste; Ausland

Sichler (Plegadis falcinellus)
black ibis (Plegadis falcinellus)

G28

gm

als Phonogramm gm:

z.B. - gmj [IIIae inf] - finden; auffinden, entdecken
- gmḥ - erblicken, sehen; besehen
- gmḥ - Blick; Anstarren
- gmḥt [f] - Docht
- gmḥt [f] - Locke, Flechte; Schläfe
- gmgm - zerbrechen; zerknicken
- gmgm - untersuchen, sondieren

Sattelstorch (Ephippiorhynchus senegalensis)
jabiru (Ephippiorhynchus senegalensis)

G29

b3

als Ideogramm:

z.B. - b3 - *Ba*; Seele; Seelenkraft, Beseeltheit; Macht,

als Phonogramm b3:

z.B. - ᶜb3 - Opferstein; Stele; Altar
- wb3 - Mundschenk
- b3 - hacken, mit Hackbau bestellen; zerhacken
- b3k - arbeiten; dienstbar machen; herstellen

drei Sattelstörche (G29)
three jabirus (G29)

b3w

G30

als Ideogramm:

z.B.  - b3w [pl] - die *Bas*, die Seelen (der Verstorbenen, der Götter)

 - b3w [coll] - Ruhm, Ansehen; Autorität, Macht, Gewalt; Wut; Wille, Schicksal

Purpurreiher (Ardea purpurea)
purple heron (Ardea purpurea)

Ø

G31

als Determinativ:

z.B.  - bnw - Phönix

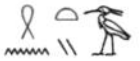 - šntj - Reiher

Purpurreiher (G31) auf einem Gestell
purple heron (G31) on a stand

G32

Ø, bꜥḥ

als Determinativ:

z.B. - bꜥḥw - Wasserfülle, Überschwemmung; Überfluß

- bꜥḥj [IVae inf] - fluten, fließen; im Überfluß vorhanden, Überfluß haben;

als Ideogramm:

z.B. - bꜥḥ - überschwemmtes Land

- bꜥḥ - Überschwemmungsbecken, Bassin; Garten

Reiher (Bubulcus ibis)
heron (Bubulcus ibis)

G33

Ø, sdꜣ

als Determinativ:

z.B. - sdꜣ - Reiher

als phonographisches Determinativ:

z.B. - sdꜣ - zittern

- sdꜣdꜣ (sdd, jsdd) - zittern; zittern lassen

Strauß (Struthio camelus)
ostrich (Struthio camelus)

Ø

G34

als Determinativ:
z.B.  - njw - Strauß

Kormoran (Phalacrocorax carbo)
cormorant (Phalacrocorax carbo)

^{c}q

G35

als Phonogramm ^{c}q:
z.B.  - ^{c}q - eintreten, Zutritt haben zu; eindringen; registrieren
 - ^{c}qw [pl] - Freunde, Vertraute, Klienten
 - ^{c}qw [pl] - Laibe; Einkünfte, Naturalien; [coll] Brot
 - s^{c}q [kaus] - eintreten lassen

Schwalbe (Hirundidae spec.)
swallow (Hirundidae spec.)

G36

Ø, wr

als Determinativ:
z.B. - mnt [f] - Schwalbe

als Phonogramm wr:
z.B. - jwr - schwanger sein; schwanger werden, empfangen
- jmj-wrt [f] - Steuerbord; Westseite; Totenreich
- w3d̲-wr - Meer, Ozean
- wr - groß, hoch, zahlreich; angesehen
- wr - Großer, Vornehmer, Ältester; Fürst
- wr-m3w - *Wermau* (Hohepriester des Re)
- wr - Größe, Bedeutung, Kraft, Macht
- wrrt [f] - Krone
- wrḥ - salben; aufstreichen
- pr-wr - *Per-wer* (oberägyptisches Reichsheiligtum)
- ḥwrw - schwach, elend, verelenden
- swr - trinken

[Zeichen kann leicht mit G37 verwechselt werden]

Haussperling, Spatz (Passer domesticus aegyptiacus)
house-sparrow (Passer domesticus aegyptiacus)

Ø **G37**

als Determinativ:

z.B. - jw - Ungerechtigkeit, Sünde; Leid, Unglück
- jsft [f] - Sünde, Unrecht; Empörung; Unordnung
- wꜣsj [IVae inf] - verfallen
- whj [IIIae inf] - verfehlen, Misserfolg haben; entgehen
- bꜣgj [IVae inf] - müde sein/werden; matt sein; tot sein
- bjn - Schlechtes, Böses, Übel; Unglück; Bosheit
- mꜣr - Elender, Hilfsbedürftiger, Unterdrückter
- mn - schmerzen; leiden, krank
- mr - Krankheit
- nḏs - klein, gering
- ẖꜣrt [f] - Witwe
- šw - leer; nicht besitzen, ohne (etwas sein); frei; fehlen
- dḥr - bitter
- ḏwt - Schlechtes, Böses

[Zeichen kann leicht mit G36 verwechselt werden]

Blässgans (Anser albifrons)
white-fronted goose (Anser albifrons)

G38

Ø, gb

als Determinativ:

z.B. - ꜣpd - Vogel
- wfꜣ - darüber sprechen, diskutieren
- wsf - faul, träge sein; zögern, säumen; vernachlässigen; brach, stillgelegt
- wdf - zögern, langsam sein, trödeln; verzögern
- p^{c}rt [f] - Wachtel (Coturnix coturnix)
- ḥnt [f] - Pelikan (Pelicanus spec.)
- ḥtm - versehen (mit); vervollständigen
- gnw - Goldamsel, Pirol (Oriolus oriolus)
- grpt (gry-n-pt) - Taube (Columbidae spec.)
- ṯrp - Blässgans
- ḏꜣt [f] - Graukranich (Grus grus)

als Phonogramm gb:

z.B. - Gbb - *Geb* (Gott)

[Zeichen kann leicht mit G39 verwechselt werden]

Spießente (Anas acuta)
pintail (Anas acuta)

Ø, s3

G39

als Determinativ:
z.B. - st [f] - Spießente

als Phonogramm s3 (z3):
z.B. - s3 (z3) - Sohn
- s3t (z3t) [f] - Tochter
- s3 (z3) - sich begeben
- s3ṯw (z3ṯw) - (Erd)boden, Erde, Boden

[Zeichen kann leicht mit G38 verwechselt werden]

fliegende Spießente
flying pintail

Ø, p3

G40

als Determinativ:
z.B. - p3 - fliegen, auffliegen, wegfliegen

als Phonogramm p3:
z.B. - p3 [Demonstrativpronomen] - dieser
- p3 [bestimmter Artikel] - der
- p3t (p3wt) [f] - Urzeit

[Zeichen kann durch G41 ersetzt werden]

landende Spießente
landing pintail

G41 Ø, ḫn, sḥw, qmꜣ, qmj, ṯn (tn)

als Determinativ:

z.B. - ꜥḫj [IIIae inf] - (auf)fliegen; sich stürzen auf (Vogel)

- ḫnj [IIIae inf] - sich niederlassen, niederschweben

- ḫnw - Ruheplatz, Heimstatt; Keller; Heiligtum

als phonographisches Determinativ:

z.B. - ḫn - Unruhestifter

- ḫn - Rede, Auspruch; Angelegenheit, Fall

- sḥwj - sammeln, zusammenraffen; aufzählen

- sḥwj - (zusammenfassende) Liste, Verzeichnis

- qmꜣ - Gestalt, Aussehen, Wesen, Aspekt

- ṯnj (ṯnw) [Fragepronomen] - wo?, wohin?

- ṯnj - auszeichnen, erhöhen; prächtig, erhaben

- ṯnw - Zahl, Anzahl

- ṯnw - jeder; jedesmal wenn, sooft, wenn immer

[Zeichen kann G40 ersetzen]

Pfeifente (Anas penelope)
widgeon (Anas penelope)

Ø, wšꜣ

G42

als Determinativ:

z.B. - ḏfꜣ - Speise, Nahrung

- wšꜣt [f] - Pfeifente

als Ideogramm:

- wšꜣ - mästen

Wachtelküken (Coturnix coturnix)
quail chick (Coturnix coturnix)

w

G43

als Phonogramm w:

z.B. - jw [konfirmativ, bestätigt oder bekräftigt Aussagen; meist nicht übersetzbar] - wahrlich, ja; aber, denn; indem, wobei; und; obwohl

- wpwtj (jpwtj) - Bote, Kurier, Attaché

- wšb - erwidern, antworten; eintreten für

- bw - Ort, Platz, Stelle

- Mḥw - Unterägypten

[Zeichen kann durch Z7 ersetzt werden]
[Kombinationen mit G43: G44, G45, G46]

zwei Wachtelküken (G43)
two quail chicks (G43)

G44

ww

als Phonogramm ww:
z.B.  - pḥww - Ende; Nordgrenze

Wachtelküken (G43) und Unterarm (D36)
quail chick (G43) and forearm (D36)

G45

w^{c}

als Phonogramm w^{c}:
z.B.  - $w^{c}w$ - Soldat, Militär; Matrose
 - $w^{c}w^{c}$ - niedermachen, metzeln

Wachtelküken (G43) und Sichel (U1)
quail chick (G43) and sickle (U1)

G46

mꜣw

als Phonogramm mꜣw:
z.B.  - m mꜣwt - neu, von Grund auf neu, als etwas Neues

Küken
duckling

t̠3

G47

als Ideogramm:

- t̠3 - Küken; Jungtier, Junges; kleines Kind

als Phonogramm t̠3:

z.B. - t̠3 - Kügelchen; kleine Perle
- t̠3tj - Wesir
- t̠3y (t̠3w) - Mann; Knabe; Ehemann
- t̠3j [IIIae inf] - nehmen; ergreifen
- t̠3y-ḫw - Wedelträger
- t̠3w - (be)stehlen

drei Küken (G47) im Nest
three ducklings (G47) in a nest

Ø

G48

als Determinativ:

z.B. - sš - Nest; Sumpf (mit Vögeln)
- šši - Nest

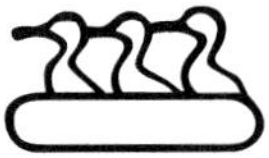

drei Küken im Teich
three ducklings in a pond

G49

Ø, jwn

als Determinativ:

z.B.  - jwn - Nest

 - jdḥw - Sumpfnest

 - mḥ - Nest, Vogelnest

 - h̲nm - Schwarm (Vögel), Sumpfvögel

 - sš - Nest; Sumpf (mit Vögeln)

als Ideogramm:

z.B.  - jwn - Nest

 - jwn - Wind, Luft

zwei Regenvögel
two plovers

G50

rḫtj

als Ideogramm:

z.B. - rḫtj - Wäscher

Vogel, der einen Fisch schnappt
bird snapping at fish

Ø, ḥ3m

G51

als Determinativ:

z.B.  - ḥ3m - fischen; auffischen, fangen; erwischen

 - ḥ3m - Fischzug

 - snm [kaus] - speisen, nähren, essen lassen

als Phonogramm ḥ3m:

z.B.  - ḥ3m - eine Weinsorte

Gans, die Korn aufpickt
goose picking up grain

Ø

G52

als Determinativ:

z.B.  - snm [kaus] - speisen, nähren, essen lassen

 - snm - Speisung, Fütterung

 - snmt [f] - Nahrung, Futter

Vogel mit Menschenkopf und schmauchender Räuchernapf (R7)

bird with a human head and a smoking censer (R7)

G53 bꜣ

als Ideogramm:

z.B. - bꜣ - *Ba*; Seele; Seelenkraft, Beseeltheit, Macht, Ruhm

- bꜣw [pl] - die *Bas*, die Seelen

getötete Gans

dead goose

G54 Ø, snḏ

als Determinativ:

z.B. - wšn - (Vögeln) den Hals brechen, umdrehen; opfern

- rꜣ - Gans

- srw (sr) - Graugans (Anser anser rubrirostris)

als Phonogramm snḏ:

z.B. - snḏ - sich fürchten, Furcht haben; Ehrfurcht haben

- snḏw - Furcht, Angst

- snḏw - der Furchtsame, der Ängstliche

Kopf der Spießente (G39)
head of a pintail (G39)

Ø

H1

als Determinativ:

z.B.  - wšn - jdn. den Hals brechen/umdrehen (Vögel); opfern

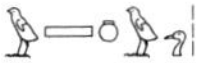 - wšnw [pl] - Geflügel; Fisch

als Abkürzung:

z.B.  - ꜣpd - Vogel; Geflügelfleisch (in Opferlisten)

[Zeichen kann leicht mit H2 verwechselt werden]

Kopf eines beschopften Vogels
head of a crested bird

H2

wšm, p3q (pq), m3^{c}

als Determinativ:

z.B.  - wšm - Granne (der Kornähre)

 - m3^{c}w - Wind, günstiger Wind, Brise

als phonographisches Determinativ:

z.B.  - m3^{c} - Schläfe

 - m3^{c} - Ufer, Wasserrand, Gestade

als Phonogramm wšm:

z.B.  - wšmw - Situla; ein Maß (für Bier)

als Phonogramm pq (p3q):

z.B.  - p3q - Blatt (wertvollen Materials); Metallfolie

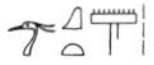 - p3qt [f] - feinster Leinenstoff

[Zeichen kann leicht mit H1 verwechselt werden]

Kopf des Löfflers (Platalea leucorodia)
head of a spoonbill (Platalea leucorodia)

p3q (pq)

H3

als phonographisches Determinativ:

z.B.  - p3qt [f] - Blech

als Phonogramm pq (p3q):

z.B.  - p3q - ein Gebäck (Fladen, Oblaten)

 - p3qt [f] - feinster Leinenstoff

Kopf des Gänsegeiers (G14)
head of griffon-vulture (G14)

Ø, nr

H4

als phonographisches Determinativ:

z.B. 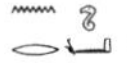 - nrj [IIIae inf] - (sich) erschrecken, erschaudern; Respekt haben vor; schrecklich sein

 - nrw - Schrecken, Respekt, Einschüchterung, Furcht

 - nrj - hüten, bewachen

als Abkürzung:

z.B. - rmṯ [coll] - Menschen

Flügel
wing

H5 Ø

als Determinativ:

z.B. - p3 - fliegen, auffliegen

- dm3t [f] - Flügel, Schwinge

- ḏnḥ (dnḥ) - an den Flügeln packen

- ḏnḥ (dnḥ) - Flügel, Schwinge(n)

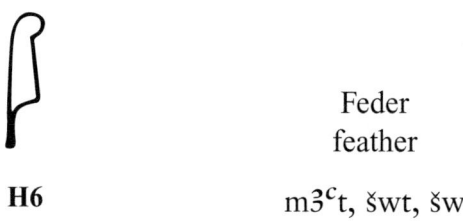

Feder
feather

H6 m3^{c}t, šwt, šw

als Ideogramm:

z.B. - šwt [f] - Vogelfeder, Feder

- šwt [f; coll] - Altgediente, Dienstentlassene

als phonographisches Determinativ:

z.B. - m3^{c}t [f] - *Maat,* Gerechtigkeit, Wahrheit, Weltordnung; Rechtschaffenheit

als Phonogramm šw:

z.B. - šw - leer sein; nicht besitzen; ohne; frei sein

- šw - Licht, Sonnenlicht

- šwt [f] - Schatten

Feder (H6) mit zwei Strichen
feather (H6) with two strokes

m3ᶜt, swt, šw — **H6a**

als Ideogramm:

z.B.  - šwt [f] - Vogelfeder, Feder

 - šwt [f; coll] - Altgediente, Dienstentlassene

als Phonogramm šw:

z.B.  - šw - leer sein; nicht besitzen; ohne; frei sein

 - šw - entleeren, leer machen; entladen (Schiff)

 - šw - Papyrusblatt

 - šw - Licht, Sonnenlicht

 - šw - Schirm, Schutz

 - šwt [f] - Schatten

 - šwtj - Händler, Kaufmann

Vogelkrallen
claw

Ø, š3 — **H7**

als Determninativ:

z.B.  - j3ft [f] - Vogelkralle

als Phonogramm š3:

z.B.  - Š3t - *Schat* (Land)

Ei
egg

H8

Ø, sꜣ

als Determinativ:

z.B. - ꜣst [f] - Isis (Göttin)

- pꜥt [f] - ‘Patrizier’, Adelsgeschlecht, Oberschicht; Menschen, Menschheit

- swḥt [f] - Ei, Eierschale

- Tfnwt [f] - *Tefnut* (Göttin)

als Ideogramm:

z.B. - sꜣ - Sohn

als Abkürzung:

z.B. - *Jnrtj - *Inerti* (heute: Gebelein)

Mauergecko (Tarentola mauritanica)
gecko (Tarentola mauritanica)

Ø, ꜥšꜣ **I1**

als Determinativ:
z.B. - ꜥšꜣ - Gecko (Hemidactylus spec.)
- ḥntꜣsw - Eidechse (Lacertidae)

als Phonogramm ꜥšꜣ:
z.B. - ꜥšꜣ - viel, zahlreich sein; zuviel sein; oft geschehen; vielartig; verschieden; reich an
- ꜥšꜣt [f] - Menge, Volk, Gesellschaft, Masse

Schildkröte (Testudines)
turtle (Testudines)

Ø, štw **I2**

als Determinativ:
z.B. - štw - Schildkröte

als Ideogramm:
z.B. - štw - Schildkröte

Krokodil (Crocodylus niloticus)
crocodile (Crocodylus niloticus)

I3 Ø, jt, msḥ, Sbk

als Determinativ:

z.B. - ꜣd - wütend, unwillig sein, angreifen
- ḥntj [IVae inf] - gierig sein
- ẖntj - Krokodil
- kꜣpw - Krokodil (der »Versteckte«)
- skn - gierig, gefräßig; lüsternd

als Ideogramm:

z.B. - msḥ - Krokodil
- Sbk - *Sobek* (krokodilsköpfiger Gott)

als Phonogramm jty:

z.B. - jty - Monarch, Landesherr, Landesherrscher

Krokodil mit eingezogenem Schwanz
crocodile with inward curved tail

I5 Ø

als Determinativ:

z.B. - sꜣq - sammeln, zusammenfügen, -halten
- sꜣq - schmelzen, gießen
- sꜣq - Maurer

Krokodilabbild
image of a crocodile

Sbk

I5a

als Determinativ:
z.B.  - Sbk - *Sobek* (krokodilköpfiger Gott)

Krokodil (I3) auf einem Schrein
crocodile (I3) on a shrine

Sbk

I4

als Ideogramm:
z.B.  - Sbk - *Sobek* (krokodilsköpfiger Gott)

Krokodilplatte aus Horn
crocodile hide

km

I6

als Phonogramm km:
z.B.  - jkm - der Schild; Schutzschild
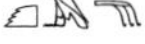 - km - schwarz sein
 - Kmt [f] - Ägypten

Frosch
frog

I7 Ø

als Determinativ:

z.B. - Ḥqt [f] - *Heket* (Göttin)

- qrr - Frosch

als Abkürzung:

- wḥm-^{c}nḫ - wieder leben, aufs neue leben

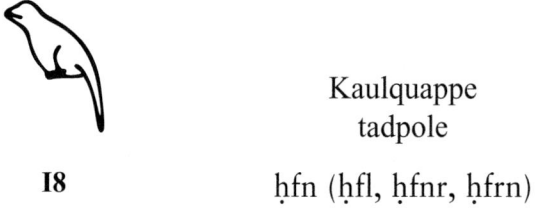

Kaulquappe
tadpole

I8 ḥfn (ḥfl, ḥfnr, ḥfrn)

als Ideogramm:

- ḥfn (ḥfl, ḥfnr, ḥfrn) - Kaulquappe

als Abkürzung:

- ḥfn (ḥfl, ḥfnr, ḥfrn) - 100 000, hundertausend

Hornviper (Cerastes cerastes)
horned viper (Cerastes cerastes)

f

I9

als Phonogramm f:

z.B.  - ꜥfnt [f] - Kopftuch

 - ꜥftj - Brauer

 - wfꜣ - darüber sprechen, diskutieren

 - pf [Demonstrativpronomen, m sg] - jener

 - fꜣj - hochheben, aufheben; tragen; liefern

 - fḫ - (ab)lösen; aufgeben; tilgen; nachlassen, aufhören

 - fdt [f] - Schweiß

 - mfkꜣt [f] - Türkis

 - ḫft - gegenüber, vor; gemäß, entsprechend

 - ḫftj - Feind

als Ausnahme:

 - jt - Vater

[Kombinationen mit I9: P9 , S30 , U35 ]

Kobra (Naja spec.)
cobra (Naja spec.)

I10

ḏ, ḏt

als Ideogramm:
z.B. - ḏt [f] - Kobra, Schlange

als Phonogramm ḏ:
z.B. - msḏj [IVae inf] - hassen; verabscheuen
- ḥḏ - weiß; erblassen; leuchten; hell
- sḏt [f] - Feuer, Flamme
- ḏt [f] - Leib, Körper
- ḏt [f] - Ewigkeit, unwandelbare Dauer; ewig, ewiglich
- ḏt [f] - Totenstiftung
- ḏd - sagen; berichten; erzählen; melden; nennen

[Kombinationen mit I10: M14, T5, V21]

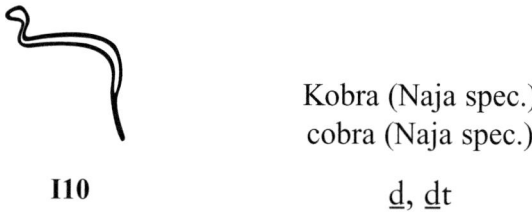

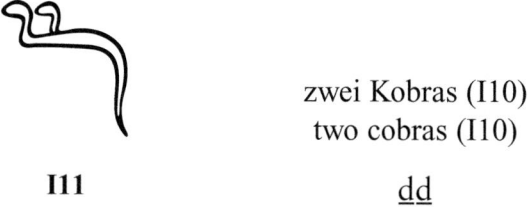

zwei Kobras (I10)
two cobras (I10)

I11

ḏḏ

als Phonogramm ḏḏ:
z.B. - wḏḏt [f] - was befohlen wurde

[Kombination mit I11: T6]

aufgerichtete Kobra
erected cobra

Ø **I12**

als Determinativ:

z.B. - 3ḫw [pl] - Uräus-Schlangen
- j^{c}rt [f] - Uräus-Schlange; Uräenfries
- W3ḏt [f] - *Wadjet* (Göttin)
- wrrt [f] - Uräus-Schlange
- mḥn - ringeln (Uräus-Schlange)
- nṯrt [f] - Göttin

aufgerichtete Kobra (I12) auf einem Korb (V30)
erected cobra (I12) on a basket (V30)

Ø **I13**

als Determinativ:

z.B. - jmt-ḥ3t=f [f] - Uräus
- W3ḏt [f] - *Wadjet* (Göttin)
- nṯrt [f] - Göttin
- šm^{c}t [f] - oberägyptischer Uräus

Schlange
snake

I14 Ø

als Determinativ:

z.B. 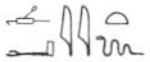 - w^{c}wyt [f] - Made

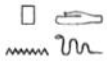 - pnd - Bandwurm

 - ḥfꜣw - Schlange

 - nḫnw [pl] - Brut

 - ḏdft [f] - Schlange; Gewürm, Wurm

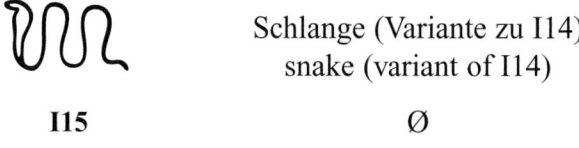

Schlange (Variante zu I14)
snake (variant of I14)

I15 Ø

[Gebrauch wie I14]

Nilbuntbarsch (Tilapia nilotica)
Tilapia (Tilapia nilotica)

Ø, jn

K1

als Determinativ:
z.B. - jnt [f] - Nilbuntbarsch

als Phonogramm jn:
z.B. - jnt [f] - Tal, Wüstental, Wadi
- jnb - Mauer; Außenmauer; Befestigungsmauer
- jnr - Stein; Fels
- jnḥ - umgeben, umranden; umzingeln
- jnq - umfassen; umarmen; würgen; schliessen; vereinigen; sammeln

Barbe (Barbus bynni bynni)
barbel (Barbus bynni bynni)

Ø, bw

K2

als Determinativ:
- bwt [f] - (nur in Personennamen belegt)

als phonographisches Determinativ:
z.B. - bwj [IIIae inf] - verabscheuen
- bwt [f] - Abscheu; Tabu, Verbotenes

gestreifte Meeräsche (Mugil cephalus)
mullet (Mugil cephalus)

K3 Ø, ꜥḏ

als Determinativ:

z.B. - ꜥdw - Meeräsche

- ḥskmt (ḥzkmt) [f] - Meeräsche

als Phonogramm ꜥḏ:

z.B. - ꜥḏ-mr - Landkommissar, Landrat

Flaschenmaul-Nilhecht (Mormyrus longirostris)
mormyrus (Mormyrus longirostris)

K4 ẖꜣ, ẖꜣt

als Ideogramm:

- ẖꜣt [f] - Flaschenmaul-Nilhecht

als Phonogramm ẖꜣ:

z.B. - ẖꜣt [f] - Leichnam

- ẖꜣyt [f] - Leichenhaufen

- ẖꜣt [f] - Steinbruch, Mine, Grube, Bergwerk

- ẖꜣbt [f] - Draht der Roten Krone

- ẖꜣr - Sack; Sack (sg) (Hohlmaß: 48 l)

- ẖꜣrt [f] - Witwe

- ẖꜣk-jb - Empörer, Feind

Marmorbrasse (Lithognathus mormyrus)
bream (Lithognathus mormyrus)

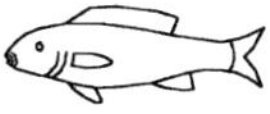

Ø, bs (bz) **K5**

als Determinativ:

z.B. - ^{c}ḥꜣ - Nilbarsch (Lates niloticus)
- wḥ^{c}w - Fiederbartwels (Synodontis angelicus)
- br - Meeräsche (Mugil cephalus)
- n^{c}r - Wels (Clarias spec.)
- rm - Fisch
- ẖꜣt [f] - Flaschenmaul-Nilhecht (Mormyrus longirostris)

als Phonogramm bs (bz):

z.B. - bs (bz) - einführen, initiieren, einweihen; krönen; bestatten; eintreten
- bs (bz) - geheime Gestalt, Aussehen, Aspekt
- bsj (bzj) [IIIae inf] - hervorquellen, -kommen

Nilkugelfisch (Tetraodon fahaka)
puffer fish (Tetraodon fahaka)

K7

Ø

als Determinativ:

z.B. - špt [f] - Nilkugelfisch (Tetraodon fahaka)

- špt (ẖpt) - ärgerlich

Fischschuppe
fish's scale

K6

nšmt

als Abkürzung:

- nšmwt [f; pl] - Fischschuppen; Fische (pars pro toto)

Heiliger Pillendreher (Scarabaeus sacer)
scarabaeus (Scarabaeus sacer)

ḫpr, ḫprr

L1

als Ideogramm:

z.B. 𓆣𓏤 - ḫprr - Skarabäus; *Chepri* (Erscheinungsform des Sonnengottes)

als Phonogramm ḫpr:

z.B. 𓆣𓂋 - ḫpr - werden, entstehen

𓆣𓂋𓅱𓀭𓏥 - ḫprw - Wesen, Gestalt, Verkörperung; Verwandlung, Erscheinungsform

𓆣𓂋𓆓𓋴𓆑 - ḫpr-ḏs=f - »der von selbst entstand« (eine Bezeichnung des Urgottes *Atum*)

𓆣𓂋𓈙𓋙 - ḫprš - sog. Blaue Krone

Biene (Apis melifica)
bee (Apis melifica)

L2

Ø, bjt

als Determinativ:

z.B. - ^{c}fj - Biene
- ^{c}ff - Summen

als Ideogramm:

z.B. - bjt [f] - Biene; das unterägyptische Königtum
- bjt [f] - Honig
- bjtj - Imker, Honigsammler

als Phonogramm bjt:

z.B. - bjtj - König von Unterägypten
- bjt - sog. »Rote« Krone, Krone von Unterägypten

Fliege (Musca)
fly (Musca)

L3

Ø

als Determinativ:

z.B. - ^{c}ff - Fliege; »Fliege« (als Schmuckstück, als Tapferkeitssymbol)

Heuschrecke (Schistocerca spec.)
locust (Schistocerca spec.)

Ø

L4

als Determinativ:
z.B.  - snḥm (znḥm) - Heuschrecke

Skorpion (ohne Stachelschwanz)
(Scorpiones spec.)
scorpion (without needle-tail)
(Scorpiones spec.)

Srqt

L7

als Ideogramm:
 - Srqt [f] - Selkis (Göttin)

Tausendfüßer, Skolopender (Scolopendra morsitans)

centipede (Scolopendra morsitans)

L5 Ø

als Determinativ:

z.B. - spꜣ - Tausendfüßer, Skolopender

- Spꜣ - *Sepa* (*Ort im südöstlichen Delta)

Muschel (Bivalvia)

shell (Bivalvia)

L6 ḫꜣ

als Phonogramm ḫꜣ:

z.B. - ḫꜣt [f] - Opfertisch, Tisch; Opferplatte; Altar

- ḫꜣꜥ - werfen; weg-, hinauswerfen; fortschleppen; verlassen

Baum
tree

Ø, j3m, jm3, jm

M1

als Determinativ:

z.B. - jnhmn - Granatapfel(baum) (Punica granatum)

- jsr (jzr) - Tamariske (Tamarix)

- nbs - Christusdorn (Zizyphus spina christi)

- nht [f] - Sykomore (Ficus sycomorus); Laubbaum

- šnḏt [f] - Dornakazie (Acacia nilotica)

- ḏt - Olivenbaum (Olea europaea)

als Phonogramme jm3, j3m oder jm:

z.B. - jm3 (j3m) - angenehm, wohlgefällig sein; gütig; freundlich

- jm3t (j3mt) [f] - Freundlichkeit, Liebenswürdigkeit

- jm3 (jmw) - Zelt; Hütte

Stengel
stalk

M2

Ø, js, ḥn, =j

als Determinativ:

z.B. - ʿr - Binse

- ḥrrt [f] - Blume; Blüte

- ḫ3w [pl] - Kräuter

- sšn - Lotusblume; Lotusblüte

als phonographisches Determinativ:

z.B. - js - Mastaba, Grab; Felsgrab

- jswt [f] - Altes; alte Generation; alter Brauch

- s (zj) - Mann; Person, Mensch

als Phonogramm ḥn:

z.B. - ḥn - ordnen, organisieren; verfügen; abordnen

- ḥntj - Strecke, Zeitraum

- ḥns - eng, schmal

als Suffix der 1. sg: =j - ich; mein

- =j - ich; mein

Ast
branch

Ø, ḫt

M3

als Determinativ:

z.B.  - jsr (jzr) - Tamariske (Tamarix)

 - w3b - Wurzel (Pflanze)

 - srt [f] - Dorn, Stachel

als Ideogramm:

 - ḫt - Holz, Bauholz; Stock, Stab; Baum; Pfosten

als Phonogramm ḫt:

z.B.  - ḫt - durch, quer, überall; aus

 - m-ḫt - hinter, in der Verfolgung von; in; durch; infolge

 - m-ḫt - Zukunft, Nachwelt

 - ḫtjw - Terrasse mit Treppe, Plattform

 - ḫtḫt - zurückweichen; verloren gehen; annullieren

 - nḫt - stark; siegreich; solide

 - nḫt - Kraft, Stärke; Sieg

 - nḫtw - Festung; Befestigung; Ansiedlung

[Zeichen kann durch T14 ersetzt werden]

Palmrispe
palm branch

M4 rnpt, rnp

als Ideogramm:

z.B. - rnpt [f] - Jahr

- rnpt [f] - jährliches Einkommen (in Naturalien)

- snf - Vorjahr, vergangenes Jahr; kommendes Jahr

- tr - Zeit

als phonographisches Determinativ:

z.B. - ḥtr - Steuer, Abgabe

- rnpj - sich verjüngen, jung werden; jugendlich

- rnp - Jüngling, Jugendlicher

- rnp - Fohlen

[Zeichen kann M5, M6 und M7 ersetzen]

[Kombinationen mit M4: F14, F15, M5, M6, M7]

Palmrispe (M4) und Rundbrot (X1)
palm branch (M4) and rounded bread (X1)

tr, tj **M5**

als Ideogramm:

 - tr - Zeit

 - try - Achtung, Respekt

als phonographisches Determinativ:

z.B.  - ḥtrw [pl] - Seile, Stricke

 - T3-mrj - Ägypten

 - tr (twr) - Abweisung, Zurückweisung

[Zeichen kann durch M4 ersetzt werden und mit M6 und M7 wechseln]

Palmrispe (M4) und Mund (D21)
palm branch (M4) and mouth (D21)

M6 tr, tj, rj

als Ideogramm:

 - tr - Zeit

 - try - Achtung, Respekt

als phonographisches Determinativ:

z.B.  - ḥtr - Pferdegespann, Pferde

 - ḥtr - Zwillingspaar

 - ḥtr - besteuern, zinspflichtig machen; Steuer auferlegen

 - prj - Schlachtfeld

 - T3-mrj - Ägypten

 - tr (twr) - Abweisung, Zurückweisung

[Zeichen kann durch M4 ersetzt werden und mit M5 und M7 wechseln]

Palmrispe (M4) und Hocker (Q3)
palm branch (M4) and stool (Q3)

rnp, rnpj

M7

als Ideogramm:

- rnpj - sich verjüngen, jung werden; jugendlich

als phonographisches Determinativ:

z.B. - rnpwt [f] - Unterhalt

- rnpwt - frische Pflanzen, Frisches Grün; Pflanzen und Früchte

[Zeichen kann durch M4 ersetzt werden und mit M5 und M6 wechseln]

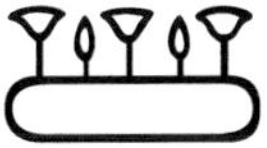

Teich mit Lotusblumen
pond with lotus flowers

šꜣ, ꜣḫt

M8

als Ideogramm:

z.B. - ꜣḫt [f] - *Achet*-Jahreszeit (Zeit der Überschwemmung; erste Jahreszeit)

- šꜣ - Land; Vegetation, Weideland; Sumpfland

als Phonogramm šꜣ:

z.B. - šꜣj - bestimmen; Schicksal verhängen

- šꜣs - durchziehen; schreiten

Lotusblüte
lotus flower

M9

Ø, sššn, nfr

als Determinativ:

z.B. - sšn - Lotus; Lotusblüte (Nymphaea)

- sššn - Lotus; Lotusblüte (Nymphaea)

als Ideogramm:

z.B. - sššn - Lotus; Lotusblüte (Nymphaea)

als Phonogramm nfr:

z.B. - nfr - gut, schön, perfekt [selten]

Lotusknopse
lotus bud

M10

Ø

als Determinativ:

z.B. - nḥbt [f] - Lotusknospe

langstielige Blume
flower on a long stalk

Ø, wdn

M11

als Determinativ:
z.B.  - wdn - opfern; weihen, widmen; darbringen

als Ideogramm:
 - wdn - Opferer

als Phonogramm wdn:
z.B.  - wdn (wdnw) - Opfer; Weihopfer; Litanei; das Opfern

[Zeichen kann leicht mit F48 und F49 verwechselt werden]

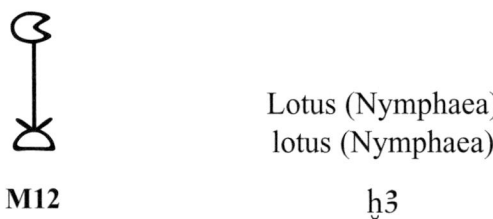

Lotus (Nymphaea)
lotus (Nymphaea)

M12 ḫꜣ

als Ideogramm:

 - ḫꜣ - Blatt (besonders vom Lotus)

als Phonogramm ḫꜣ:

z.B.  - wḫꜣ - dunkel

 - wḫꜣ - suchen; anfordern; aussuchen; begehren; wollen

 - mḫꜣt [f] - Waage

 - ḫꜣj [IIIae inf] - (ver)messen

 - ḫꜣwt [f] - Opfertisch, Tisch; Opferplatte; Altar

 - ḫꜣʿ - werfen; weg-, hinauswerfen; fortschleppen; verlassen

 - ḫꜣḫ - schnell; eilen

 - sḫꜣ - sich erinnern, gedenken; denken an; nennen

 - sḫꜣw - Erinnerung

als Abkürzung:

 - ḫꜣ - 1000, tausend

Papyrusstengel
stalk of papyrus

w3<u>d</u>, w<u>d</u>

M13

als Ideogramm:

z.B.  - w3<u>d</u> - Papyrus (Cyperus papyrus)

 - w3<u>d</u> - papyrusartige Säule

als Phonogramme w3<u>d</u> oder w<u>d</u>:

z.B.  - w3<u>d</u>t [f] - Säulenhalle

 - w3<u>d</u>w - Malachitpigment, grüne Malfarbe

 - wdḥ (w<u>d</u>ḥ) - schütten, (aus)gießen

 - sw<u>d</u> [kaus] - überweisen

[Kombination mit M13: M14 ]

Papyrusstengel (M13) und Kobra (I10)
stem of papyrus (M13) and cobra (I10)

w3<u>d</u>, w<u>d</u>

M14

als Phonogramme w3<u>d</u> oder w<u>d</u>:

z.B.  - w3<u>d</u>t [f] - Säulenhalle

 - w3<u>d</u> - grün; gedeihen; frisch; roh; unbearbeitet

 - w3<u>d</u>t [f] - Gemüse, Grünzeug

 - w3<u>d</u>-wr - Meer, Ozean

Papyrusstaude mit zwei herabhängenden Knospen

bush of papyrus with two buds hanging down

M15

Ø, (Tꜣ)-mḥw, ꜣḫ, wꜣḫ

als Determinativ:

z.B. - ꜣḫ - Papyrusdickicht

- jdḥw - Sumpfgebiet des Deltas, Deltamarschen

- Tꜣ-mḥw - Unterägypten, Nordägypten

- ḏyt [f] - Papyrussumpf

als Ideogramm in:

- Tꜣ-mḥw - Unterägypten, Nordägypten

als phonographisches Determinative:

z.B. - wꜣḫj [IVae inf] - grün, üppig grün sein; Überfluß haben; erfüllt sein

- wꜣḫj - Säulenhalle, Audienzhalle, Empfangshalle

- ꜣḫ-bjt (ꜣḫbjt) - Chemmis (Geburtsstätte des Gottes Horus im Delta)

Papyrusstaude
bush of papyrus

Ø, (T3)-mḥw, ḥ3

M16

als Determinativ:

z.B. - T3-mḥw - Unterägypten, Nordägypten

als Ideogramm in:

- T3-mḥw - Unterägypten, Nordägypten

als Phonogramm ḥ3:

z.B. - wḥ3 - brechen (Steine); pflücken

- ḥ3ᶜyt [f] - Bürgerkrieg, Aufruhr

- ḥ3p - geheim; verbergen; verheimlichen

- ḥ3m - fischen

- ḥ3q - erbeuten, gefangennehmen; erobern; plündern

Rispe des Schilfrohrs
panicle of reed

M17 j (y)

als Ideogramm:

𓇋 - j - Schilf (Phragmites)

als Phonogramm j:
z.B. 𓇋𓅓 - jm - da, dort, dorthin
𓇋𓏠𓈖 - Jmn - Amun
𓇋𓏠𓈖𓊵𓏏𓊪 - Jmn-ḥtp - Amenophis/*Amenhotep* (Eigenname von vier Königen der 18. Dynastie)
𓇋𓂋𓊪 - jrp - Wein
𓇋𓊃 - js (jz) - Mastaba, Grab; Felsgrab
𓃀𓇋𓈖 - bjn - schlecht, übel
𓏠𓈖𓇋𓏏 - mnjt [f] - Landepflock
𓏠𓈖𓇋 - mnj - landen; sterben; verheiraten
𓋴𓇋𓈖 - sjn - eilen, rennen
𓐪𓇋 - qj - Gestalt, Äußeres; Wesen; Zustand

als Suffix der 1. sg: =j - ich; mein
z.B. 𓄔𓅓𓇋 - sḏm=j - ich höre
𓉐𓇋 - pr=j - mein Haus

𓇌 als Phonogramm y:
z.B. 𓇌𓄿 - y3 [Interjektion] - ah!, tatsächlich!, also
wirklich!

[Kombinationen mit M17: M18 𓇌, M19 𓇍]

Rispe des Schilfrohrs (M17) und Beine in Schrittstellung (vorwärts gewandt) (D54)

panicle of reed (M17) and legs in the position of a step (forward) (D54)

jj

M18

als Phonogramm jj:

z.B. - jj - kommen, zurückkommen; herbeikommen

- Jj-m-ḥtp - *Imhotep* (Architekt der Djoser-Pyramide in Sakkara)

- jyt [f] - Zukunft, Kommendes; Unheil

Rispe des Schilfrohrs (M17) und Bleuel (U36); verbunden durch ein Geflecht

panicle of reed (M17) and mallet (U36) joined by a wickerwork

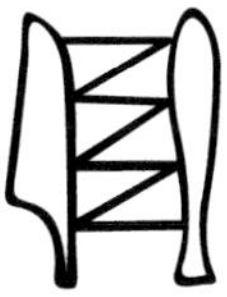

Ø, ʿ3bt

M19

als Determinativ:

z.B. - ʿ3b - wünschenswert, angenehm, wohlgefällig

- ʿ3bt [f] - Waschkrug

- ʿ3bt [f] - Hekatombe, großes Festopfer; Spende; Speisen

als Abkürzung:

- ʿ3bt [f] - Hekatombe, großes Festopfer; Spende; Speisen

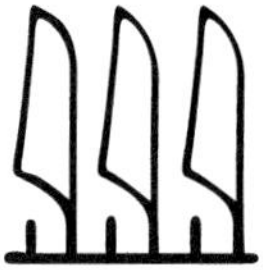

Schilfmarsch
marsh with reeds

M20

Ø, sẖt, sm

als Determinativ:

z.B. - sẖt [f] - Feld, Kulturland, Flur; Acker; Oase

als Ideogramm:

z.B. - sẖt [f] - Feld, Kulturland, Flur; Acker; Oase

- Sẖt [f] - *Sechet* (Göttin)

- sẖtj - Landmann, Oasenbewohner; Fischer und Vogelfänger

als Phonogramm sm (durch Verwechslung mit M21):

z.B. - sm - Beschäftigung, Tat, Zeitvertreib

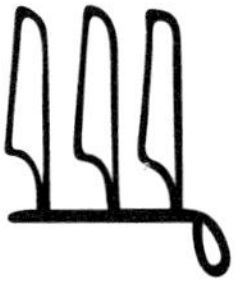

Schilfmarsch (Variante zu M20)
marsh with reeds (variant of M20)

M21

sm

als Ideogramm:

z.B. - sm - *Sem*-Priester

als Phonogramm sm:

z.B. - sm - Kräuter, Pflanzen

- sm - helfen, sorgen für, Gutes tun

- smwt [f] - die Weinende, die Trauernde

Binse (Juncus)
rush (Juncus)

nḫb, (nn)

M22

als Phonogramm nḫb:

z.B.  - Nḫbt [f] - *Nechbet* (Göttin)

 - nḫbt [f] - einer der Flaggenmasten (des Tempels)

als Phonogramm nn:

z.B.  - nn [Demonstrativpronomen] - dieses, diese

 - nn - hierher; da

 - nnwt [f; pl] - Wurzeln

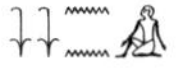 - nnj - müde sein, träge sein; bummeln; erschlaffen

 - nnjw - Müdigkeit, Mattigkeit; Faulheit

 - nnj - weggehen

 - nnm - Irrtum

 - nnšm - Milz (Mensch, Tier)

Binse (Variante zu M22)
rush (variant of M22)

M23

sw, swt

als Ideogramm:

- swt [f] - eine Pflanze ('Binse')

als Phonogramm sw:

z.B. - nsw (nswt, njswt) - König; König von Oberägypten

- nsyt [f] - Königin
- nsyw [pl] - Könige; Könige vergangener Zeiten
- nsw-bjtj (nsw-bjt, njswt-bjt, nswt-bjt, nswt-bjtj) - König von Ober- und Unterägypten
- nswyt (nsyt) [f] - Königtum, Königsherrschaft
- nswtjw [pl] - Freibauern
- sw [abhängiges Personalpronomen] - er, ihn, es, sich
- swt - aber, doch; folglich

[Zeichen kann mit M24 und M26 wechseln]
[Kombination mit M23: M24]

Binse (M23) und Mund (D21)
rush (M23) and mouth (D21)

rs(w)

M24

als Phonogramm rs(w):

z.B. - rsj - südlich sein; südlich von
- rsj - Süden
- rsjw [pl] - Südbewohner, die Südlichen
- rsw - Südwind
- rswt [f] - Süden

[Zeichen kann mit M23 und M26 wechseln]

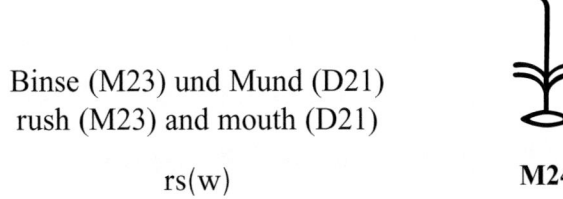

Riedgras
sedge

šm^{c}, Šm^{c}

M26

als Ideogramm:

- Šm^{c}w - Oberägypten, Niltal, Südägypten

als Phonogramm šm^{c}:

z.B. - šm^{c} - oberägyptisch
- šm^{c} - singen, musizieren
- šm^{c}s (šm^{c}.s) - oberägyptische Krone

[Zeichen kann mit M23 und M24 wechseln]

Riedgras (M26) und Mund (D21)
sedge (M26) and mouth (D21)

M25

rs(w), šm^c

als Ideogramm:

- Šm^{c}w - Oberägypten, Niltal, Südägypten

als Phonogramm rs(w):

z.B. - rsj - Süden

- rsjw [pl] - Südbewohner, die Südlichen

als Phonogramm šm^c:

z.B. - šm^c - oberägyptische Gerste

[Zeichen kann mit M24 und M26 wechseln]

Riedgras (M26) und Unterarm (D36)
sedge (M26) and forearm (D36)

M27

šm^c, Šm^c

[Gebrauch wie M26]

Riedgras (M26) und Fesselklammer (V20)

sedge (M26) and shackle (V20)

mḏ(w) Šm^{c}

M28

als Abkürzung in:

- wr-mḏ(w)-Šm^{c}w - *Einer der zehn Großen von Oberägypten, *Großer der Zehn von Oberägypten (Titel)

Schote

pod

nḏm

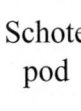

M29

als Ideogramm:

z.B. - nḏm - Johannisbrotbaum (Ceratonia siliqua)

als Phonogramm nḏm:

z.B. - nḏm - süß sein; süß, angenehm, erquicklich

- nḏm - Süßigkeit; Annehmlichkeit, Bequemlichkeit

- nḏm-jb - Fröhlichkeit, Frohsinn, Freude

- nḏmmt [f] - Lust, Leidenschaft, sexuelle Befriedigung

- snḏm [kaus] - erquicken; lindern, heilen; erfreuen, wohltun

Wurzel
root

M30

Ø, bnr

als Determinativ:

z.B. - bnr (bnj) - Dattel

- bnr (bnj) - süß (im Geschmack); angenehm; beliebt

- bnrjw - Dattelheger; Konditor

als Ideogramm:

z.B. - bnr (bnj) - süß (im Geschmack); angenehm; beliebt

- bnrt [f] - Süßigkeit; Dattelgebäck

Rhizom des Lotus (Nymphaea)
rhizome of a lotus (Nymphaea)

M31

Ø, rd

als Determinativ:

z.B. - rd - wachsen

- rd - Pflanze, Gewächs

- rdyt [f] - Pflanze, Kraut, Gewächs

als Abkürzung:

- rd - wachsen

Knolle
bulb

Ø, rd

M32

[Gebrauch wie M31]

Körner
grains

Ø, jt

M33

als Determinativ:

z.B.  - ᶜbt [f] - Art Körner

 - pḫ3 - eine Körnerfrucht; *Pecha*-Bier; *Pecha*-Brot

 - mswt (mzwt) [f] - Getreideart

 - swt (zwt) [f] - ein Getreide

als Ideogramm:

 - jt - Gerste (Hordeum spec.); Getreide

Emmergranne
awn of emmer

M34

Ø, bdt

als Determinativ:
z.B. - bdt (btj) [f] - Emmer (Triticum dicoccum)

als Ideogramm:
z.B. - bdt (btj) [f]- Emmer (Triticum dicoccum)

Kornhaufen
pile of grains

M35

Ø

als Determinativ:
z.B. - ^{c}ḥ^{c}w - Haufen (Korn, Schätze etc.); Quantität, Gesamtheit von
- ^{c}ḥ^{c}w - Quantität, die (zu findende) Größe (mathematisch)
- wbn - überquellen

Flachsbündel
bundle of flax

ḏr

M36

als Phonogramm ḏr:

z.B. - msḏr - Ohr
- sḏr - die Nacht verbringen; schlafen
- ḏr - seit, seit Beginn; in, an; seitdem, als, wann, weil
- ḏr - von nun an, von da an
- ḏr-^{c} - seit Anbeginn
- ḏr (ḏrw) - Ende; Bereich, Bezirk; Ende
- ḏrtjw [pl] - Vorfahren
- ḏrt [f] - Klageweib
- ḏrj - fest, stabil; schwierig

Flachsbündel (frühere Variante zu M36)
bundle of flax (earlier variant of M36)

ḏr

M37

[Gebrauch wie M36]

Flachsbündel (Variante zu M37)
bundle of flax (variant of M37)

M38 Ø

als Determinativ:

z.B. - mḥj (mḥ^{c}w, m^{c}ḥw) - Flachs, Lein (Linum usitatissimum)

- dmꜣ - zusammenbinden

- dmꜣt-pḏwt [f] - »die, die Bogen zusammenbindet« (Epitheton der Göttin Nechbet)

Korb mit Früchten
basket filled with fruits

M39 Ø

als Determinativ:

z.B. - rnpwt [f]- frische Pflanzen, frisches Grün; Pflanzen und Früchte

Schilfbündel
bundle of reeds

js (jz), jsw

M40

als Ideogramm:

- jsj (jzj, jsw) - Schilfrohr (Phragmites communis)

als Phonogramm js (jz):

z.B. - js (jz) - Mastaba, Grab; Felsgrab
- js (jz) - Kammer, Amt, Archiv; Werkstatt
- jst (jzt) [f] - Truppe, Mannschaft; Bande; Crew
- jsj (jzj) - leicht sein, unbedeutend sein
- js (jz) - alt; gebraucht; bisherig
- jsw - Entgelt, Lohn, Ersatz; an Stelle von

Holzstück
piece of wood

Ø

M41

als Determinativ:

z.B. - ^{c}š - Konifere
- w^{c}n - Wacholder (Juniperus spec.)
- mrw - Zeder (Cedrus libani)

Blüte
flower

M42

wn

als Phonogramm wn:

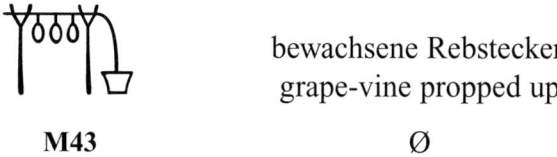

z.B. - wnm - essen, fressen, speisen, verzehren
- wnmw - Nahrung, Unterhalt; Futter (Tiere)
- wnḏw - Kurzhornrinder; Kälber; [coll] Rindvieh
- wnḏw - Ziegenartige
- wnḏwt [f; coll] - Leute, Menschenherde
- wnḏww - Art, Beschaffenheit

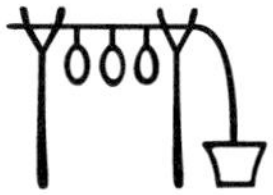

bewachsene Rebstecken
grape-vine propped up

M43

Ø

als Determinativ:

z.B. - j3rrt [f] - Weintraube; Weinstock, Rebe
- jrp - Wein
- k3mw (km3y) - Winzer, Gärtner
- k3nw - Wingert, Garten
- k3ry - Gärtner
- d3b - Feigenbaum, Echte Feige (Ficus carica)

Dorn
thorn

Ø, spdt, spd

M44

als Determinativ:

z.B. - spd - spitz sein; spitzen

- spd - effektiv sein, tüchtig sein, wirkungsvoll sein

- spdd - herrichten, vorbereiten, ausrüsten; in Ordnung bringen

- srt [f] - Dorn, Stachel; Nadel

als Ideogramm:

z.B. - spdt [f] - Effektivität

- spdt [f] - Sirius, Hundsstern; Sothis (Göttin); Sothis (Sternbild)

als Phonogramm spd:

z.B. - spd - Proviant; Entgelt, Lohn, Naturallohn

- spd - Vorratshaus

Himmel
sky

N1

Ø, pt, ḥrj, ḥrw

als Determinativ:

z.B.  - Nwt - *Nut* (Himmelsgöttin)

 - pt [f] - Himmel

 - rwt [f] - Außentor, Außenportal

 - ḥ3yt [f] - Eingangsportal; Portikus; Vorhalle

 - ḥrj - Oberster, Vorgesetzter, Chef, Meister

 - ḥrw - Oberseite

 - ḥrt [f] - Himmel, Himmelskuppe

als Ideogramm:

 - pt [f] - Himmel

als phonographisches Determinativ:

z.B.  - ḥrj - Oberster, Vorgesetzter, Chef, Meister

als Abkürzung:

 - ḥrj - Oberster, Vorgesetzter, Chef, Meister

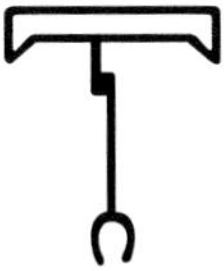

Nachthimmel
sky by night

Ø, grḥ

N2

als Determinativ:

z.B.  - jmj-wnwt - Astronom
 - jẖẖw - Dämmerung; Dunkelheit
 - jgp - bewölkt sein
 - wẖ3 (wẖ) - dunkel sein, dunkel werden
 - mšrw - Abend; Abenddämmerung, Abendrot
 - kkw - Finsternis, Dunkel, Dunkelheit
 - kkwt [f] - Finsternis, Dunkel, Dunkelheit
 - grḥ - Nacht; nachts

als Ideogramm:

 - grḥ - Nacht; nachts

[Zeichen kann durch F26 ersetzt werden]

Nachthimmel (frühere Variante zu N2)
sky by night (ealier variant of N2)

Ø, grḥ

N3

[Gebrauch wie N2]

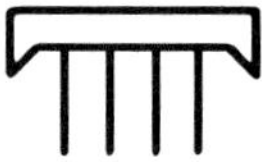

regnerischer Himmel
rainy sky

N4

Ø, jꜣdt

als Determinativ:

z.B.  - jꜣdt [f] - Tau; Regen; Dunst

 - ḥꜣtj - Bewölkung, Trübung, Wolken

 - h̲ꜣpt [f] - Unwetter

 - h̲ꜣh̲ꜣ - Unwetter

 - snmw - strömender Regen

 - šnyt (šnwt) [f] - Unwetter, Sturm, Hagelwetter, -schauer

 - qrj - Wolke, Gewölk; Unwetter, Gewitter

als Ideogramm:

z.B.  - jꜣdt [f] - Tau; Regen; Dunst

Sonnenscheibe
sun disc

Ø, r^c, R^c, sw

N5

als Determinativ:

z.B. - jtn - Sonne(nscheibe)

- wbn - aufgehen (Sonne); scheinen; erstrahlen

- wnwt [f] - Stunde

- wrš - den Tag verbringen; sich mit etwas beschäftigen

- nḥḥ - Ewigkeit, Unendlichkeit

- r^c - Sonne

- R^c-msj-sw - Ramses (Eigenname von elf Königen der 19./20. Dynastie)

- hrw - Tag

- sw - Tag

- sf - gestern; der gestrige Tag

als Ideogramm:

z.B. - r^c - Sonne

- R^c - Re (Sonnengott)

- hrw - Tag

als Abkürzung:

- sw - Tag (in Datumsangaben)

Sonnenscheibe (N5) mit Uräus
sun disc (N5) with uraeus

N6 r^c

als Determinativ:
z.B.  - r^c - Sonne

als Ideogramm:
 - r^c - Sonne

Sonnenscheibe (N5) und Schlachtblock (T28)
sun disc (N5) and butcher's block (T28)

N7 ẖrt-hrw

als Abkürzung:
 - ẖrt-hrw - Tagesbedarf, täglicher Bedarf

Sonnenscheibe (N5) mit ihren Strahlen
sun disc (N5) with rays

Ø, ꜣḫw, wbn, ḥnmmt

N8

als Determinativ:

z.B. - wbn - aufgehen (Sonne); scheinen; erstrahlen

- psḏ - leuchten, scheinen; erglänzen

- mꜣwt [f] - Strahlen (der Sonne), Glanz

- sšr - trocknen, dörren

als Ideogramm:

- jꜣḫw (ꜣḫw) - Sonnenschein

als Phonogramm wbn:

z.B. - wbnw - offene Wunde, Verletzung

als Abkürzung:

- ḥnmmt [f] - Sonnenvolk (von Heliopolis)

Darstellung des Mondes in zwei seiner Phasen
representation of the moon in two of its phases

psḏntjw, psḏ

N9

als Ideogramm:

z.B. - psḏntjw (psḏtjw) - Neumond; Neumondsfest

als Abkürzung:

- psḏt [f] - Götterneunheit, «Neunerrat»

Darstellung des Mondes in zwei seiner Phasen (spätere Variante zu N9)

representation of the moon in two of its phases (later variant of N9)

N10

psḏntjw, psḏ

[Gebrauch wie N9]

Mondsichel

cresecent moon

N11

Ø, jꜥḥ, ꜥḥ, ꜣbd, šsp

als Determinativ:

z.B. - jꜥḥ - Mond

- šsp - Handbreite, Handfläche (als Maß)

als Ideogramm:

z.B. - ꜣbd - Monat

- jꜥḥ - Mond

als phonographisches Determinativ:

z.B. - wꜥḥ - Erdmandel (eßbares Rhizom des Cyperus esculentus)

als Abkürzung:

z.B. - ꜣbd - Monat

- šsp - Handbreite, Handfläche (als Maß)

[Zeichen kann F42 ersetzen]

Mondsichel (spätere Variante zu N11)
cresecent moon (later variant of N11)

Ø, j^{c}ḥ

N12

als Determinativ:

z.B.  - j^{c}ḥ - Mond

 - šsp - Handbreite, Handfläche (als Maß)

als Ideogramm:

 - j^{c}ḥ - Mond

Mondsichel (stehend)
cresecent moon (upright)

Ø, j^{c}ḥ

N12a

[Gebrauch wie N12]

Mondsichel (liegend)
cresecent moon (recumbent)

Ø, j^{c}ḥ

N62a

[Gebrauch wie N12]

Stern (N14) und Mondsichel (N11)
star (N14) and cresecent moon (N11)

N13 *md̲-djnt

als Ideogramm:
 ☆ - *md̲-djnt - Halbmonatsfest

Stern
star

N14 Ø, sb3, dw3, wnwt

als Determinativ:
z.B. ⌈⌉🕮★ - sb3 - Stern

als Ideogramm:
 ★ı - sb3 - Stern

als Phonogramm sb3:
z.B. ⌈⌉★🕮□ - sb3 - Tor, Tür

als Phonogramm dw3:
z.B. ★𓀢 - dw3 - preisen

als Abkürzung:
z.B. ★̊ - wnwt [f] - Stunde
 𓉠 - wnwt [f; coll] - (Stunden-)Priesterschaft

[Kombinationen mit N14: N13 ☆, N15 ⊗]

Stern (Variante zu N14)
star (variant of N14)

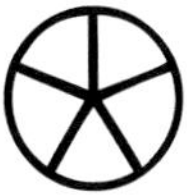

dw3t (d3t)

N15

als Ideogramm:
z.B.  - dw3t (d3t) [f] - Unterwelt, *Duat*

Land mit Sandkörnern
land with grains of sand

Ø, t, t3

N16

als Determinativ:
z.B.  - <u>d</u>t [f] - Totenstiftung
 - <u>d</u>t [f] - Ewigkeit, unwandelbare Dauer
 - <u>d</u>t [f] - Hörige, Diener der Totenstiftung

als Ideogramm:
z.B.  - t3 - Erde; Land; Boden
 - t3wj - die Beiden Länder (Ägypten)

als Phonogramm t3:
z.B.  - sšt3 - Geheimnis, Geheimwissen

[Gruppenschreibung  wird besonders in fremdländischen Eigennamen als Phonogramm t gelesen]

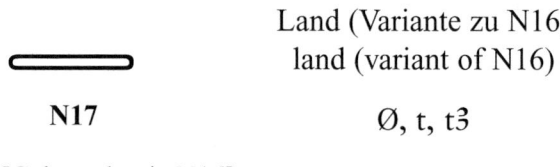

Land (Variante zu N16)
land (variant of N16)

N17

Ø, t, tꜣ

[Gebrauch wie N16]

Insel
island

N18

Ø, jw

als Determinativ:

z.B.  - ꜣḫt [f] - Horizont, Lichtland

 - Ṯḥnw - Libyen

als Ideogramm:

 - jw - Insel

in der Gruppenschreibung  - j:

z.B.  - Jrt - *Irta* (Örtlichkeit in Asien)

[Zeichen kann leicht mit S130a, X4 und Z8 verwechselt werden]

zwei Inseln
two islands

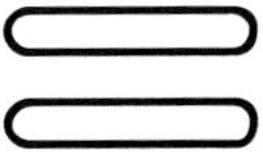

3ḫtj

N19

als Abkürzung in:

 - R^{c}-Ḥr-3ḫtj - Re-Harachte (Gott)

Landzunge
spit of land

Ø, wḏb

N20

als Determinativ:

z.B.  - wḏb - Ufer

als Phonogramm wḏb:

z.B.  - wḏb - sich umwenden; sich (hin)wenden

kurze Landzunge
small spit of land

N21 Ø

als Determinativ:

z.B. - jw - Insel

- wtn - Boden, Erdboden, Erde; Fußboden
- jdb - Rand; Ufer, Uferland, Acker; Küste
- bjꜣ - Erz, Metall
- sꜣṯw (zꜣṯw, sꜣtw) - Erdboden, Erde, Boden; Grundstück, Baugrund
- qꜣyt [f] - hochgelegenes Land, Hügel
- tꜣš - Grenze, Grenzmarke; Gebiet, Gau
- ṯst (ṯzt) [f] - Gebirge, Gebirgsrücken

[Zeichen kann N23 ersetzen]

Landzunge (frühere Variante zu N21)
spit of land (ealier variant of N21)

N22 Ø

als Determinativ:

z.B. - ꜥḥt [f] - Acker, bestelltes Feld; Domäne

- wḏb - Ufer
- sẖt [f] - Feld, Kulturboden; Flur; Land

Bewässerungskanal
irrigation canal

Ø

N23

als Determinativ:

z.B.  - w (ww) - Landbezirk, Gebiet; Verwaltungsbezirk

 - bw - Ort, Platz, Stelle

 - rwḏ - Gebiet, Ufergebiet

 - rmn - Seite, Hälfte

 - s3ṯw (z3ṯw, s3tw) - Erdboden, Erde, Boden; Grundstück, Baugrund

 - sp3t [f] - Gau; Kultbezirk; Nekropole

 - sḫt [f] - Feld, Kulturboden; Flur; Land

 - š3 - Land; Vegetation; Weideland; Sumpfland

 - t3 - Erde; Land; Boden

 - t3š - Grenze, Grenzmarke; Gebiet, Gau

 - dmj - Ort, Ortschaft; Stadt; Platz, Örtlichkeit

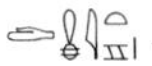 - dmjt [f] - Stadt, Örtlichkeit; Hafen

[Zeichen kann durch N21 ersetzt werden]

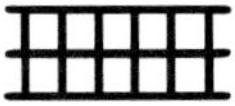

Land mit Bewässerungskanälen
land with irrigation canals

N24

Ø, sp3t

als Determinativ:

z.B. - Jnb(w)-ḥḏ - *Inbu-hedj*, Gau von Memphis (Name des 1. unterägyptischen Gaus)

- sp3t [f] - Gau; Kultbezirk; Nekropole

- ḥsp (ḥzp) - Beet; Garten, Gartenland, Gemüsegarten

- T3-wr - *Tawer*, Gau von Thinis (Name des 8. oberägyptischen Gaus)

als Ideogramm:

z.B. - sp3t [f] - Gau; Kultbezirk; Nekropole

[Kombination mit N24: R18]

Bewässerungskanäle
irrigation canals

qn (ʿḏn), ḏꜣtt, spꜣt

Aa8

als Determinativ:
z.B.  - ḏꜣtt [f] - Hof, Gut

als Phonogramm spꜣt:
z.B.  - spꜣt [f] - Gau; Kultbezirk; Nekropole

als Phonogramm qn (ʿḏn):
z.B.  - qn (ʿḏn) - beenden, fertigstellen

als Phonogramm ḏꜣtt:
z.B.  - ḏꜣtt [f] - Hof, Gut

als Ausnahme:
z.B.  - ʿḏ - Wüste, Randzone

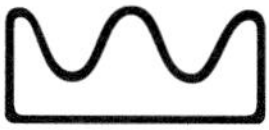

Hügelkette
chain of hills

N25

Ø, ḫ3st

als Determinativ:

z.B. - j3bt [f] - Osten, linke Seite
- jnt [f] - Tal, Wüstental, Wadi
- wḥt [f] - Dorf, Siedlung
- wḥ3t [f] - Oase
- bw - Ort, Platz, Stelle
- Rṯnw - Syrien
- ḥrt [f] - Felsgrab, Grabanlage; Nekropole; Totenreich
- smyt (zmyt) [f] - Wüste; Begräbnisstätte
- qbḥw - Kataraktengebiet
- qbḥw - Wasservogelreservoir

als Ideogramm:
- ḫ3st [f] - Gebirge, Bergland, Hügel; Ausland, Land

Berg(kessel)
corrie

ḏw

N26

als Ideogramm:

z.B. - ḏw - Berg

- ḏwt [f] - Berg

als Phonogramm ḏw:

z.B. - ꜣbḏw - Abydos

- rḏw - Ausfluss, Sekret, Körperflüssigkeit; Leichenflüssigkeit

- ḏw - schlecht, böse

- ḏwt [f] - Schlechtes, Böses; Unrecht; Krankheit

- ḏw - Schlechtes, Böses; Schmutz, Unreines

- ḏwj - rufen, anreden

- ḏwjw - *Djuju*-Krug (aus Ton, besonders für Bier)

[Kombination mit N26: N27]

Sonnenaufgang über Berg(kessel) (N26)
sunrise over a corrie (N26)

N27 ȝḫt

als Ideogramm:

z.B. - ȝḫt [f] - Horizont, »Lichtland«

- ȝḫt (ȝḫyt) [f] - Schlachthaus(abteilung)

- ȝḫtj - »Horizontischer«, Horizontbewohner

Sonnenaufgang über einem Hügel
sunrise over a hill

N28 ḫꜥ

als Ideogramm:

z.B. - ḫꜥ - Hügel

als Phonogramm ḫꜥ:

z.B. - ḫꜥj [IIIae inf] - erscheinen

- ḫꜥ - Fest, Erscheinungsfest

- ḫꜥw - Aufgehen, Aufgang (Gestirne); Erscheinen, Epiphanie

- ḫꜥw - Geräte; Grabbeigaben; Tauwerk, Takelage; Instrumente

- sḫꜥj [kaus; IIIae inf] - erscheinen lassen; einsetzen

Düne
sandhill

q, q3̆3̆

N29

als Determinativ:

z.B.  - q33 - Hügel; Urhügel

als Phonogramm q:

z.B.  - jnq - umfassen; umarmen; sammeln

 - jqr - vorzüglich, ausgezeichnet; (leistungs)fähig; beliebt

 - ḥq3 - (be)herrschen

 - ḥqr - hungern

 - sqr-ꜥnḫ - Gefangener, Kriegsgefangener

 - q3j [IIIae inf] - hoch sein; hoch gelegen

[Kombination mit N29: R10 ]

Erdhügel
mound of earth

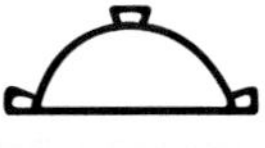

Ø, j3t

N30

als Determinativ:

z.B.  - j3t [f] - Stätte, Ort, Niederlassung

als Ideogramm:

z.B.  - j3t [f] - Stätte, Ort, Niederlassung

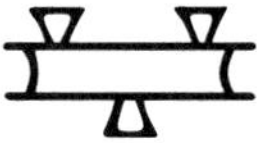

mit Büschen gesäumter Weg
road borded by shrubs

N31

Ø, wꜣt, wꜣ, ḥr, Ḥr

als Determinativ:

z.B. - ꜥꜣ (ꜥꜣꜣ) - hier, hierher, von hier

- ꜥrw - Nähe

- wꜣj [IIIae inf] - entfernt, fern sein; fern, abgelegen

- wꜣj - sich anschicken; in einen Zustand geraten

- wꜣt [f] - Weg, Straße; Aufweg; Strecke; Richtung

- mṯn - Weg, Straße

- ḥrt [f] - Weg, Landweg

als Ideogramm:

z.B. - wꜣt [f] - Weg, Straße; Aufweg; Strecke; Richtung

als Abkürzung:

- ḥrw-r - abgesehen von, außer, neben; sondern

- Ḥr - Horus (Gott); Horus (Bezeichnung des lebenden Königs)

Lehmklumpen
lump of clay

Ø, sjn

N32

als Determinativ:
z.B.  - mḥsḥs - Scheißkerl (Schimpfwort)

als phonographisches Determinativ:
z.B. 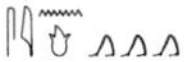 - sjn - Läufer, Eilbote, Kurier

[Zeichen kann F52 ersetzen und kann durch Aa2 ersetzt werden]

Sandkorn
grain of sand

Ø

N33

als Determinativ:
z.B. 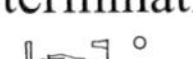 - bd - Natron
 - ḥm3yt [f] - Salz
 - sntr̲ - Weihrauch
 - š^{c}j - Sand, Sandhaufen
 - t̲3 - Kügelchen
 - dqr - Frucht

[Zeichen kann leicht mit D12 und Z8a verwechselt werden]

Sandkörner
grains of sand

N33a Ø

als Determinativ:

z.B. - prt [f] - Frucht; Same; Feldfrucht; Nachkommenschaft

- mfk3t - Türkis

- ḥḏ - Silber; Geld(wert); Zahlung

- ṯḥnt [f] - Fayence; Glas; Glasur

[Gebrauch auch wie N33 anstelle der Pluralstriche]
[Zeichen kann Z2 und Z3 ersetzen]

Erz
ore

N34 Ø, ḥmtj

als Determinativ:

z.B. - ᶜnḫ - Spiegel

- ḥsmn (ḥzmn) - Bronze

- šnb - Trompete

als Ideogramm:

z.B. - ḥmtj - Kupfer, Messing; Harpune; Kupfergerät

- ḥmtjwj - Gong (Musikinstrument)

Wasseroberfläche
water surface

Ø, n

N35

als Determinativ [durch Ersetzen von N17]:
z.B. - ḏt [f] - Ewigkeit, unwandelbare Dauer

als Phonogramm n:
z.B. - jmnt [f] - rechte Seite; Westen; Totenreich; Nekropole
- jdnw - Stellvertreter
- ʿnḫ - leben
- wbn - aufgehen; erscheinen
- wnn [Hilfsverb] - sein, existieren
- mn - bleiben; fortdauern
- n - für, zu, hinzu; wegen, infolge; während, innerhalb von
- rn - Name; Bezeichnung; Ruf
- sn - Bruder; Gefährte
- snb - Gesundheit, Wohlergehen

Wasseroberfläche (N35) (dreifach)
water surface (N35) (tripled)

N35a Ø, mw

als Determinativ:

z.B. - j^{c}j [IIIae inf] - waschen, reinigen
- j^{c}w-r3 - Frühstück
- jwḥ - befeuchten, bewässern
- w3w - Welle; Brandung
- w3d̠-wr - Meer, Ozean
- fdt [f] - Schweiß
- ḥ^{c}pj - Nilüberschwemmung
- qbb - kühl, kalt; sich kühlen

als Ideogramm:

- mw - Wasser

als Phonogramm mw:

z.B. - hdm (hdmw) - Schemel
- šmw - *Schemu*-Jahreszeit, (Zeit der Ernte; dritte Jahreszeit)
- šmw - Ernte; Erntesteuer

Kanal
canal

Ø, mr, mj

N36

als Determinativ:
z.B. - w3ḏ-wr - Meer, Ozean
- mr - Kanal, Schiffahrtskanal, Wassergraben
- ḥ^{c}pj - Nil; Überschwemmung

als Ideogramm:
z.B. - mr - Kanal, Wassergraben

als phonographisches Determinativ:
z.B. - mrj [IIIae inf] - lieben, gern haben

als Phonogramm mj:
z.B. - m^{c}ḥ^{c}t [f] - Grab, Grabmal; Kenotaph
- mjst (mjzt, mrzt) [f] - Leber

als Phonogramm mr:
z.B. - mrwt [f] - Liebe, Zuneigung; Gunst, Beliebtheit
- mrw - die Hörigen

Teich
pond

N37

Ø, š

als Ideogramm:

z.B. - š (šj) - Teich; Wasserbecken; Gartenanlage; Bassin

als Phonogramm š:

z.B. - ^{c}š - rufen; lesen, vorlesen

- wšb - erwidern, antworten

- ršw - froh, sich freuen

- šwt [f] - Schatten

- šmm - heiß (werden)

[Zeichen kann mit N36 wechseln, kann X4 und O39 ersetzen]

[Kombination mit N37: N40]

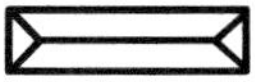

Teich (Variante zu N37)
pond (variant of N37)

N38

Ø, š

[Gebrauch wie N37]

[Kombination mit N38: U18]

Teich (Variante zu N37)
pond (variant of N37)

Ø, š

N39

[Gebrauch wie N37]

Teich (N37) und Beine in Schrittstellung (vorwärts gewandt) (D54)
pond (N37) and legs in the position of a step (forward) (D54)

šm

N40

als Phonogramm šm:

z.B.  - šm - losgehen; gehen

 - šmt [f] - Gehen, Gang; Abreise

 - šmw - Reisender

 - šmw - Wasserweg

 - šmt [f] - Landweg

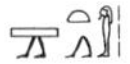 - šmt [f] - Statuenallee

Brunnen
well

N41

Ø, ḥm, bj3, jd

als Determinativ:
z.B.  - h̠nmt [f] - Brunnen, Zisterne

als phonographisches Determinativ:
z.B 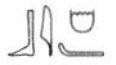 - bj3 - Erz, Metall
 - jdt [f] - Kuh

als Phonogramm jd:
z.B.  - jdt [f] - Mutterschwein
 - jdt [f] - Uterus; Bauch

als Phonogramm ḥm:
z.B.  - nḥm - wegnehmen
 - ḥmt [f] - Frau; Ehefrau

[Zeichen kann durch W10 ersetzt werden]
[Zeichen kann mit V37 verwechselt werden]

Brunnen (Variante zu N41)
well (variant of N41)

N42

Ø, ḥm, bj3, jd

[Gebrauch wie N41]

Hausgrundriss
ground-plan of a house

Ø, pr, p

O1

als Determinativ:

z.B.  - jḥw - Pferdestall

 - ᶜḥ - Palast, Gemächer

 - wᶜbt [f] - *Wabet*, Balsamierungsstätte; Werkstatt

 - wḏ3 - Magazin, Vorratshaus, Speicher

 - mnnw - Festung

 - ḥwt [f] - Tempel; Ansiedlung; größeres Haus

 - st (jst) [f] - Platz, Stelle, Ort; Wohnsitz; Thron, Sitz

 - sb3 - Tür, Tor

als Ideogramm:

z.B.  - pr - Haus, Gebäude; Wohnhaus; Grab; Hausstand; Besitz

als Phonogramm pr:

z.B.  - prj [IIIae inf] - hinausgehen, heraustreten, -kommen; aufsteigen

 - prt [f] - *Peret*-Jahreszeit (Zeit des Wachstums, zweite Jahreszeit)

 - prt [f] - Frucht; Same; Feldfrucht; Nachkommenschaft

Hausgrundriss (O1) und Keule (T3)
ground-plan of a house (O1) and club (T3)

O2

pr-ḥḏ

als Abkürzung:

 - pr-ḥḏ - Schatzhaus, Schatzamt; Schatzkammer

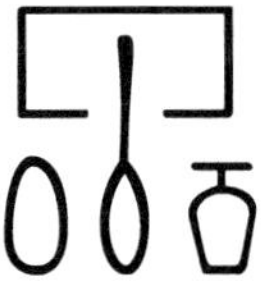

Hausgrundriss (O1), Paddel (P8), Bierkrug (W22) und spitzes Brot (X3)

ground-plan of a house (O1), oar (P8), beer-mug (W22) and tapered loaf of bread (X3)

O3

prt-ḫrw

als Abkürzung:

 - prt-(r-)ḫrw - Totenopfer, Invokation (»Heraus-kommen auf die Stimme hin«)

Hof
courtyard

h

O4

als Ideogramm:

 - h - Hof

als Phonogramm h:

z.B.  - jhy (yhy) - Jauchzen, Freude(nruf)

 - whj [IIIae inf] - verfehlen, Misserfolg haben

 - mhr - Milchkrug

 - nhm - jubeln; durcheinander schreien

 - h3j [IIIae inf] - herabsteigen

 - hrw - Tag

Straße
street

Ø, mr, nm

O5

als Determinativ:

 - mrrt (mrt) [f] - Straße, Gasse; Allee

als phonographisches Determinativ:

z.B.  - Mr-wr - Mnevis-Stier

 - nmj - reisen, gehen, fahren; durchziehen

 - nmj - laut schreien, brüllen

Schema eines umfriedeten Gebäudekomplexes

scheme of a complex of buildings

O6 ḥwt, ḥt

als Ideogramm:

z.B. - ḥwt [f] - Tempel; Ansiedlung

- ḥwt-nṯr [f] - Gotteshaus, Tempel; Tempelanlage

- Ḥwt-Ḥr [f] - Hathor (eine Göttin)

- ḥwt-kꜣ [f] - Haus des *Ka*, Grabkapelle, Statuenkapelle; Grab

- ḥtt (ḥwtt) [f] - Steinbruch

Gebäudekomplex (O6) und Rundbrot (X1)

complex of buildings (O6) and rounded loaf of bread (X1)

O7 ḥwt, ḥt

[Gebrauch wie O6]

[Kombinationen mit O7: O8, O9]

Gebäudekomplex (O7) und Säule (O29)
complex of buildings (O7) and column (O29)

ḥwt-ꜥꜣt

O8

als Abkürzung:

 - ḥwt-ꜥꜣt [f] - großes Gebäude; Hauptort; Palast; Großer Tempel

Gebäudekomplex (O7) und Korb (V30)
complex of buildings (O7) and basket (V30)

Nbt-ḥwt

O9

als Abkürzung:

 - Nbt-ḥwt [f] - Nephthys (Göttin der heliopolitanischen Neunheit)

Palast
palace

O11 ^{c}ḥ

als Ideogramm:
z.B. - ^{c}ḥ - Palast, Gemächer

[Kombination mit O11: O12]

Palast (O11) und Unterarm (D36)
palace (O11) and forearm (D36)

O12 ^{c}ḥ

[Gebrauch wie O11]

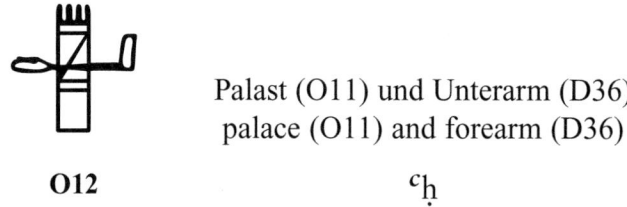

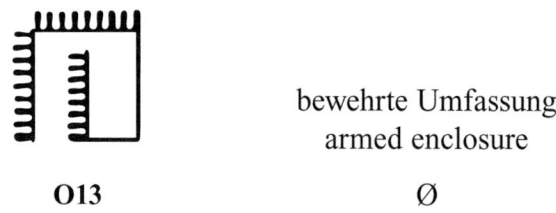

bewehrte Umfassung
armed enclosure

O13 Ø

als Determinativ:
z.B - sbḫ - um-, weg-, verschließen
- sbḫt [f] - Portal, Tor

Teil der bewehrten Umfassung
part of the armed enclosure

Ø

O14

[Gebrauch wie O13]

Umfassung mit Becher (W10) und Rundbrot (X1)
enclosure with cup (W10) and rounded loaf of bread (X1)

wsḫt

O15

als Ideogramm:

 - wsḫt [f] - Halle, Raum; Vorhof

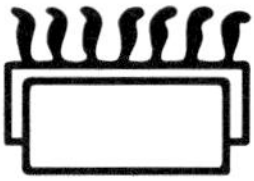

Gebäude mit Uräenfries
building with a frieze of uraeus

O16

t3yt, t3

als Ideogramm:

z.B.  - t3yt [f] - Tor, Tür; Trennwand

 - t3ytj - *Taiti* (»der Bekleidete« oder »der vom Tor«; besonders als Bestandteil der Wesirstitulatur)

als phonographisches Determinativ:

z.B.  - t3 - Tor, Tür; Trennwand

als Phonogramm t3:

z.B.  - t3-wr - Backbord, Ostseite, links

 - t3yt [f] - Leichentuch

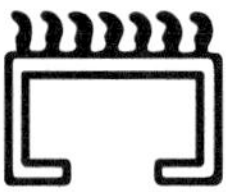

Gebäude mit Uräenfries (frühere Variante zu O16)
building with a frieze of uraeus (ealier variant of O16)

O17

t3yt, t3

[Gebrauch wie O16]

Schrein mit Pultdach
shrine with lean-to roof

Ø, k3r

O18

als Determinativ:

z.B. - k3r - Naos, Kapelle, Schrein

als Ideogramm:

- k3r - Naos, Kapelle, Schrein

Schrein mit Pfahlwerk
shrine with paling

Ø

O19

als Determinativ:

z.B. - pr-wr - *Per-wer* (Name des oberägyptischen Reichsheiligtums in El-Kab; ursprünglich eine Art Mattenzelt); Allerheiliges, Sanktuar

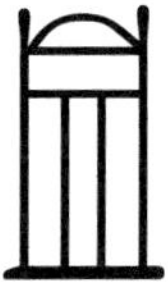

Schrein mit Tonnengewölbe
shrine with barrel-vault

O20 Ø

als Determinativ:

z.B. - jtrt [f] - Reihe; Nische; Kapellenreihe

- jtrt [f] - Uschebtikasten; Kleiderkasten

- pr-nw - *Per-nu* (Name des unterägyptischen Reichsheiligtums in Buto; ursprünglich eine Rundhütte aus Flechtwerk)

- ḥrt [f] - Felsgrab, Grabanlage; Nekropole

- ḫm - Schrein, Kultstätte; Heiligtum, Tempel

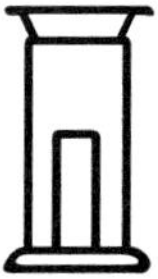

Schrein mit Hohlkehle
shrine with cavetto cornice

O21 Ø, sḥ

als Determinativ:

z.B. - kꜣr - Naos, Kapelle, Schrein

- snṯy (sntj) - Kajüte, Kabine

- sḥ-nṯr - Gotteshalle; Schrein

als Ideogramm in:

- sḥ-nṯr - Gotteshalle; Schrein

Pavillon mit Säule
pavillion with support

Ø, ḥb (ḥ3b), sḥ

O22

als Determinativ:
z.B. - sḥ (zḥ) - Zelt, Laube; Halle, Pavillon
- sḥ (zḥ) - Ratsversammlung; Rat(schlag), Plan

als Ideogramm:
z.B. - sḥ-nṯr - Gotteshalle; Schrein

als Phonogramm ḥb (ḥ3b):
z.B. - ḥb (ḥ3b) - Fest
- ḥb-sd (ḥ3b-sd) - *Sed*-Fest (des Königs zum 30. Thronjubiläum)

als Phonogramm sḥ:
z.B. - sḥy - Ratgeber
- sḥy - klug, verständig

[Kombination mit O22: W4]

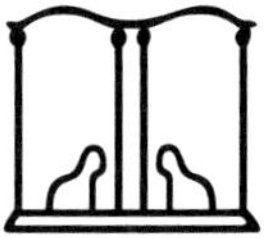

Sed-Fest-Halle
hall of the *sed*-festival

O23 Ø, ḥb-sd (ḥꜣb-sd)

als Determinativ:
z.B. - ḥb-sd (ḥꜣb-sd) - *Sed*-Fest (des Königs zum 30. Thronjubiläum)

als Ideogramm:
- ḥb-sd (ḥꜣb-sd) - *Sed*-Fest (des Königs zum 30. Thronjubiläum)

Pyramide
pyramid

O24 Ø

als Determinativ:
z.B. - j^{c} (ꜣ^{cc}) - Grab, Mastaba
- Mn-nfr - Memphis (Hauptstadt des 1. unterägyptischen Gaus)
- mr - Pyramide
- ḥr - Verehrungstempel (im Pyramidenbezirk)

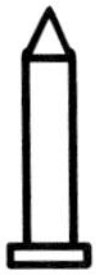

Obelisk
obelisk

Ø, tḫn

O25

als Determinativ:

z.B. - tḫn - Obelisk

als Ideogramm:

- tḫn - Obelisk

Stele
stela

Ø, wḏ

O26

als Determinativ:

z.B. - ꜥḥꜥw - Stele, Denkstein; Grabstein

- wḏ - Stele, Denkstein; Grabstein; Grenzstein

als Ideogramm:

- wḏ - Stele, Denkstein; Grabstein; Grenzstein

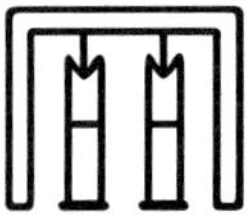

Pfeilerhalle
pillared hall

O27

Ø, ḫ3

als Determinativ:

z.B. - w3ḫj - Säulen-, Audienz-, Empfangshalle

- h3yt (h3ytj, ht) [f] - Eingangsportal, Portikus, Vorhalle

- ḫ3 - Halle; Büro

- d̲3dw - Sommerpalast; Audienzsaal; Pavillon

als phonographisches Determinativ:

z.B. - ḫ3wj - Abend, erste Dunkelheit

Pfeiler
pillar

O28

jwn

als Ideogramm:

- jwn - Pfeiler, Säule; Stütze

als Phonogramm jwn:

z.B. - jwnyt [f] - Pfeilersaal

- Jwnw - Heliopolis/On

- jwnt [f] - Bogen (Waffe)

Säule
column

ꜥꜣ **O29**

als Ideogramm:

z.B.  - ꜥꜣ - Säule, Stütze; Zeltstange

als Phonogramm ꜥꜣ:

z.B.  - ꜥꜣ - groß sein/werden, hoch; viel, zahlreich, groß; reich

 - ꜥꜣ - Großer, Angesehener, Vornehmer; Älterer

 - ꜥꜣ - hier, hierher, von hier

 - ꜥꜣ - sehr, in hohem Maße, in hohem Grade

 - ꜥꜣ - Türflügel; Tür

 - ꜥꜣ (jꜥꜣ) - Esel (Equus asinus)

 - ꜥꜣbt [f] - Hekatombe, großes Festopfer; Spende; Speisen

 - ꜥꜣg - zerquetschen (Datteln)

 - ꜥꜣg - mißhandeln, unbarmherzig schlagen

[Zeichen kann auch senkrecht verwendet werden]

[Kombination mit O29: O8 ]

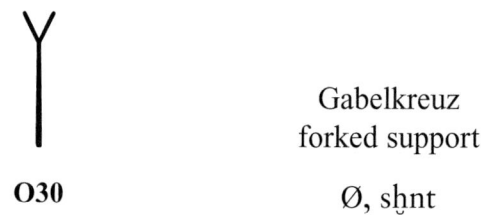

Gabelkreuz
forked support

O30

Ø, sẖnt

als Determinativ:
z.B. 𓋴𓐍𓈖𓏏𓊭 - sẖnt [f] - Stange, Pfosten, Stütze

als Ideogramm:
𓊭 - sẖnt [f] - Stange, Pfosten, Stütze

Türflügel
wing of a door

O31

Ø, ꜥꜣ

als Determinativ:
z.B. 𓂝𓉿 - ꜥꜣ - Türflügel; Tür
𓃹𓈖𓉿 - wn - öffnen, geöffnet werden, offen sein
𓃹𓈖𓉿𓉿 - wn - Türöffnung
𓃹𓈖𓏌𓅱𓉿𓉿 - wnw - Pförtner
𓃹𓈖𓉿𓁷𓏤 - wn ḥr - offenbaren, enthüllen (religiös)
𓋴𓉿𓈖𓉿 - sn - öffnen, auftun

als Ideogramm:
𓉿 - ꜥꜣ - Türflügel; Tür

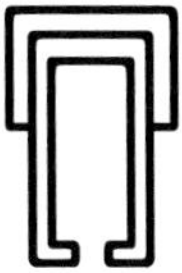

Torweg
gateway

Ø, sb3

O32

als Determinativ:

z.B.  - sb3 - Tor, Tür; Torgebäude, Portal

 - sbḫt [f] - Portal, Tor

als Abkürzung:

z.B.  - sb3 - Tor, Tür; Torgebäude, Portal

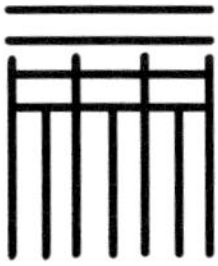

Palastfassade
façade of a palace

Ø

O33

als Determinativ:

z.B.  - srḫ - *Serech* (Palastfassade); Thron

Türriegel
door-bolt

O34

s (z)

als Ideogramm:

 - s (z) - Türriegel

als Phonogramm s (z):

z.B.  - js (jz) - Mastaba, Grab; Felsgrab

 - js (jz) - Kammer, Amt, Archiv; Werkstatt

 - wsš (wzš, wšš) - urinieren; ausscheiden (Harn, Kot)

 - wṯs (wṯz) - hochheben, tragen; aufsetzen (Krone)

 - wṯs (wṯz) - anzeigen, verleumden; aussprechen

 - rswt [f] - Traum; Vision; Erwachen

 - ḥsj (ḥzj) [IIIae inf] - loben, preisen, auszeichnen

 - ḥsy (ḥzy) - Gelobter, Geachteter, Geschätzter

 - ḥswt (ḥzwt) [f] - Lob, Gunst(beweis), Belohnung

 - s (zj) - Mann; Person; Mensch; Erwachsener

 - ṯs (ṯz) - Spruch, Ausspruch; Sprichwort; Satz

[Zeichen kann R22 ersetzen]

Türriegel (O34) und Beine in Schrittstellung (vorwärts gewandt) (D54)

door-bolt (O34) and legs in the position of a step forward) (D54)

s (z), sb **O35**

als Phonogramm s (z) (hauptsächlich in Wörtern der Bewegung):

z.B. 𓇋𓊃 - js (jz) [imp] - gehe!, eile!

𓅓𓊃 - ms (mzꜣ) - herbeibringen, -tragen; darbringen

𓀋𓊃 - ms (mz) - Träger

𓊃𓇌 - sj (zj) [Fragepronomen] - wer?, was?

𓊃𓃀𓂻 - sbj (zbj) [IIIae inf] - gehen, reisen; erreichen; aussenden

als Abkürzung:

𓊃 - sj (zj) [Fragepronomen] - wer?, was?

𓊃 - sbj [IIIae inf] - gehen, reisen; erreichen; aussenden

Mauer
wall

O36

Ø, jnb

als Determinativ:

z.B. - jnb - Mauer; Außenmauer; Befestigungs-anlage

- snbt (znbt) [f] - Wall, Mauer, Stützmauer

- snb (znb) - umstürzen, umwerfen

- sgr - Kastell

- ṯsmt [f] - Zinne, Brustwehr; Bastion

als Ideogramm:

- jnb - Mauer; Außenmauer; Befestigungsanlage

[Kombination mit O36: A35]

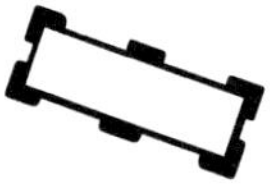

einstürzende Mauer
collapsing wall

O37

Ø

als Determinativ:

z.B. - whn - niederreißen, zum Einsturz bringen

- ḫmj - angreifen; übel verfahren; demolieren

- sẖn (sẖnn) - zerstören, demolieren

- gsꜣ - schief sein, sich nach unten neigen

Mauerecke
corner of a wall

Ø **O38**

als Determinativ:

z.B. - ^{c}rrt (^{c}rrwt, ^{c}ryt, ^{c}rryt, ^{c}rwt) [f] - Torweg, -halle

- mrrt (mrt) [f] - Straße, Gasse; Allee

- qnbt [f] - Ecke

- qnbt [f] - *Qenbet*, Gerichtshof; Kollegium

als Abkürzung:

z.B. - qnbtj - Ratsmitglied

- qnbt [f] - Quadratwurzel

Stein
stone

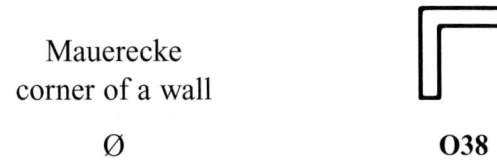

Ø **O39**

als Determinativ:

z.B. - jnr - Stein

- ^{c}b3 - Opferstein, Stele; Altar

- wdn - schwer sein, lasten; gewichtig

- <u>d</u>bt [f] - Ziegel; Block; Scheibe

[Zeichen kann mit N37 verwechselt werden]

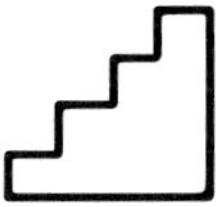

Treppe
staircase

O40 Ø

als Determinativ:

z.B. - rwdw - Treppe
- rdw - Stufen, Tritte; Treppe
- ḫndw - Thron, Sitz; Treppe
- ḫtjw - Terrasse mit Treppe, Plattform
- qꜣꜣ - Urhügel; Hügel
- tꜣ-rdw - Rampe, Treppe
- ṯjt [f] - Podium
- ṯnṯꜣt [f] - Thronestrade; Tragsessel

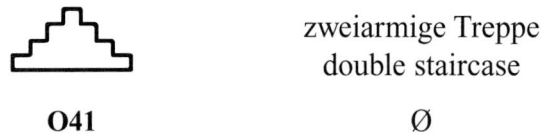

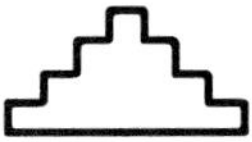

zweiarmige Treppe
double staircase

O41 Ø

als Determinativ:

z.B. - ᶜr - Treppe
- ᶜr - aufsteigen; herankommen
- qꜣꜣ - Urhügel; Hügel

Sockel
pedestal

mꜣꜥ

Aa11

als Phonogramm mꜣꜥ:

z.B.  - mꜣꜥt [f] - Gerechtigkeit, Weltordnung; Recht

 - mꜣꜥt [f] - *Maat* (Göttin)

 - mꜣꜥ - führen, leiten

als Abkürzung in:

 - mꜣꜥ-ḫrw - gerechtfertigt; Rechtfertigung

[Kombinationen mit Aa11: U4 , U5 ]

Sockel (frühere Variante zu Aa11)
pedestal (ealier variant of Aa11)

mꜣꜥ

Aa12

[Gebrauch wie Aa11]

[Zeichen kann leicht mit N37 verwechselt werden]

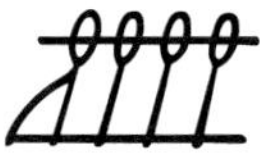

Zaun
fence

O42

šsp (šzp), sšp (zšp)

als Phonogramme sšp (zšp) und šsp (šzp):

z.B.  - sšp (zšp) - weiß sein, licht sein; leuchten

 - sšp (zšp) - Licht, Beleuchtung

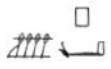 - šsp (šzp) - empfangen; übernehmen; akzeptieren

 - šsp - Handbreite, Handfläche (als Maß)

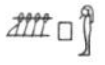 - šsp - Statue, Bild

 - šspw - Sphinx

Zaun (frühere Variante zu O42)
fence (ealier variant of O42)

O43

šsp (šzp), sšp (zšp)

[Gebrauch wie O42]

Kuppelbau
doomed building

Ø, jp3t

O45

als Determinativ:
z.B.  - jp3t (jpt) [f] - Frauengemächer, Harem

als Ideogramm:
z.B.  - jp3t (jpt) [f] - Frauengemächer, Harem
 - Jp3t (Jpt) [f] - Luxor

Kuppelbau (frühere Variante zu O45)
doomed building (ealier variant of O45)

Ø, jp3t

O46

[Gebrauch wie O45]

Festungsanlage (bei Hierakonpolis)
fortification (at Hierakonpolis)

O47

Nḫn

als Ideogramm:

z.B. - Nḫn - Hierakonpolis

 - nḫn - Einfriedung, Umwallung

Festungsanlage (Variante zu O47)
fortification (variant of O47)

O48

Nḫn

[Gebrauch wie O47]

Stadtgrundriss mit Straßenkreuzung
ground-plan of a town with an intersection

Ø, njwt

O49

als Determinativ:

z.B.  - Jwnw - Heliopolis/On

 - 3bḏw - Abydos

 - W3st [f] - Theben

 - ḥwt - Tempel; Ansiedlung

 - rsw - Südland

 - Kmt [f] - Ägypten

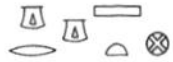 - grgt [f] - Ansiedlung

als Ideogramm:

 - njwt [f] - Dorf, Besitzung; Pyramidensiedlung; Ortschaft; Stadt; Stadt Theben

als Abkürzung:

 - njwt [f] - Dorf, Besitzung; Pyramidensiedlung; Ortschaft; Stadt; Stadt Theben

Tenne
threshing-floor

O50 Ø, sp (zp)

als Determinativ:

z.B.  - spt (zpt) [f] - Tenne; Garbenhaufen

als Phonogramm sp (zp):

z.B.  - sp (zp) - mal

 - sp (zp) - Heilmittel, Mittel; Portion

 - spj (zpj) [IIIae inf] - übrig-, zurückbleiben; überlassen

 - sp (zp) - Rest

 - spyt (zpyt) - Rest; Weiteres, Anderes

Getreidespeicher
granary

O51 Ø, šnwt

als Determinativ:

z.B. 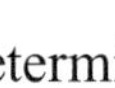 - šnwt [f] - Scheune, Kornspeicher

als Ideogramm:

z.B. 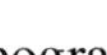 - šnwt [f] - Scheune, Kornspeicher

Boot
boat 

Ø, dpt, jmw, ꜥḥꜥw **P1**

als Determinativ:

z.B. - jwj [IIIae inf] - bootlos sein; stranden; hilflos sein

- jmw - *Imu*-Schiff (Transportschiff)

- ꜥḥꜥ - Schiff (für Lasten, zum Reisen, für Fischerei)

- wḫryt [f] - Werft

- wsḫ - Transportschiff, Frachtkahn; Götterbarke

- ḫntj [IVae inf] - südwärts fahren, stromauf fahren

- ḫdj [IIIae inf] - nordwärts fahren, stromab fahren; fahren

- dpt [f] - Schiff, Barke

als Abkürzung:

z.B. - jmw - *Imu*-Schiff (Transportschiff)

- dpt [f] - Schiff, Barke

gekentertes Boot
capsized boat

P1a Ø

als Determinativ:

z.B. - ^{c}gꜣ - kentern; ertrinken

- pn^{c} - umwenden, umstürzen

- pn^{c}wt [f] - Unrechtes

- gꜣꜣ - kentern

Schiff unter Segel
ship under sail

P2 Ø

als Determinativ:

z.B. - ḫntj [IVae inf] - südwärts fahren, stromauf fahren

- kbnt [f] - Seeschiff; Barke

- sqdwt [f] - Fahrt, Fahren; Segeln; Treideln

Prozessionsbarke
procession bark

Ø, wjꜣ

P3

als Determinativ:

z.B. - wjꜣ - Barke, Schiff; Prozessionsbarke; Königsbarke

- mꜥnḏt (ꜥnḏt) [f] - Tagesbarke, Morgenbarke

- nšmt [f] - *Neschemet*-Barke (des Gottes Osiris)

als Ideogramm:

- wjꜣ - Barke, Schiff; Prozessionsbarke; Königsbarke

Falke (G5) in der *Sokar*-Barke
falcon (G5) in the bark of *Sokar*

Ø

G10

als Determinativ:

z.B. - ḥnw - Barke des *Sokar*

- Skr (Zkr) - *Sokar* (Totengott); Barke des Gottes *Sokar*

Fischerboot mit Netz
fishermen's boat with net

P4 wḥ^{c}

als Phonogramm wḥ^{c}:

z.B. - wḥ^{c} - lösen, ausschirren; ausrollen; erklären, deuten

- wḥ^{c} - heimkehren

- wḥ^{c} - fischen und Vögel fangen

- wḥ^{c} - Fischer und Vogelfänger (als Beruf)

- wḥ^{c}-ȝpdw - Vogelfänger

- wḥ^{c}-rmw - Fischer

- wḥ^{c}t [f] - Proviant, Versorgung

- wḥ^{c}w - Fiederbartwels (Synodontis angelicus)

Segel
sail

Ø, nf, ṯ3w

P5

als Determinativ:

z.B.  - mḥyt (mḥwt) [f] - Nordwind
 - nfj - ausatmen
 - ḥt3w - Segel
 - ṯ3w - Luft; Wind
 - ḏ^{c}w - Sturm, Sturmwind
 - ḏ^{c}w - Blähungen; Wind

als Ideogramm:

z.B.  - ṯ3w - Luft; Wind

als Phonogramm nf:

z.B.  - nfw - Schiffer, Kapitän; Schiffseigner
 - nft (nfyt) [f] - Fächer; Wedel

Mast
mast

P6 ^{c}ḥ^{c}

als Phonogramm ^{c}ḥ^{c}:

z.B. - ^{c}ḥ^{c} - aufstehen; stehen; standhalten; stillstehen; warten

- ^{c}ḥ^{c}w - Quantität, die (zu findende) Größe (mathematisch)

- ^{c}ḥ^{c}w [pl] - Schiff, Flotte

- ^{c}ḥ^{c}w - Lebenszeit; Zeitdauer

- ^{c}ḥ^{c} - Betrag, Zahl, Menge

- ^{c}ḥ^{c} - Menschenmenge

- ^{c}ḥ^{c} - Schiff (für Lasten, zum Reisen, für Fischerei)

- m^{c}ḥ^{c}t [f] - Grab, Grabbau, Kenotaph

[Kombination mit P6: P7]

Mast (P6) und Unterarm (D36)
mast (P6) and forearm (D36)

P7 ^{c}ḥ^{c}

[Gebrauch wie P6]

Paddel
oar

Ø, ḥpt, ḫrw

P8

als Determinativ:

z.B. - wsrw - Paddel, Riemen; Ruder
- ḥpt [f] - Steuerruder

als Ideogramm:

- ḥpt [f] - Steuerruder

als Phonogramm ḫrw:

z.B. - ḫrw - Stimme
- ḫrwy (ḫrw) - Unruhestifter, Feind
- ḫrwyw - Streit, Krieg, Rebellion, Revolte

als Abkürzung in:

- mꜣꜥ-ḫrw - gerechtfertigt; Rechtfertigung

[Kombinationen mit P8: O3, P9]

Paddel (P8) und Hornviper (I9)
oar (P8) and horned viper (I9)

ḫrwj=fj

P9

als Abkürzung:

- ḫrwj=fj - so sagt(e) er (Ende eines Zitats)

Steuerruder
helm

P10 Ø

als Determinativ:

z.B. - ḥpt [f] - Steuerruder

- ḥmw - Steuerruder

- ḥmyt [f] - Steuerruder

- ḥmy - Steuermann

- ḥm - steuern

Teil des Steuerruders
part of the helm

Aa5 ḥp

als Ideogramm:

z.B. - ḥpt [f] - Steuerruder

als Phonogramm ḥp:

z.B. - ḥpwtj - Läufer

- Ḥpj - *Hapi* (einer der vier Söhne des Gottes Horus)

- Ḥpj - Apis (Stier von Memphis)

- ḥp - eilen, gehen

Pflock
peg

Ø

P11

als Determinativ:

z.B.  - mnjt [f] - Pflock; Pfahl

 - mnj (mjnj) [eigentlich IVae inf] - landen, anpflocken; sterben; verheiraten

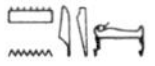 - mnj - Tod

 - mnjwt [f] - Hafen, Hafenstadt; Landeplatz

[Zeichen kann durch T14 ersetzt werden]

Thron
throne

Q1 st, ws, ꜣs, ḥtm

als Ideogramm:
z.B.  - st (jst) [f] - Platz, Stelle

als Phonogramm ꜣs:
 - ꜣst [f] - Isis (Göttin)

als Phonogramm ws:
 - Wsjr - Osiris (Gott)

als Phonogramm ḥtm:
z.B.  - ḥtm - versehen; vervollständigen

als Phonogramm st:
z.B.  - mꜣst [f] - Knie; Schoß
 - nmst [f] - Krug

Sänfte
sedan-chair

Ø, ws

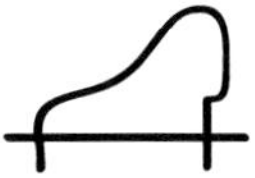

Q2

als Ideogramm:

 - st (jst) [f] - Platz, Stelle

als Phonogramm ws:

 - Wsjr - Osiris (Gott)

Hocker
stool

p

Q3

als Ideogramm:

 - p - Matte; Untersatz, Sockel; Sitz

als Phonogramm p:

z.B.  - wpj [IIIae inf] - öffnen; trennen; schlichten

 - wpwtj (jpwtj) - Bote, Beauftragter, Kurier

 - pt [f] - Himmel

 - ptr - sehen

 - hrp - versinken; unterdrücken

 - sḥtp [kaus] - zufriedenstellen, befriedigen

 - stp - (aus)wählen

[Kombinationen mit Q3: M7 ]

Kopfstütze
head-rest

Q4 Ø

als Determinativ:

 - wrs - Kopfstütze

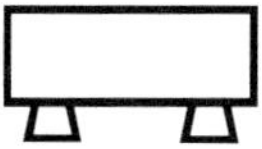

Truhe
chest

Q5 Ø

als Determinativ:

z.B 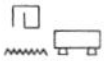 - hnw (hn) - Truhe, Kasten

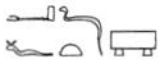 - ^{c}fḏt (^{c}fdt) [f] - Kasten

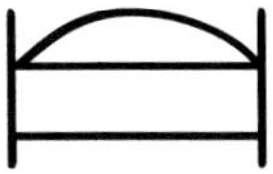

Sarkophag
sarcophagus

Ø, qrsw

Q6

als Determinativ:

z.B.  - qrs - einsargen; bestatten

 - qrsw - Sarg

 - qrst [f] - Bestattung, Begräbnis

als Ideogramm:

z.B.  - qrsw - Sarg

Kohlenbecken mit herauszüngelnder Flamme

brazier with a rising flame

Q7

Ø, srf

als Determinativ:

z.B. - ꜣšr - grillen

- ꜥḫm - löschen

- ḫt [f] - Feuer, Flamme; Verbrennung; Hitze

- srf - warm; erwärmen

als phonographisches Determinativ:

- srf - Muße, Rast; Atempause

als Abkürzung:

z.B. - srf - Wärme

- ḫt [f] - Feuer, Flamme; Verbrennung; Hitze

- sḏt [f] - Feuer, Flamme; Verbrennung

löwengestaltiges Bett

lion-shaped bed

Q19

Ø

als Determinativ:

z.B. - mn-bjt - Ruhebett (des Königs, des Gottes)

- mnmt [f] - Bett

- ḥnkt [f] - Bett

einbeiniger Tisch mit Broten und Krug
one-legged table with loafs of bread and jar

Ø, ḫꜣt, ḫꜣwt

R1

als Determinativ:

z.B.  - ḫꜣwt [f] - Opfertisch, Tisch; Altar; Opferplatte

 - wdḥw (wḏḥw) - Anrichtetisch (für Opfergaben)

als Ideogramm:

z.B.  - ḫꜣwt [f] - Opfertisch

[Zeichen kann R2 ersetzen]

einbeiniger Tisch mit Broten
one-legged table with loafs of bread

Ø, ḫꜣt, ḫꜣwt

R2

als Determinativ:

z.B.  - ḫꜣwt [f] - Opfertisch, Tisch; Altar; Opferplatte

als Ideogramm:

z.B.  - ḫꜣwt [f] - Opfertisch

[Zeichen kann durch R1 ersetzt werden]

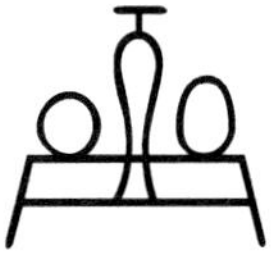

vierbeiniger Tisch mit Broten und Wasserkrug (W14)

four-legged table with loafs of bread and water-jug (W14)

R3

Ø, wdḥw

als Determinativ:

z.B. - wdḥw (wd̲ḥw) - Anrichtetisch (für Opfergaben)

als Ideogramm:

z.B. - wdḥw (wd̲ḥw) - Anrichtetisch (für Opfergaben)

als Abkürzung in:

- sh̲3w wdḥw - »Schreiber des Opfertisches«

spitzes Brot (X2) auf einer aus Binsen geflochtenen Matte

tapered loaf of bread (X2) on a reed-mat

R4

ḥtp

als Ideogramm:

z.B. - ḥtp - Opfer, Speisen, Mahl

- ḥtp - zufrieden sein, zufrieden stellen

als Phonogramm ḥtp:

z.B. - ḥtp - Opfer, Speisen, Mahl

- ḥtpw - Untergehen, Untergang

- ḥtp - Gnade

- sḥtp [kaus] - zufriedenstellen, befriedigen

Räuchergerät
instrument for fumigation

Ø, k3p

R5

als Determinativ:
z.B.  - k3p - Räuchergerät

als Ideogramm:
z.B.  - k3p - Frauengemach

als Phonogramm k3p:
z.B.  - k3p - räuchern
 - k3pw - Dach
 - k3pw - Versteck
 - k3pt [f] - Leinenstück (als Topfverschluss)

Räuchergerät (frühere Variante zu R5)
instrument for fumigation (earlier variant of R5)

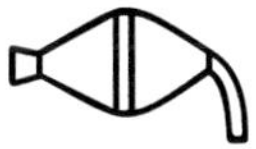

Ø, k3p

R6

[Gebrauch wie R5]

schmauchender Räuchernapf
smoking censer

R7

Ø, snṯr

als Determinativ:
z.B.  - snṯr - Weihrauch
als Ideogramm:
 - snṯr - Weihrauch

[Zeichen kann W10a und Aa4 ersetzen]
[Kombination mit R7: G53 ]

in Stoff eingewickelter Pfahl mit Wimpel
cloth covered pole with pennant

Ø, nṯr

R8

als Determinativ:
z.B. - psḏt [f] - Götterneunheit; «Neunerrat»; Götterwelt
- Gbb - *Geb* (Gott)

als Ideogramm:
- nṯr - Gott

als Ideogramm in:
z.B. - jḫt-nṯr [f] - Tempelgut; Ritual; Opferdienst
- jt-nṯr - Gottesvater (Priestertitel)
- mdw-nṯr [pl] - Gotteswort(e), Hieroglyphen(schrift)
- ḥwt-nṯr [f] - Tempel
- ḥm-nṯr - Gottesdiener, Priester
- ḥtp-nṯr - Opfergabe, Gottesopfer; Tempelvermögen
- sḥ-nṯr (zḥ-nṯr) - Gotteshalle; Schrein
- dw3-nṯr - Gott preisen; danken

als Phonogramm nṯr:
z.B. - snṯr - Weihrauch

[Kombinationen mit R8: R9, R10, R50]

Pfahl mit Wimpel (R8) und Leinensack (V33)

pole with pennant (R8) and linen bag (V33)

R9

Ø, bd, nṯr

als Determinativ:

z.B. - bd - Natron

als Ideogramm:

- bd - Natron

- nṯrj- Natron

als Phonogramm nṯr:

z.B. - nṯrj - Natron

Pfahl mit Wimpel (R8), Schlachtblock (T28) und Düne (N29)

pole with pennant (R8), butcher's block (T28) and sandhill (N29)

R10

ẖrt-nṯr

als Ideogramm:

- ẖrt-nṯr - Nekropole, Totenreich

Pfahl mit Wimpel (R8) und Schlachtblock (T28) (Variante zu R10)

pole with pennant (R8) and butcher's block (T28) (variant of R10)

h̲rt-nt̲r

R50

[Gebrauch wie R10]

Pfeiler aus zusammengebundenen Ähren o.ä., sog. *Djed*-Pfeiler

pillar composed of tied up ears of corn, so-called *djed*-pillar

d̲d

R11

als Determinativ:

z.B. 𓆓𓂧𓊽 - d̲dj [IIIae inf] - dauern; dauerhaften Bestand haben

als Ideogramm:

z.B. 𓊽 - d̲d - *Djed*-Pfeiler, Pfeiler

𓊽 - d̲dj [IIIae inf] - dauern; dauerhaften Bestand haben

als Phonogramm d̲d:

z.B. 𓊽𓆓 - d̲d - auch, selbst

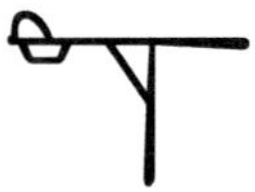

Standarte, auf der religiöse Symbole getragen werden

standard carrying religious symbols

R12 Ø

als Determinativ:

- j3t [f] - Standarte

[Kombinationen mit R12: D29, E18, G7, G26, R13]

Feder (H6) auf einer Standarte, sog. »Westzeichen«

feather (H6) on a standard, so-called »sign of the west«

R14 jmnt, wnmj

als Ideogramm:

z.B. - jmnt [f] - rechte Seite; Westen

- wnmj - rechts

als Phonogramm jmn:

z.B. - jmnt [f] - rechte Seite; Westen; Nekropole

- jmntt [f] - Westen; Totenreich; Nekropole

- jmntj - westlich

als Phonogramm wnmj:

- wnmj - rechts

[Zeichen kann R13 ersetzen]

als Standarte geschmückter Speer, sog. »Ostzeichen«

spear decked out as a standard, so-called »sign of the east«

j3bt, 3b

R15

als Ideogramm:

 - j3bt [f] - Osten

als Phonogramm j3b:

z.B.  - j3bj - links, linke Seite; östlich

 - j3bj - linke Seite; Osten

 - j3btt [f] - Osten

[Zeichen kann leicht mit U23 verwechselt werden]

papyrusförmiger Fetisch, mit Federn geschmückt

papyrus-shaped fetish decorated with feathers

Ø, wḫ

R16

als Determinativ:

 - wḫ - Fetisch

als Ideogramm:

 - wḫ - Fetisch

Kopfputz mit Krone bestehend aus zwei Federn (S9), auf einen Pfahl gesteckt

head-dress with a crown consiting of two plumes on a pole

R17

Ø, T3-wr

als Determinativ:

 - T3-wr - *Tawer*, Gau von Thinis (Name des 8. oberägyptischen Gaus)

als Ideogramm:

 - T3-wr - *Tawer*, Gau von Thinis (Name des 8. oberägyptischen Gaus)

auf einen Pfahl gesteckter Kopfputz (R17) über Land mit Bewässerungskanälen (N24)

head-dress (R17) on a pole above land with irrigation canals (N24)

R18

Ø, T3-wr

[Gebrauch wie R17]

Blume (?) mit Gehörn
flower (?) with horns

Sš3t

R20

als Ideogramm:

 - Sš3t [f] - *Seschat* (Göttin)

Blume (?) mit Gehörn (frühere Variante zu R20)
flower (?) with horns (earlier variant of R20)

Sš3t

R21

[Gebrauch wie R20]

Emblem, vor dem *Min*-Tempel errichtet
emblem erected in front of the *Min*-temple

O44

Ø, j3t

als Determinativ:
z.B. - j3wt (j3t) [f] - Beruf, Würde, Amt; übertragene Funktion, Aufgabe, Dienst

als Ideogramm:
z.B. - j3wt [f] - Pfahl vor der *Min*-Hütte
- j3wt (j3t) [f] - Beruf, Würde, Amt; übertragene Funktion, Aufgabe, Dienst

zwei Belemniten (?) oder fossile Molluskeln (?)
two fossil belemites (?) or fossil molluscs (?)

R22

ḫm, Mnw

als Ideogramm:
- Mnw - *Min* (Gott)

als Phonogramm ḫm:
z.B. - ḫm - Schrein, Kapelle; Allerheiligstes

als Abkürzung:
- Ḫm - Letopolis/Ausim

[Zeichen kann durch O34 ersetzt werden]

zwei Belemniten (?) oder fossile Molluskeln (?) (frühere Variante zu R22)

two fossil belemites (?) or fossil molluscs (?) (earlier variant of R22)

ḫm, Mnw

R23

[Gebrauch wie R22]

zwei Bogen in einem Futteral

two bows in a case

Ø, Njt, Nt

R24

als Determinativ:

 - Nt [f] - Neith (Göttin)

als Ideogramm:

 - Nt [f] - Neith (Göttin)

zwei Bogen in einem Futteral (frühere Variante zu R24)

two bows in a case (ealier variant of R24)

Ø, Njt, Nt

R25

[Gebrauch wie R24]

sog. »Weiße« Krone von Oberägypten
so-called »white« crown of Upper Egypt

S1

Ø, ḥd̠t

als Determinativ:

z.B. - ḥd̠t [f] - sog. »Weiße« Krone
- nfr - Krone von Oberägypten
- nfrt [f] - Krone von Oberägypten
- šm^{c}s (šm^{c}-s) - oberägyptische Krone

als Ideogramm:

- ḥd̠t [f] - sog. »Weiße« Krone

[Kombinationen mit S1: S2 , S5 , S6]

sog. »Weiße« Krone (S1) in einem Korb (V30)

so-called »white« crown of Upper Egypt (S1) in a basket (V30)

S2

Ø, ḥd̠t

als Determinativ:

z.B. - wrrt [f] - Krone
- mjswt (mjzwt) - sog. »Weiße« Krone
- nws - Krone; Frauenkopftuch; ein Tuch
- ḥd̠t [f] - sog. »Weiße« Krone

als Ideogramm:

- ḥd̠t [f] - sog. »Weiße« Krone

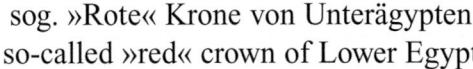

sog. »Rote« Krone von Unterägypten
so-called »red« crown of Lower Egypt

Ø, n, dšrt

S3

als Determinativ:

z.B. - bjt [f] - sog. »Rote« Krone

- mḥws (mḥw-s) - Krone von Unterägypten

- dšrt [f] - sog. »Rote« Krone

als Ideogramm:

- dšrt [f] - sog. »Rote« Krone

als Phonogramm n:

z.B. - wn [näg. Schreibung für Suffixpronomen 1. pl sowie für Stativ-Endung 1. pl] - wir, unser

- n - für (jdn); zu, hin zu

- ḫtmw-bjtj (sḏ3wtj-bjtj) - Kronsiegelbewahrer

[Kombinationen mit S3: S4, S5, S6]

sog. »Rote« Krone (S3) in einem Korb (V30)

so-called »red« crown of Upper Egypt (S3) in a basket (V30)

S4

Ø, n, nt

als Determinativ:

z.B. - jnw - Krone von Unterägypten
- w3ḏt [f] - Krone von Unterägypten
- wrt-ḥk3w [f] - sog. »Rote« Krone
- mḥws (mḥw-s) - Krone von Unterägypten
- nt [f] - sog. »Rote« Krone

sog. Doppelkrone von Ober- und Unterägypten (S1 und S3)

so-called double crown of Upper and Lower Egypt (S1 and S3)

S5

Ø, sḫmtj

als Determinativ:

z.B. - sḫmtj [f] - sog. Doppelkrone von Ober- und Unterägypten, *Pschent*

als Ideogramm:

z.B. - sḫmtj [f] - sog. Doppelkrone von Ober- und Unterägypten, *Pschent*

[Kombination mit S5: S6]

sog. Doppelkrone von Ober- und
Unterägypten (S5) in einem Korb (V30)
so-called double crown of Upper and
Lower Egypt (S5) in a basket (V30)

Ø, sḫmtj   S6

als Determinativ:

z.B.   - wrrt [f] - Krone

     - sḫmtj [f] - sog. Doppelkrone von Ober- und
                Unterägypten, *Pschent*

als Ideogramm:

z.B.   - sḫmtj [f] - sog. Doppelkrone von Ober- und
                Unterägypten, *Pschent*

sog. Blaue Krone
so-called blue crown

Ø, ḫprš   S7

als Determinativ:

z.B.   - ḫprš - sog. Blaue Krone, Kappenkrone

als Ideogramm:

z.B.   - ḫprš - sog. Blaue Krone, Kappenkrone

sog. »*Atef*-Krone«
so-called »*atef*-crown«

S8

Ø, ꜣtf

als Determinativ:
z.B. - ꜣtfw (ꜣtf) - sog. »*Atef-K*rone«
als Ideogramm:
z.B. - ꜣtfw (ꜣtf) - sog. »*Atef*-Krone«

Krone aus zwei Federn bestehend, sog. Doppelfederkrone
crown consiting of two plumes, so-called crown of two plumes

S9

Ø, šwtj

als Determinativ:
z.B. - šwtj [f] - sog. Doppelfederkrone, »die beiden Federn«

als Ideogramm:
z.B. - šwtj [f] - sog. Doppelfederkrone, »die beiden Federn«

S10

Stirnband mit Schleife
head-band with a bow

Ø, wꜣḥw, mḏḥ (mdḥ)

als Determinativ:

z.B. - wꜣḥw - Kranz, Stirnband

- mḏḥ - behauen (Holz), zimmern (Schiff, Boot)

als Ideogramm:

z.B. - wꜣḥw - Kranz, Stirnband

als Phonogramm mḏḥ (mdḥ):

z.B. - mḏḥ - Binde, Kopfbinde

- mḏḥw (mdḥw) - Zimmermann, Schreiner

Halskragen
collar

S11

Ø, wsḫ

als Determinativ:
z.B.  - wsḫ - Halskragen

als phonographisches Determinativ:
z.B. 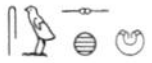 - swsḫ [kaus] - weit sein, weit werden

als Ideogramm:
z.B.  - wsḫ - Halskragen

als Phonogramm wsḫ:
z.B.  - wsḫt [f] - Transportschiff

als Abkürzung:
 - wsḫ - Breite, Weite (auch als Maßangabe)

Perlenkollier
collar of beads

S12

Ø, nbw

als Determinativ:

z.B. - ḥḏ - Silber

- ḏ^{c}m - Weißgold, Elektrum

als Ideogramm:

z.B. - nbw - Halskragen

- nbw - Gold

als Phonogramm nb(w):

z.B. - nbyt [f] - Halskragen

- nbw - Gold

[Kombination mit S12: G8, S13, S14, S14a]

Perlenkollier (S12) und Bein (D58)
collar of beads (S12) and leg (D58)

S13

nbj

als Phonogramm nbj:

z.B. - nbj [IIIae inf] - vergolden; herstellen

Perlenkollier (S12) und Keule (T3)
collar of beads (S12) and club (T3)

S14 ḥḏ

als Phonogramm ḥḏ:
z.B.  - ḥḏ - Silber

Perlenkollier (S12) und sog. *Uas*-Zepter (S40)
collar of beads (S12) and the so-called *Uas*-sceptre (S40)

S14a ḏ^{c}m

als Phonogramm ḏ^{c}m:
z.B.  - ḏ^{c}m - Weißgold, Elektrum

Pektoral
pectoral

Ø, ṯḥnt

S15

als Determinativ:

z.B.  - ṯḥnt [f] - Fayence; Glas

 - ṯḥn - glänzend sein; funkeln, leuchten

als Ideogramm:

z.B.  - ṯḥn - Glanz

als phonographisches Determinativ:

z.B.  - ṯḥnḥn - sich schmücken; heiter sein; sich messen (im Kampf)

Pektoral (frühere Variante zu S15)
pectoral (earlier variant of S15)

Ø, ṯḥnt

S16

[Gebrauch wie S15]

Pektoral (frühere Variante zu S15)
pectoral (earlier variant of S15)

S17

Ø, ṯḥnt

[Gebrauch wie S15]

Halskragen und sein Gegengewicht, sog. *Menit*

collar and its counterweight, so-called *Menit*

S18

Ø, mnjt

als Determinativ:

- mnjt [f] - sog. *Menit*

als Ideogramm:

z.B. - mnjt [f] - sog. *Menit*

zylinderförmiges Siegel an einer Kette
cylinder-seal attached to a necklace

*ḫtmw (*sḏꜣwtj)

S19

als Ideogramm:

- *ḫtmw (*sḏꜣwtj) - Siegelbewahrer

als Abkürzung in:

z.B. - *ḫtmw-bjtj (*sḏꜣwtj-bjtj) - Kronsiegelbewahrer

- *ḫtmw-nṯr (*sḏꜣwtj-nṯr) - Gottessiegelbewahrer

zylinderförmiges Siegel an einem kurzen Band
cylinder-seal attached to short ribbon

Ø, ḫtm

S20

als Determinativ:

z.B. - ḫtm - siegeln, versiegeln, stempeln

- sḏꜣyt [f] - Siegel

- ḏbꜥwt [f] - Siegelring

als Ideogramm:

z.B. - šꜥt (šꜥtj) [f] - Wertmesser

[Zeichen kann mit E31 wechseln und S19 ersetzen]

Ring
ring

S21 Ø

als Determinativ:

z.B.  - jwꜥw (ꜥꜥw) - Ring, Oberarmreif

 - sšw - große runde Scheibe; Ring

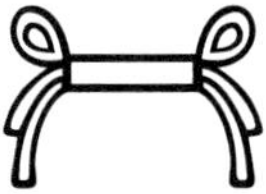

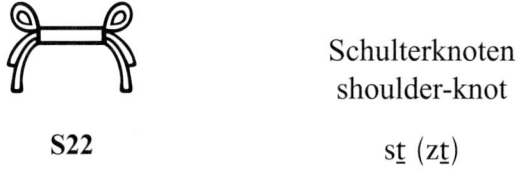

Schulterknoten
shoulder-knot

S22 sṯ (zṯ)

als Phonogramm sṯ (zṯ):

z.B.  - sṯt (sṯtj) [f] - Brotteig

 - Sṯt [f] - Asien

als Abkürzung:

z.B.  - tꜣ-wr - Backbordseite (des Schiffes)

[Zeichen kann durch O17 ersetzt werden]

Gürtel
belt

Ø, Šsmtt

S17a

als Determinativ:
z.B.  - šsmt (šzmt) [f] - Gürtel

als phonographisches Determinativ:
z.B.  - šsmt (šzmt) [f] - Malachit

als Phonogramm šsmtt:
z.B.  - Šsmtt [f] - *Schesemtet* (Göttin)

als Abkürzung:
 - šsmtj (šzmtj) [f] - Hohltaube (Columba oenas)

geknoteter Stoffstreifen
knotted stripes of cloth

S23

Ø, dmḏ, dmd

als Determinativ:

z.B.  - dmḏ - zusammenfügen

als Ideogramm:

z.B.  - dmḏ smꜣ - Summe

 - dmḏ - Gesamtheit

als Phonogramm dmḏ:

z.B.  - dmḏyt [f] - Versammlung

 - dmḏyt [f] - bestimmte Zeit, festgesetzte Zeit

 - dmḏt [f] - Sammelwerk, medizinisches Kompendium

Gürtelknoten
belt knot

ṯs (ṯz)

S24

als Ideogramm:

z.B. - ṯst (ṯzt) [f] - Knoten, Gürtelknoten

- ṯs (ṯz) - Wirbel, Wirbelknochen

als Phonogramm ṯs (ṯz):

z.B. - ṯs (ṯꜣz) - knoten, knüpfen

- ṯsst (ṯzzt) [f] - Schwieriges; Rätsel

- ṯs (ṯz) - Sandbank

- ṯs (ṯsy) - Spruch, Ausspruch

als Abkürzung in:

z.B. - ṯs-pẖr (ṯz-pẖr) - wiederholt in umgekehrter Reihenfolge

Gewand
garment

ꜥꜣw (ꜣꜥꜥ, ꜥw, ꜥꜣ)

S25

als Ideogramm:

z.B. - ꜥꜣw (ꜣꜥꜥ, ꜥw, ꜥꜣ) - Dolmetscher

als Phonogramm ꜥꜣw:

z.B. - ꜥꜣw (ꜣꜥꜥ, ꜥw, ꜥꜣ) - Dolmetscher

Schurz
apron

S26

Ø, šnḏwt

als Determinativ:

 - šnḏwt [f] - Schurz

als Ideogramm:

 - šnḏwt [f] - Schurz

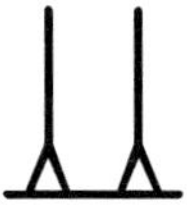

Stoffstreifen mit zwei Kettfäden
stripes of cloth with two warps

S27

Ø, mnḫt

als Determinativ:

 - mnḫt [f] - Kleid, Gewand

als Ideogramm:

 - mnḫt [f] - Kleid, Gewand

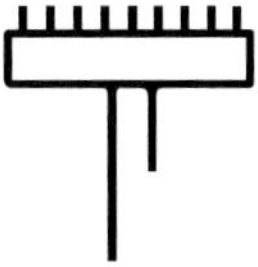

Stoffstreifen
strip of cloth

Ø

S28

als Determinativ:

z.B. 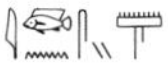 - jnsj - rotes Tuch

 - ḥ3j [IIIae inf] - nackt sein; entblößen, enthüllen

 - ḥ3p - geheim, verborgen

 - ḥbs - bekleiden, anziehen

 - kfj [IIIae inf] - entblößen, enthüllen, freimachen (Körperteil, Wunde); plündern, berauben

zusammengelegtes Kleidungsstück
folded garment

Ø, d3jw

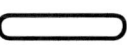

S130a

als Determinativ:

z.B.  - d3jw - Stoffballen

als Ideogramm:

z.B.  - d3jw - Stoffballen

[Zeichen kann leicht mit N18 und X4d verwechselt werden]

gefaltetes Stoffstück
folded cloth

S29 s (snb)

als Phonogramm s:

z.B.  - w3s - sog. *Uas*-Zepter

 - rs - aufwachen, erwachen

 - =s [Suffixpronomen, 3. sg f] - sie, ihr

 - s3j [IIIae inf] - weise, verständig, erfahren sein

 - s3b (zab) - durchziehen (Land, Sumpf)

 - sw3 - vorbeigehen

 - smnḫ [kaus] - Qualität geben; schmücken

 - smr (smḥr) - Höfling

 - =sn [Suffixpronomen, 3. pl] - sie, ihr

 - sn - riechen; einatmen; küssen

 - sqr - schlagen; herstellen; kneten

als Abkürzung in:

z.B.  - ꜥnḫ wḏ3 snb - (mit) Leben, Heil und Gesundheit (Wunschformel)

[Kombinationen mit S29: F50 , S30 , S31 , S123 ]

Eingeweide (F46) und gefaltetes Stoffstück (S29)
viscera (F46) and folded cloth (S29)

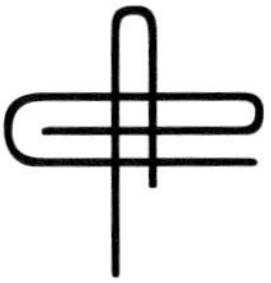

spẖr

F50

als Abkürzung:
z.B. - spẖr - kopieren, registrieren, abschreiben, niederschreiben
- spẖrw - Abschrift, Kopie; Registrierung

gefaltetes Stoffstück (S29) und Hornviper (I9)
folded cloth (S29) and horned viper (I9)

sf

S30

als Phonogramm sf:
z.B. - sf - gestern

gefaltetes Stoffstück (S29) und Sichel (U1)
folded cloth (S29) and sickle (U1)

smꜣ

S31

als Phonogramm smꜣ:
z.B. - smꜣ - Schlachtopfer

Stoff mit Fransen
fabric with fringes

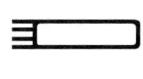

S32

Ø, sjꜣ, sjꜣt

als Determinativ:
z.B. - sjꜣt [f] - Leinentuch

als Ideogramm:
- sjꜣt [f] - Leinentuch
- Sjꜣ - *Sia* (Gott)

als Phonogramm sjꜣ:
z.B. - sjꜣ - Erkenntnis, Verstand, Einsicht, Vernunft

Sandale
sandal

S33

Ø, ṯbt, ṯb

als Determinativ:
z.B. - ṯbt [f] - Sandale; Sohle
- ṯbj [IIIae inf] - beschuht sein

als Ideogramm:
z.B. - ṯbt [f] - Sandale; Sohle

als Phonogramm ṯb:
z.B. - ṯbw - Schuster; Sattler

Sandalenriemen, sog. »Lebenzeichen«
sandal-strap, so-called »symbol of life«

ꜥnḫ

S34

als Ideogramm:

- ꜥnḫ - leben
- ꜥnḫ - Leben

als Phonogramm ꜥnḫ:

z.B.
- ꜥnḫ - schwören
- ꜥnḫ - Eid
- ꜥnḫ - Stabstrauß
- ꜥnḫ - Spiegel
- ꜥnḫwj - Ohren
- ꜥnḫt [f] - Ziege (Capra hircus)

als Abkürzung in:

z.B. - ꜥnḫ wḏꜣ snb - (mit) Leben, Heil und Gesundheit (Wunschformel)

Tampon (?), sog. *Tit*-Amulett
swab (?), so-called *tit*-amulet

tjt

V39

als Ideogramm:

z.B. - tjt [f] - sog. *Tit*-Amulett, Isisblut

Sonnenschirm aus Straußenfedern
sunshade with ostrich feathers

S35

Ø, šwt, sryt

als Determinativ:

z.B. - šwt [f] - Schatten, Abbild

- sryt [f] - Standarte, Feldzeichen

als Ideogramm:

z.B. - šwt [f] - Schatten, Abbild

- šwt-R^{c} [f] - Sonnenschatten (Kultstätte)

als Abkürzung:

z.B. - sryt [f] - Standarte, Feldzeichen

Sonnenschirm aus Straußenfedern
(frühere Variante zu S35)

sunshade with ostrich feathers (earlier variant of S35)

S36

Ø, šwt, sryt

[Gebrauch wie S35]

Wedel
fan

Ø, ḫw

S37

als Determinativ:
z.B.  - ḫw - Wedel, Fächer

als Ideogramm:
z.B.  - ḫw - Wedel, Fächer

gegabelter Stab
forked stick

Ø, sḏb, sdb

U116

als Determinativ:
z.B.  - ʿbt [f] - Mahlzeit
 - ʿbwt [f] - gegabelter Stab

als Phonogramm sḏb (sdb):
z.B.  - sḏb (sdb) - Schaden, Unheil
 - sdb - Fischschwanz

[Kombination mit U116: A20 ]

Hirtenstab, sog. *Heqa*-Zepter
sheperd's staff, so-called *heqa*-sceptre

S38

ḥq3, ḥq3t

als Ideogramm:

z.B.  - ḥq3t [f] - Krummstab

 - ḥq3 - Herrscher

als Phonogramm ḥq3:

z.B.  - ḥq3t [f] - Krummstab

 - ḥq3 - herrschen, beherrschen

 - ḥq3 - Herrscher

 - ḥq3t [f] - Herrscherin

 - ḥq3t [f] - Scheffel

[Kombination mit S38: U11 ]

Hirtenstab (Variante zu S38)
sheperd's staff (variant of S38)

S39

^{c}wt

als Phonogramm ^{c}wt:

z.B.  - ^{c}wt [f] - Kleinvieh, Herdenkleinvieh sich an seinem Ende gabelndes Zepter mit dem Kopf des Seth-Tieres als Bekrönung, sog. *Uas*-Zepter

sceptre sumounted with the head of the Seth-animal and with a forked end, so-called *Uas*-sceptre

Ø, wꜣs, ḏꜥm

S40

als Determinativ:

z.B. - wꜣs - sog. *Uas*-Zepter

- ḏꜥm - sog. *Djam*-Zepter

als Ideogramm:

z.B. - wꜣs - sog. *Uas*-Zepter

als Phonogramm wꜣs:

z.B. - wꜣsj [IVae inf] - verfallen sein (Gebäude)

als Phonogramm ḏꜥm:

z.B. - ḏꜥmw - Weißgold, Elektrum

als Abkürzung in:

z.B. - ꜥnḫ ḏd wꜣs - Leben, Dauer, Glück (Wunschformel)

[Kombination mit S40: S14a]

mit Band und Feder (H6) geschmücktes sog. *Uas*-Zepter (S40)

so-called *Uas*-sceptre (S40) decorated with ribbon and feather (H6)

R19 Wꜣst

als Phonogramm wꜣs:

z.B.  - Wꜣst [f] - Theben

als Ausnahme:

 - jꜣtt [f] - *Sahne

sog. *Uas*-Zepter (S40) mit Spiral-schaft

so-called *Uas*-sceptre (S40) with spiral shaft

S41 ḏʿm

als Phonogramm ḏʿm:

z.B.  - ḏʿmw - Weißgold, Elektrum

 - ḏʿm - sog. *Djam*-Zepter

Würdestab
sceptre of dignity

Ø, ꜥbꜣ, ḫrp, sḫm

S42

als Determinativ:

z.B. - ꜥbꜣ - Stab

- ḫrp - Leiter, Aufseher

als Ideogramm:

z.B. - ꜥbꜣ - Stab

- ḫrp - leiten, herbeiführen

- sḫm - Sistrum

als Phonogramm ꜥbꜣ:

z.B. - ꜥbꜣ - Opferstein, Gedenkstein

- ꜥbꜣ (ꜥb) - funkeln, leuchten, glitzern

als Phonogramm ḫrp:

z.B. - ḫrp - leiten, herbeiführen

als Phonogramm sḫm:

z.B. - sḫm - mächtig sein, sich bemächtigen

- Sḫmt [f] - *Sachmet* (Göttin)

als Abkürzung:

z.B. - ḫrp - Leiter, Aufseher

Wanderstab
walking-stick

S43

mdw

als Ideogramm:
z.B. - mdw - Stab, Spazierstock

als Phonogramm mdw:
z.B. - wḏ-mdw - Befehl erteilen
- wḏ^{c}-mdw - Gericht halten, Urteil sprechen
- mdwj [IVae inf] - sprechen, reden
- mdw-nṯr - Hieroglyphen; Literatur, Text
- mdwt [f] - Rede, Text, Wort

als Abkürzung in:
z.B. - ḏd-mdw - im Wortlaut zu rezitieren (Rezitationsvermerk)

Wanderstab (S43) mit Geißel (S45)
walking-stick (S43) with flagellum

S44

Ø, ꜣms

als Determinativ:
z.B. - ꜣms - sog. *Ames*-Keule

als Ideogramm:
z.B. - ꜣms - sog. *Ames*-Keule

Geißel
flagellum

Ø, nḫȝḫȝ

S45

als Determinativ:
z.B. 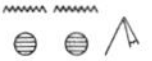 - nḫȝḫȝ - Geißel, Wedel

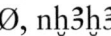

als Ideogramm:
z.B.  - nḫȝḫȝ - Geißel, Wedel

Ornament im oberen Abschnitt von Friesen
ornament in the upper part of friezes

ẖkr

Aa30

als Ideogramm:
z.B.  - ẖkr - Schmuck

als phonographisches Determinativ:
z.B. 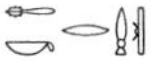 - ẖkr - geschmückt sein
 - ẖkrt [f] - »Schmuck« (Bezeichnung für Frau); Friseurin

Ornament im oberen Abschnitt von Friesen (frühere Variante zu Aa30)

ornament in the upper part of friezes (earlier variant of Aa30)

Aa31

ẖkr

[Gebrauch wie Aa30]

Keule mit tellerartigem Kopf, sog. Tellerkeule

club with dish-shaped head

mn, mnw

T1

als Ideogramm:

z.B. - mnw - Keule (mit tellerartigem Kopf)

als Phonogramm mnw:

z.B. - Swmnw - *Sumenu* (Ort bei Mohammed Qibli)

im Ausdruck jmj n=k:

z.B. - jmj n=k- möge Dir gegeben werden

birnenförmige Keule (T3) in Schlagbewegung

pear shaped club (T3) in act of beating

Ø

T2

als Determinativ:

z.B. - sqr - schlagen; herstellen; kneten

- sqr-ᶜnḫ - Gefangener, Kriegsgefangener

birnenförmige Keule
pyriformed club

T3

ḥḏ

als Ideogramm:
z.B. - ḥḏ - Keule

als Phonogramm ḥḏ:
z.B. - ḥḏ - weiß sein, weiß werden; leuchten
- ḥḏ t3 - Tagesanbruch, Morgen
- ḥḏ - Holzschrein, Kapelle
- ḥḏw - Zwiebel (Allium)
- ḥḏj [IIIae inf] - zerstören, beschädigen; schädigen

[Kombinationen mit T3: O2, S14, T4, T5, T6]

birnenförmige Keule (T3) mit einem Band
pyriformed club (T3) with ribbon

T4

ḥḏ

als Phonogramm ḥḏ:
z.B. - ḥḏj [IIIae inf] - zerstören, beschädigen; schädigen
- ḥḏj-jb - Intrige, Beleidigung

birnenförmige Keule (T3) und Kobra (I10)

pearshaped club (T3) and cobra (I10)

ḥḏ

T5

als Phonogramm ḥḏ:

z.B.  - ḥḏ - weiß sein, weiß werden; leuchten

 - ḥḏ - Licht; Augenlicht, Sehkraft

 - ḥḏj [IIIae inf] - zerstören, beschädigen; schädigen

birnenförmige Keule (T3) und zwei Kobras (I10)

pearshaped club (T3) and two cobras (I10)

ḥḏḏ

T6

als Phonogramm ḥḏḏ:

z.B.  - ḥḏḏwt [f] - Licht

Axt archaischen Typus
axe (archaic type)

T7 Ø

als Determinativ:

z.B.  - mjbt [f] - Beil

 - mjnb - Beil

 - mḏḥ - behauen (Holz), zimmern (Schiff, Boot)

 - mḏḥw (mdḥw) - Zimmermann, Schreiner

Axt jüngeren Typus
axe (younger type)

T7a Ø

als Determinativ:

z.B.  - jqḥw (ꜣqḥw) - Streitaxt

Dolch archaischen Typus
dagger (archaic type)

Ø, tp (ḏp)

T8

als Determinativ:
z.B. - mtpnt [f] - Dolchscheide

als Phonogramm tp (ḏp):
z.B. - tpj (ḏpj) - erster; Erster; erster Monat

Dolch jüngeren Typus
dagger (younger type)

Ø

T8a

als Determinativ:
z.B. - b3gsw (m3gsw) - Dolch

Bogenstab
bow

T9

pḏ (pd), pḏt

als Determinativ:
z.B.  - pḏt [f] - Bogen

als Ideogramm:
 - pḏt [f] - Bogen

als Phonogramm pḏ (pd):
z.B.  - pḏ (pd) - ausspannen; spannen

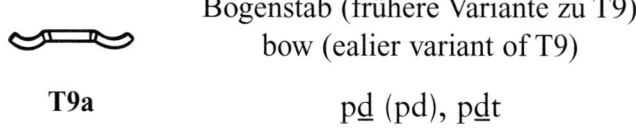

Bogenstab (frühere Variante zu T9)
bow (ealier variant of T9)

T9a

pḏ (pd), pḏt

[Gebrauch wie T9]

Kompositbogen
composite bow

Ø, p$\underline{d}$t, p$\underline{d}$ (pd)

T10

als Determinativ:
z.B. - jwnt [f] - Bogen

als Ideogramm:
z.B. - p$\underline{d}$t [f] - Bogen

als Phonogramm p$\underline{d}$ (pd):
z.B. - p$\underline{d}$t [f] - Ausländer, »Bogenvolk«
- p$\underline{d}$tjw-šw - *Pedjtiu-schu* (Namen eines der neun Bogenvölker)

Bogenstab archaischen Typus
bow (archaic type)

stj

Aa32

als Phonogramm stj:
z.B. - stjw [pl] - Nubier
- stj (stjj) - gelber Ocker
- T3-stj - *Taseti* (Name des ersten oberägyptischen Gaus bzw. Unternubien)

Pfeil
arrow

T11

Ø, swn, sẖr, sšr

als Determinativ:

z.B.  - ꜥḥꜣw [pl] - Waffen

 - šsr - Pfeil

 - šsr - töten

als phonographisches Determinativ:

z.B.  - swn - Leiden

als Phonogramm swn:

z.B.  - swnw (zwnw) - Arzt, Mediziner

als Phonogramm sẖr (sšr, sḫr):

z.B.  - sẖr (sšr) - melken; bestreichen

 - sšr (sẖr, sḫr)- Molke

Bogensehne
string of a bow

rwd̲, rwd, ꜣr

T12

als phonographisches Determinativ:

z.B.  - ꜣr - verdrängen, vertreiben, unterdrücken, bedrängen

 - rwd̲ (rwd, rd) - ein Kleidungsstück

 - rwd̲ - fest sein; fest, hart; tüchtig; wirksam; dauerhaft

 - rwd̲t [f] - Erfolg, Gedeihen, Wachstum

 - rwd̲ - Gebiet, Uferstreifen

 - rd - wachsen

als Phonogramm ꜣr:

z.B.  - mꜣr - Misere, Elend, Problem

als Phonogramm rwd̲:

z.B.  - rwd̲t [f] - hartes Gestein

 - rwd̲ - ein Mineral

als Abkürzung:

z.B.  - dꜣr - bezwingen, in Zaum halten

Verschluss eines Köchers
lock of a quiver

Aa17 s3

als Ideogramm:
z.B. - s3 - Rücken; Außenseite; Oberfläche

als Phonogramm s3:
z.B. - m-s3 - hinter; hinterhee
- s3 (z3) - sich begeben
- s3-t3 - Erdoberfläche
- s3t [f] - Weisheit
- s3j [IIIae inf] - weise, verständig, erfahren sein
- s3rt [f] - Klugheit, Verstand
- s3r (s3j) - Not, Bedürftigkeit
- s3q - sammeln, zusammenfügen, -halten
- s3q - Maurer
- gs3 - schief sein, sich nach unten neigen

Verschluss eines Köchers (frühere Variante zu Aa17)
lock of a quiver (earlier variant of Aa17)

Aa18 s3

[Gebrauch wie Aa17]

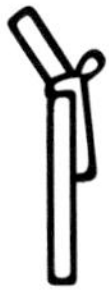

unbekanntes Gerät eines Bogenschützen
unknow tool of an archer

rs

T13

als phonographisches Determinativ:
z.B.  - rs - aufwachen, erwachen
 - rswt [f] - Traum; Vision

als Phonogramm rs:
z.B.  - rsw - Wachsamkeit; Wache

[Zeichen kann durch T 14 und U40 ersetzt werden]

Wurfholz
throw-stick

T14 Ø

als Determinativ:

z.B. - ꜥmꜥꜣt [f] - Wurfholz (zur Vogeljagd)
- mnjt [f] - Landepflock
- mtr - bezeugen, Zeuge sein
- sbj - rebellieren, sich auflehnen
- sbjw - Rebellion, Empörung
- qmꜣ - werfen; erlegen
- qmꜣ - schaffen, erschaffen; erzeugen; herstellen
- qmꜣ - Gestalt, Aussehen
- ṯnj - auszeichnen, erhöhen
- ṯnw - Zahl; Anzahl
- ḏꜥr - suchen

als Abkürzung:

z.B. - ꜥꜣm - Asiat
- nḥsj - Nubier
- Ṯḥnw - Libyen

[Zeichen kann D50, M3, P11, T13 und Aa 26 ersetzen]

Wurfholz (frühere Variante zu T14)
throw-stick (ealier variant of T14)

Ø

T15

[Gebrauch wei T14]

Sichelschwert
scimitar

Ø

T16

als Determinativ:
z.B.  - ḫpš - Sichelschwert

Streitwagen
war-chariot

wrrt

T17

als Determinativ:

 - wrryt [f] - Streitwagen; Karren

als Abkürzung:

 - wrryt [f] - Streitwagen; Karren

Krücke (S39), an der u.a. ein Messer befestigt worden ist

staff (S39), to which among other things a knife is attached

T18

šms

als phonographisches Determinativ:

z.B.  - šmst [f] - Hinrichtungsgerät

 - šms - folgen, begleiten

als Phonogramm šms:

z.B.  - šms - folgen, begleiten

 - šmsw - Gefolgsmann

 - šmsw [coll] - Gefolge, Geleit

 - šmsw-Ḥr [pl] - Horusdiener, Horusgeleit; Götterstandarten

T19

Harpunenkopf aus Knochen
harpoon-head of bone

Ø, qrs, qs, gn, twr

als Determinativ:

z.B. - ꜣbw - Elfenbein

- mꜣwt [f] - Stab, Stock

als Ideogramm:

- qs - Knochen

als Phonogramm qrs:

z.B. - qrs - einsargen; bestatten, begraben

- qrstt [f] - Grabausstattung

als Phonogramm qs:

z.B. - qs - Knochen

- qsn - schwierig; beschwerlich; schlimm sein

als Phonogramm gn:

z.B. - gnwt [f; pl] - Annalen

- gnwtj (*qstj) - Bildhauer

als Phonogramm twr:

z.B. - twrjt [f] - Stock, Stab

- twr - reinigen

Harpunenkopf (frühere Variante zu T19)
harpoon-head of bone (ealier variant of T19)

T20 Ø, qrs, qs, gn, twr

[Gebrauch wie T19]

Harpune mit einfachem Widerhaken an einer Wurfleine
one-barbed harpoon at a heaving-line

T21 w^{c}

als Ideogramm:
z.B.  - w^{c} - 1, ein

als Phonogramm w^{c}:
z.B.  - $w^{c}j$ [IIIae inf] - allein sein, einsam sein
 - $w^{c}tj$ - allein; einzig vorhanden; einzigartig
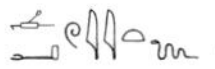 - $w^{c}wyt$ [f] - Made

Speer- oder Pfeilspitze mit doppeltem Widerhaken

lance- or arrow-head with two barbes

sn, snw

T22

als Ideogramm:

 - snw (snwj) - 2, zwei

als Phonogramm sn:

z.B.  - snw (snwj) - Genosse, Gefährte, Kollege

 - sn - Bruder

 - snt [f] - Schwester, Schwägerin; Geliebte (Kosename)

 - snt [f] - Basis (einer Statue), Sockel

 - sn - riechen; einatmen; küssen

 - snw [pl] - Opferbrote, Opferanteile

 - snw (snj) - sich trennen

 - snsn - sich gesellen zu, sich verbinden mit

 - snṯr - Weihrauch

abgestumpfte Speer- oder Pfeilspitze (T22)

blunt lance- or arrow-head (T22)

sn, snw

T23

[Gebrauch wie T22]

Fischnetz
fishing-net

T24

Ø, ꜥḥ (jḥ)

als Determinativ:
z.B. - ꜥḥ (jḥ) - einfangen
- ꜥḥt [f] - Netzumspannung (bei der Jagd)
als phonographisches Determinativ:
z.B. - ꜥḥ (jḥ) - abwischen

als Phonogramm ꜥḥ (jḥ):
z.B. - ꜥḥt - Acker, bestelltes Feld
- ꜥḥwtj (jḥwtj) - Landmann

Schwimmer aus Schilfrohr am Fischnetz
reed-float at the fishing-net

T25

ḏbꜣ

als Ideogramm:
z.B. - ḏbꜣ - Schwimmer (am Fischnetz)
- ḏbꜣ - Zepter

als Phonogramm ḏbꜣ:
z.B. - ḏbꜣ - ersetzen, Ersatz leisten
- ḏbꜣ - bekleiden, schmücken, umziehen
- ḏbꜣt [f] - Sarkophag

Vogelfalle
bird-trap

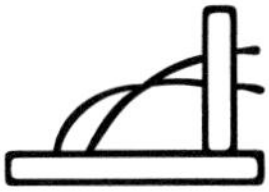

Ø, sḫt

T26

als Determinativ:

 - sḫt [f] - Falle

als Phonogramm sḫt:

z.B.  - sḫt - Falle stellen, Vögel fangen

 - sḫt - flechten, weben

 - sḫtj - Weber

Vogelfalle (frühere Variante zu T26)
bird-trap (earlier variant of T26)

Ø, sḫt

T27

[Gebrauch wie T26]

T28

Schlachtblock
butcher's block

ẖr

als Phonogramm ẖr:

z.B. - mẖr - Speicher, Scheuer

- ẖr [Präposition] - unter

- ẖrj-ḥbt (ẖrw-ḥbt) - Vorlesepriester

- ẖrt-hrw - täglicher Bedarf, Tagespensum

- ẖrw - Unterseite, Basis

- ẖrt-nṯr - Nekropole

- sẖrj-^{c} - geringschätzen, unterschätzen

[Kombinationen mit T28: N7, R10, R50, T29, W5]

T29

Schlachtblock (T28) und Messer (T30)
butcher's block (T28) and knife (T30)

Ø, nmt

als Determinativ:

- nmt [f] - Schlachtbank; Richtstätte

als Ideogramm:

z.B. - nmt [f] - Schlachtbank; Richtstätte

- nmtj - Henker

Messer
knife

Ø **T30**

als Determinativ:

z.B. - rẖs - schlachten, abschneiden

- ẖtj [IIIae inf] - einritzen, einschneiden; gravieren

- š^{c} - abschneiden

- š^{c}d (š^{c}ḏ) - schneiden, abschneiden

- dm - schärfen

- dm - aussprechen, nennen

- dmꜣ - abschneiden

- ds - Feuersteinmesser, Messer

als Abkürzung:

z.B. - dmt - Messer

[Kombinationen mit T30: D57, T29]

Bein (D56) und Messer (T30)
leg (D56) and knife (T39)

D57

Ø, j3ṯ (j3t), sj3ṯ (sj3t)

als Determinativ:

z.B. - j3ṯ - verstümmelt, verletzt werden; verringern

- j3ṯt [f] - Verstümmelung; Verringerung

- nkn - verletzen, beschädigen; verletzt werden

als Phonogramm j3ṯ:

z.B. - j3ṯw - Schlacht-, Trümmerfeld; Richtstätte

als Phonogramm sj3ṯ:

z.B. - sj3ṯ [kaus; IIIae inf] - verstümmeln; verkleinern; betrügen

Wetzstein
whetstone

T31

sšm

als Phonogramm sšm:

z.B. - sšm - leiten, führen

- sšm - Kultbild

[Kombinationen mit T31: S123, T32]

Wetzstein (T31) und Beine in Schrittstellung (vorwärts gewandt) (D54)

whetstone (T31) and legs in the position of a step (forward) (D54)

sšm

T32

als Phonogramm sšm:

z.B. - sšmw - leitender Beamter, Leiter

- sšm - Leitung, Weisung, Führung

Wetzstein (T31) und gefaltetes Stoffstück (S29)

whetstone (T31) and folded cloth (S29)

sšm

S123

als Phonogramm sšm:

z.B. - sšm - Leitung, Weisung, Führung

- sšmt [f] - Durchfluss (medizinisch)

Wetzstein (frühere Variante zu T31)

whetstone (ealier variant of T31)

sšm

T33

als Ideogramm:

- sšm - Schlachter

Schlachtmesser
butcher's knife

T34 nm

als Ideogramm:

- nm - Messer

als Phonogramm nm:

z.B. - nmt [f] - Schlachtbank; Richtstätte
- nmt [f] - das unrechtmäßig Erworbene
- nm - Kelter; Brauerei
- nmj - reisen, gehen, fahren; durchziehen
- nmjw-š^{c} [pl] - Beduinen
- nmj - laut schreien, brüllen
- nmḥ - Armut
- nmst [f] - *Nemset*-Krug
- nmt - schreiten, gehen
- ḫnms - Freund

Schlachtmesser (Variante zu T34)
butcher's knife (variant of T34)

T35 nm

[Gebrauch wie T34]

Sichel
sickle

m3

U1

als Determinativ:
z.B. - 3sḫ - sicheln, ernten, schneiden
- ẖ3b - Sichel

als Ideogramm:
- m3 - sichelförmiger Steven; Heck

als Phonogramm m3:
z.B. - m33 - sehen; schauen, erblicken
- tm3 - Matte

als Abkürzung:
- m3-ḥḏ - Oryx-Antilope (Oryx gazella dammah)

[Kombinationen mit U1: S31, U3, U4]

Sichel (Variante zu U1)
sickle (variant of U1)

m3

U2

[Gebrauch wie U1]
[Kombinationen mit U2: G3, U5]

Sichel (U1) und Auge (D4)
sickle (U1) and eye (D4)

U3 mꜣꜣ

als Phonogramm mꜣꜣ:

- mꜣꜣ - sehen; schauen, erblicken

Sichel (U1) und Sockel (Aa11)
sickle (U1) and pedestal (Aa11)

U4 mꜣꜥ

als Phonogramm mꜣꜥ:

z.B. - mꜣꜥ-ḫrw - gerechtfertigt, selig

- mꜣꜥt [f] - *Maat,* Gerechtigkeit, Wahrheit, Weltordnung; Rechtschaffenheit

- mꜣꜥ - opfern; darbringen, spenden

Sichel (U1) und Sockel (Aa11) (frühere Variante zu U4)
sickle (U1) and pedestal (Aa11) (earlier variant of U4)

U5 mꜣꜥ

[Gebrauch wie U4]

Hacke
hoe

mr

U6

als Determinativ:

z.B.  - ᶜd̲ - hacken, aushöhlen, graben

als Phonogramm mr:

z.B.  - mr - Kanal, Wassergraben

 - mrj [IIIae inf] - lieben, schätzen; begehren

 - mrwt [f] - Liebe, Zuneigung, Sympathie

[Zeichen kann U8 ersetzen]

Hacke (Variante zu U6)
hoe (variant of U6)

mr

U7

[Gebrauch wie U6]

Häufelhacke
draw hoe

U8

ḥn

als Determinativ:

- ḥnn - Häufelhacke

als Phonogramm ḥn:

z.B. - ḥnwtj - diensttuender Priester

- ḥntj [f] - Strecke, Ende

- ḥnw - Topf

[Zeichen kann durch U6 ersetzt werden]

Häufelhacke (U8) im Erdreich
draw hoe (U8) in the ground

U17

grg

als Determinativ:

- grg - gründen, neu aufbauen

als phonographisches Determinativ:

- grgt [f; pl] - Fallen, Netze

als Phonogramm grg:

z.B. - grg - Ausstattung (z.B. eines Grabes)

- grg (glg) - Lüge; Ungerechtigkeit

Häufelhacke (U8) und Teich (N38)
(frühere Variante zu U17)

draw hoe (U8) and pond (N38) (earlier variant of U17)

grg

U18

[Gebrauch wie U17]

Kornmaß mit herausfallenden Körnern
corn-measure with grains falling out

Ø

U9

als Determinativ:

z.B. - bdt (bdtj) [f] - Emmer
- ḫ3j [IIIae inf] - messen; abmessen, abfüllen
- sšrw (šsrw) - Korn, Getreide

als Abkürzung:

- ḥq3t [f] - *Heqat* (ein Kornmaß)

Kornmaß (U9) und Körner (M33)
corn-measure (U9) and grains (M33)

U10 Ø, jt

als Determinativ:
z.B.  - bdt (bdtj) [f] - Emmer

als Ideogramm:
z.B.  - jt [f] - Gerste

Kornmaß (U9) und Hirtenstab (S38)
corn-measure (U9) and sheperd's staff (S38)

U11 ḥq3t

als Abkürzung:
 - ḥq3t [f] - *Heqat* (ein Kornmaß)

Kornmaß (U9) und senkrechter Finger (D50)
corn-measure (U9) and vertical finger (D50)

U12 ḥq3t

als Abkürzung:
 - ḥq3t [f] - *Heqat* (ein Kornmaß)

Pflug
plow

Ø, hb, šn^{c}

U13

als Determinativ:

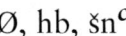

z.B. - sk3 - pflügen

- prt [f] - Frucht, Feldfrucht, Getreide, Saat

als phonographisches Determinativ:

z.B. - šn^{c} - Brust, Oberkörper

- šn^{c}w - Kajüte

als Ideogramm:

- hb - Pflug

als Phonogramm hb:

z.B. - hbj [IIIae inf] - eindringen; betreten

als Phonogramm šn^{c}:

z.B. - šn^{c}w - Wirtschaftsgebäude, Magazin

[Zeichen kann U14 ersetzen]

Pflug in Form zweier verkeilter Hölzer (frühere Variante zu U13)

plough consisting of two wedged pieces of wood (earlier variant of U13)

U14 šnꜥ

als phonographisches Determinativ:

z.B. - šnꜥ - abweisen, abwehren

als Phonogramm šnꜥ:

z.B. - šnꜥw - Wirtschaftsgebäude, Magazin

[Zeichen kann durch U13 ersetzt werden]

Peitsche
whip

V22 mḥ

als Phonogramm mḥ:

z.B. - mḥ - füllen; vervollständigen

- mḥ - Elle (Maß, Körperteil)

- mḥj - sich Sorgen machen

- Mḥw - Unterägypten

- mḥyt [f] - Nordwind

- mḥt [f] - Napf, Schale

als Abkürzung:

z.B. - mḥ - [zur Bildung von Ordinalzahlen]

Peitsche (frühere Variante zu V22)
whip (earlier variant of V22)

mḥ

V23

[Gebrauch wie V22]

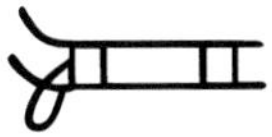

Schlitten
sled

tm

U15

als Phonogramm tm:

z.B. - Jtm - *Atum* (Urgott)
- ḥtm - vernichten, beseitigen, vergehen
- stm [kaus] - vertilgen, essen
- štm - streiten
- tm [Negativkomplement] - nicht
- tm - vollständig sein
- tm - aufhören, zu Ende sein; zunichte, zugrunde gehen
- tm - das All, Universum, Alles
- tmw [pl] - Menschheit
- tmm - verschließen; sich schließen

Schlitten mit Schakalprotome
sled with a head of a jackal

U16 Ø, bj3

als Determinativ:

- wnš - Schlitten

als phonographisches Determinativ:

z.B. - bj3j [IVae inf] - staunen, sich wundern

als Phonogramm bj3:

z.B. - bjt [f] - Charakter, Wesen; Temperament

- bj3t [f] - Quarzit, silifizierter Sandstein

Dechsel
hollow adze

U19 nw

als Ideogramm:

- nwt (nnwt) [f] - Dechsel

als Phonogramm nw:

z.B. - nw (nw3) - sehen, schauen; beaufsichtigen

- nw - Zeit; Zeitpunkt

- nwy - Wasser; Trinkwasser; Gewässer

- nwdt [f] - Windel; Einschlagdecke

Dechsel (frühere Variante zu U19)
hollow adze (earlier variant of U19)

nw

U20

[Gebrauch wie U19]

Dechsel (U19) auf einem Holzstück
hollow adze (U19) on a piece of wood

Ø, stp/sṯp

U21

als Determinativ:

 - stp - zerlegen, auslösen

als Phonogramm stp/sṯp:

z.B.  - stp - auswählen

 - stp - auserlesen, gewählt sein

 - stp-sꜣ - Schutz

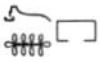 - stp-sꜣ - Palast

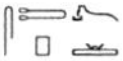 - sṯp - aufspringen, hinaufspringen

U22

Beitel
gouge

Ø, mnḫ

als Determinativ:

z.B.  - mnḫ - Loch schlagen (in Holz)

 - mnḫ - Beitel

als Phonogramm mnḫ:

z.B.  - mnḫ - tüchtig, richtig, vortrefflich, qualitätvoll

 - mnḫ - Vortrefflichkeit; Güte, Qualität

 - smnḫ [kaus] - Qualität geben; schmücken

Meißel
chisel

mr (mḥr), ꜣb

U23

als Phonogramm ꜣb:

z.B. - ꜣbj (jꜣb) - aufhören; anhalten, verweilen

- ꜣbw - brandmarken, stempeln; brennen; markieren
- ꜣbw - Brandeisen
- ꜣbj [IIIae inf] - wünschen, begehren, verlangen nach
- ꜣbw - Wunsch, Begehr, Verlangen
- ꜣbw - Elefant
- ꜣbẖ - vermischen, mischen; vereinigen
- sꜣb (zꜣb) - durchziehen (Land, Sumpf)

als Phonogramm mr (mḥr):

z.B. - mr (mḥr) - Pyramide; pyramidales Grab

- mr (mḥr) - Schmerz erleiden, krank sein
- mr (mḥr) - Krankheit, Leiden
- smr (smḥr) - Höfling

mit einem Stein beschwerter Drillbohrer
drill weighted with a stone

U24

ḥmt

als Ideogramm:

- ḥmt [f] - Drillbohrer

als Phonogramm ḥmt:

z.B. - ḥmj [IIIae inf] - bohren
- ḥmw - herstellen, bilden
- ḥmww - Handwerker, Künstler
- ḥmwt [f] - Kunstfertigkeit
- ḥmwt [f; coll] - Handwerkerschaft
- ḥmwt [f] - Werkstätte

mit einem Stein beschwerter Drillbohrer (frühere Variante zu U24)

drill weighted with a stone (earlier variant of U24)

U25

ḥmt

[Gebrauch wie U24]

Drillbohrer
drill

Ø, wb3

U26

als Determinativ:
z.B.  - wb3 - öffnen

als Phonogramm wb3:
z.B.  - wb3 - öffnen
 - wb3 - Temenos, Vorhof, Vorplatz
 - wb3 - Mundschenk, Aufwärter
 - wb3t (wb3yt) [f] - Dienerin

Drillbohrer (frühere Variante zu U26)
drill (earlier variant of U26)

Ø, wb3

U27

[Gebrauch wie U26]

Feuerbohrer
fire-drill

U28

ḏꜣ

als Ideogramm:

- ḏꜣ - Feuerbohrer

als Phonogramm ḏꜣ:

z.B. - wḏꜣ - wohlbehalten, unversehrt sein
- wḏꜣt [f] - das *Udjat*-Auge
- wḏꜣ - Magazin, Vorratshaus, Speicher
- wḏꜣ - sich begeben; gehen; schreiten
- ḥꜥḏꜣ - rauben; berauben
- ḏꜣj - übersetzen, hinüberfahren
- ḏꜣmw [coll] - Nachwuchs, Jugend
- ḏꜣḏꜣt [f] - Kollegium

als Abkürzung in:

z.B. - ꜥnḫ wḏꜣ snb - (mit) Leben, Heil und Gesundheit (Wunschformel)

Feuerbohrer (frühere Variante zu U28)
fire-drill (earlier variant of U28)

U29

ḏꜣ

[Gebrauch wie U28]

Gerät in der Art eines Schabhobels
tool in the style of a spokeshave

w$\underline{d}^{c}$

Aa21

als Ideogramm:
z.B. - w$\underline{d}^{c}$ - ein Teil der Dattel
- w$\underline{d}^{c}$ - Ration, Zueignung

als phonographisches Determinativ:
z.B. - w$\underline{d}^{c}$t - Urteil

als Phonogramm w$\underline{d}^{c}$:
z.B. - w$\underline{d}^{c}$ - abtrennen, abschneiden
- w$\underline{d}^{c}$t [f] - Geschiedene, geschiedene Frau
- w$\underline{d}^{c}$-mdw - richten, Gericht halten

als Abkürzung:
z.B. - Stš (St$\underline{h}$, Swt$\underline{h}$, Stj) - Seth (Gott)

Schabhobel (Aa21) und Unterarm (D36)
spokeshave (Aa21) and forearm (D36)

w$\underline{d}^{c}$

Aa22

[Gebrauch im Wesentlichen wie Aa21; mit diesem Zeichen keine Abkürzung für Seth (Gott)]

Töpferofen
potter's kiln

U30

Ø, tȝ

als Determinativ:

- tȝ - Töpferofen

als Phonogramm tȝ:

z.B. - Ḫtȝ - *Hatti* (Land der Hethiter)
- štȝ - geheim, geheimnisvoll; verborgen
- tȝ - heiß; hitzig
- tȝw - Hitze; Leidenschaft

Abziehkelle
trowel

Aa28

qd

als Phonogramm qd:

z.B. - sẖȝw-qdwt - Zeichner, Vorzeichner, Maler
- sqdj [IIIae inf] - fahren, gehen
- sqdwt [f] - Fahrt
- qd - Topf
- qd - bauen; bilden, schaffen, formen
- qd - Wesen, Art, Charakter
- qdt [f] - *Kite* (Gewichtseinheit: ca. 9,1 g)

Abziehkelle (frühere Variante zu Aa28)
trowel (earlier variant of Aa28)

qd

Aa29

[Gebrauch wie Aa28]

Brotschieber
baker's peel

rtḥ, jtḥ, ẖnr

U31

als phonographisches Determinativ:

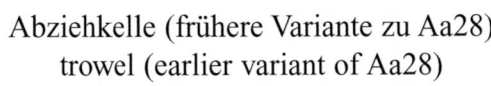

z.B. - rtḥtj - Bäcker

- rtḥ - einschränken, zurückhalten; einfangen

*als Phonogramm jth:

z.B. - jtḥw - Fort, Kastell, befestigte Anlage

als Phonogramm rtḥ:

z.B. - rtḥ - Bäcker

- rtḥw - Grenzsperren

als Phonogramm ẖnr:

z.B. - ẖnr (ẖnj) - einsperren; aussperren

- ẖnrt [f] - Sperrgebiet; Gefängnis

[Zeichen kann D19 und D20 ersetzen]

Stößel und Mörser
pestle and mortar

U32

Ø, smn

als Determinativ:

z.B. 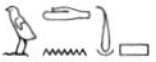 - wdn - schwer sein, lasten

 - ḥm3yt [f] - Salz

 - sḥm - zerstoßen, zerquetschen, zerstampfen

 - sḥmt (sḥmyt) [f] - Stößel

 - sḥm - Quetschung, Stauchung

 - dns - schwer sein, schwer lasten

als Phonogramm smn:

z.B.  - smn [kaus] - dauerhaft errichten, aufstellen, aufrichten

als Abkürzung:

z.B.  - ḥsmn - Bronze

 - ḥsmn - Natron

Stößel
pestle

t, tj, <u>t</u>

U33

als Ideogramm:
z.B.  - tjt [f] - Stößel

als Phonogramm t:
z.B.  - ḥts - vollenden

als Phonogramm tj:
z.B.  - tj - zerstampfen; zerstoßen, mahlen
 - tjsw - Schlagstock

als Phonogramm <u>t</u>:
z.B.  - <u>t</u>ḥnt [f] - Fayence; Glas

Spindel
spindle

Ø, ḫsf

U34

als Determinativ:
z.B.  - ḫsf - spinnen

als Phonogramm ḫsf:
z.B.  - ḫsf - abwehren, zurücktreiben; beseitigen

[Kombination mit U34: U35 ]

Spindel (U34) und Hornviper (I9)
spindle (U34) and horned viper (I9)

U35

ḫsf

als Phonogramm ḫsf:

z.B. - ḫsf - abwehren, zurücktreiben; beseitigen
- ḫsf - entgegengehen, sich nähern
- ḫsf - sich umwenden
- ḫsf - Bestrafung; Missbilligung

Kötzer
bobbin

V24

wḏ, wd

als Phonogramm wd:

z.B. - wdj (wḏj) - staken; abfahren; lotsen
- wdḥw (wḏḥw) - Anrichtetisch (für Opfergaben)

als Phonogramm wḏ:

z.B. - wḏ - Befehl; Erlass
- wḏ-mdw - Befehl erteilen
- wḏj [IIIae inf] - aussenden, absenden; abreisen
- wḏ - Stele, Denkstein; Grabstein; Grenzstein
- wḏb - Ufer, Uferland; Ackerland am Ufer

Kötzer (V24) mit Schnurende (spätere Varianten zu V24)

bobbin (V24) with the end of the cord (later variant of V24)

wḏ, wd

V25

[Gebrauch wie V24]

Weberschiffchen mit Faden

shuttle with string

ꜥḏ, ꜥnḏ

V26

als Ideogramm:

z.B.  - ꜥḏ - Weberschiffchen

als Phonogramm ꜥḏ:

z.B.  - ꜥḏ - wohlbehalten, unversehrt sein

 - ꜥḏ - hacken, aushöhlen, graben

 - ꜥḏ-mr - Landkommissar, Landrat

 - ꜥḏ - Fett

als Phonogramm ꜥnḏ:

 - mꜥnḏt [f] - Morgenbarke (des Sonnengottes)

Weberschiffchen (frühere Variante zu V26)

shuttle (earlier variant of V26)

V27 ʿḏ

als Ideogramm:

z.B. - ʿḏ - Weberschiffchen

als Phonogramm ʿḏ:

z.B. - ʿḏ - wohlbehalten, unversehrt sein

- ʿḏ - hacken, aushöhlen, graben

- ʿḏ-mr - Landkommissar, Landrat

- ʿḏ - Fett

[Gebrauch im Wesentlichen wie V26]

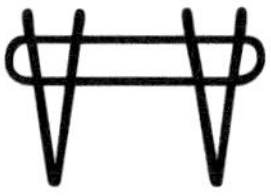

zwei durch eine Schnur verbundene Stützen (Weinkelter?)

two poles joined with a cord (winepress?)

Aa23 Ø

als Determinativ:

z.B. - mḏd - pressen, drücken

- mḏd - Abgabe, Auflage; Verknüpfung

zwei durch eine Schnur verbundene Stützen (Weinkelter?) (frühere Variante zu Aa23)

two poles joined with a cord (winepress?) (earlier variant of Aa23)

Ø

Aa24

[Gebrauch wie Aa23]

Bleuel
mallet

ḥm

U36

als Ideogramm:

- ḥm - Bleuel

als Phonogramm ḥm:

z.B. - ḥmww - Wäscher

- ḥm - Diener; Sklave, Leibeigener

- ḥm-nṯr - Priester, Tempelbeamter

- ḥm - Majestät

[Kombinationen mit U36: D31a, D31, M19]

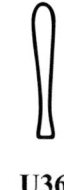

Rasierapparat
razor

U37 Ø

als Determinativ:

z.B. - mẖ^{c}qt (mš^{c}qt) [f] - Rasierapparat
- ẖ^{c}q - Rasierapparat
- ẖ^{c}q (š^{c}q) - rasieren, scheren
- ẖ^{c}q - Barbier

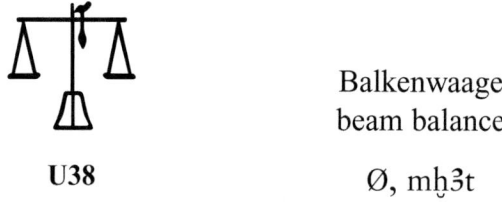

Balkenwaage
beam balance

U38 Ø, mḫ3t

als Determinativ:

z.B. - mḫ3t [f] - Waage, Balkenwaage
- mḫ3wt [f] - Gewicht (Resultat des Wiegens)

als Ideogramm:

z.B. - mḫ3t [f] - Waage, Balkenwaage

Waagsäule
post of the balance

Ø, wṯs, ṯs

U39

als Determinativ:

z.B. 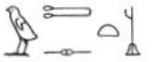 - wṯst [f] - Waagsäule

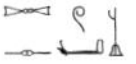 - ṯs (ṯȝz) - knoten, knüpfen; verknoten; anbinden

als Phonogramm wṯs:

z.B.  - wṯs - hochheben, tragen; aufsetzen

 - wṯs - aussprechen, verherrlichen, verraten, verleumden

 - wṯsw - Verleumder, Ankläger; Angeklagter

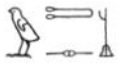 - wṯs - Tragstange; Ständer

als Phonogramm ṯs:

z.B.  - ṯsj [IIIae inf] - aufrichten; erheben

 - ṯst [f] - Vorwurf

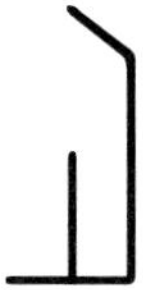

Waagsäule (U39) in halb-hieratischer Schreibung

post of the balance (U39) in semi-hieratic writing

U40

Ø, wṯs, ṯs, rs

als Determinativ:

z.B.  - ṯsw - Versteifung (des Nackens)

als Phonogramm wṯs:

z.B.  - wṯs - Tragsessel

als Phonogramm rs:

z.B.  - rs-tp - der Aufmerksame

 - rswt [f] - Traum, Vision; Erwachen

als Phonogramm ṯs:

z.B.  - ṯst [f] - Blutbad

[Zeichen kann T13 ersetzen]

Lot

plummet

U41

Ø

als Determinativ:

z.B.  - tẖ - Lot

Rolle Schnur
coil of rope

Ø, št (šnt)

V1

als Determinativ:

z.B. - jtḥ - ziehen, schleppen; transportieren
- mnḫ - knüpfen, aufziehen
- nwḥ - Seil, Strick
- nwḥ - binden, fesseln
- ḥꜣtt [f] - Bugtau
- šnj [IIIae inf] - rund sein; umkreisen
- ṯs (ṯꜣs) - knoten, knüpfen; anbinden; umbinden

als phonographisches Determinativ:

z.B. - šnṯ - streiten, hadern; lästern, schmähen

als Phonogramm št (šnt):

z.B. - št (šnt) - 100, hundert

[Kombination mit V1: O44 ,V2 ,V3]
[Zeichen kann leicht mit Z7 verwechselt werden]

Rolle Schnur (V1) und Türriegel (O34)
coil of rope (V1) and door-bolt (O34)

V2

sṯꜣ, ꜣs

als phonographisches Determinativ:
z.B.  - ꜣs - eilen, sich beeilen; fließen, abfließen; fortlaufen

als Phonogramm sṯꜣ:
z.B.  - sṯꜣ - ziehen, schleppen, herbeischleppen
 - sṯꜣ-nṯr - Korridor (im Königsgrab)
 - sṯꜣt - Arure (ein Flächenmaß von 10000 Quadratellen = 2756,50m^2

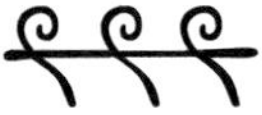

drei Rollen Schnur (V1) und Türriegel (O34)
three coils of rope (V1) and door-bolt (O34)

V3

sṯꜣw

als Phonogramm sṯꜣw:
z.B.  - Rꜣ-sṯꜣw - *Rosetau* (Nekropolengebiet von Giza und Saqqara)

Lasso
lasso

w3

V4

als Phonogramm w3:

z.B. - w3 - Schnur, Strick
- w3j [IIIae inf] - entfernt sein, fern sein
- w3t [f] - Weg, Straße
- w3ḥ - setzen, stellen, legen
- w3ḫj [IVae inf] - grünen, üppig grün sein
- w3sj [IVae inf] - verfallen sein (Gebäude)
- sw3 - vorbeigehen
- sw3ḥ [kaus] - dauern lassen; gedeihen lassen

Schleife
bow

Ø

V5

als Determinativ:

z.B. - snṯj - (Land) vermessen; gründen
- snṯ - Bauplan, Grundriss; Fundament
- snṯt [f] - Bauplan, Grundriss; Fundament; Fußboden

Schnur mit Enden nach oben
cord with the ends upward

V6

Ø, šs, sšr

als Determinativ:

z.B.  - jsywt [pl] - Lumpen, Altkleider

 - ᶜrf - einpacken, umschließen

als Phonogramm šs:

z.B.  - jšst [Fragepronomen] - was?

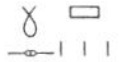 - šs - Alabaster, Kalzit

 - šsr - Pfeil

als Phonogramm sšr:

z.B.  - sšrw - Dinge; Handlungen; Verlauf

als Abkürzung:

z.B.  - šs - Alabaster, Kalzit

[Zeichen kann S28 als Determinativ ersetzen]
[Zeichen kann im Hieratischen leicht mit V33 verwechselt werden]

Schnur mit Enden nach unten
cord with the ends downward

šn

V7

als Phonogramm šn:

z.B. - šnj [IIIae inf] - rund sein; umkreisen
- šnwt (šnyt) - Hofstaat, Hofleute
- šnw - Ring, Kreis; Umfassungsmauer; Umkreis
- šnw - Kartusche
- šnj [IIIae inf] - beschwören; exorzieren
- šnj - fragen, eine Frage stellen
- šnj - Haar, Haupthaar
- šnwt [f] - Scheune, Kornspeicher
- šnbt [f] - Brust; Oberkörper; Brustraum
- šnb - Trompete
- šnṯ - streiten, hadern; lästern, schmähen

[Kombination mit V7: V8]

Schnur mit Enden nach unten und
Rundbrot (X1) (Variante zu V7)
cord with the ends downward and
rounded loaf of bread (X1)(variant of V7)

šn

V8

[Gebrauch wie V7]

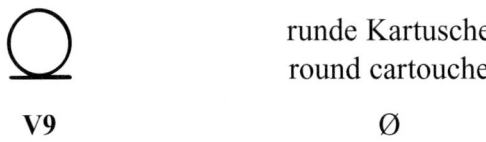

runde Kartusche
round cartouche

V9

Ø

als Determinativ:
z.B.  - šn - Ring
 - šnw - Kartusche

ovale Kartusche
oval cartouche

V10

Ø, rn

als Determinativ:
z.B.  - šnw - Ring, Kreis; Umfassungsmauer; Umkreis

als Phonogramm rn:
z.B.  - rn - Name

halbe Kartusche mit ihrem Endstück
half of a cartouche with its end

Ø, pḫ3, dnj

V11

als phonographisches Determinativ:

z.B.  - pḫ3 - spalten, öffnen

 - pḫ3t [f] - Schelle, hölzerne Fußfessel

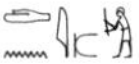 - dnj (ḏnj) - abdämmen; zurückhalten

als Phonogramm pḫ3:

z.B.  - pḫ3 - spalten, öffnen

 - pḫ3 - Stock; Keil

als Phonogramm dnj:

z.B.  - dnyt - Teil

 - dnj - Kubikelle

 - dnyt - Geschrei, Gebrüll

Riemen
strap

V12

Ø, ʿrq

als Determinativ:

z.B. - ʿnḫ - Stabstrauß
- fḫ - lösen, ablösen; tilgen, zerstören
- snn - Aktenstück, Verzeichnis, Bericht, Register
- sšd - Binde, Verband; Stirnband
- šfdw - Papyrusrolle

als phonographisches Determinativ:

z.B. - ʿrq - Korb, Behältnis
- ʿrq - klug, verständig sein; erfahren sein

als Phonogramm ʿrq:

z.B. - ʿrqy - Monatsletzter
- ʿrq - schwören, versprechen

Leine, Zaum (?)
tethering rope (?)

t̲ (t)

V13

als Phonogramm t̲ (t):

z.B.  - ꜣt̲p (ꜣtp) - beladen

 - wt̲s - hochheben, tragen; aufsetzen

 - mt̲n - Weg, Straße

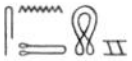 - snt̲ - Bauplan, Grundriss; Fundament

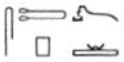 - st̲p - aufspringen, hinaufspringen

 - t̲nj - auszeichnen, erhöhen; prächtig, erhaben

 - t̲nw - Zahl, Anzahl

 - t̲sj [IIIae inf] - aufrichten; erheben

 - t̲st [f] - Vorwurf

 - =t̲ (=t) [Suffixpronomen, 2. sg f] - du, dein

[Kombination mit V13: V14]

Leine, Zaum (?) (V13) mit einer Franse (?)
tethering rope (?) (V13) with a fringe (?)

t̲

V14

als Phonogramm t̲:

z.B.  - t̲sj [IIIae inf] - aufrichten; erheben

 - t̲nt̲ꜣt (t̲ntt) [f] - Thronpodium, -estrade

Leine (V13) und Beine in Schrittstellung (vorwärts gewandt) (D54)

cord (V13) and legs in the position of a step (forward) (D54)

V15

jṯj (jtj)

als Phonogramm jṯj (jtj):

z.B. - jṯj (jtj) - nehmen, packen, ergreifen

- jṯt [f] - Gesichtskrampf

- jṯw - Dieb

Fußfesseln für Tiere

foot shackles for animals

V16

sꜣ

als Ideogramm:

z.B. - sꜣ - Schutz; Amulett

als Phonogramm sꜣ:

z.B. - sꜣ-pr - Viehhürde, Weideplatz

- sꜣ - Abteilung, Trupp

- sꜣ - Schutz; Schutzzauber

- sꜣ-tꜣ - Ehre; Ehrfurcht

- sꜣw [IIIae inf] - bewachen, hüten

aufgerollte Papyrusmatte
rolled up mat of papyrus

s3

V17

als Phonogramm s3:

z.B.  - s3 - Abteilung, Trupp

 - s3 - Schutz; Schutzzauber

 - s3w - Zauberer

 - s3-rnpt - dauernder Schutz

Schwimmhilfe aus Papyrus
life preserver made from papyrus

s3

V18

[Gebrauch wie V17]

Fesselklammer mit Querstrebe
bond for cattle with cross-bar

V19

Ø, m<u>d</u>t, tm3

als Determinativ:

z.B.  - šṯyt [f] - *Schetit* (Heiligtum des Gottes *Sokar*)

 - qnj - Bündel

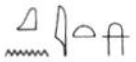 - qnjt [f] - Tragsessel, Sänfte

 - k3r - Naos, Kapelle, Schrein

als phonographisches Determinativ:

z.B.  - m<u>d</u>wt [pl] - Fesselklammern

 - tm3yt [f] - Matte

als Phonogramm m<u>d</u>t:

z.B.  - m<u>d</u>t [f] - Viehhof, Koppel, Pferch, Stall

als Phonogramm tm3:

z.B.  - tm3 - Matte

als Abkürzung:

z.B.  - ẖ3r - Sack; Sack (sg) (Hohlmaß: 48 l)

[Zeichen kann mit Aa19 verwechselt werden]

Fesselklammer
shackle

md̲

V20

als Ideogramm:
z.B. 𓎆 - md̲ - 10, zehn

[Kombination mit V20: M28, V21 𓎇]

Klammer (V20) und Kobra (I10)
shackle (V20) and cobra (I10)

md̲

V21

als Phonogramm md̲:
z.B. 𓎇 - md̲ - tief sein

𓎇 - md̲t [f] - Viehhof, Koppel, Pferch, Stall

Docht
wick

V28

Ø, ḥ

als Determinativ:
z.B. - tk3 - Licht; Flamme

als Ideogramm:
z.B. - *ḥt - *Stoffbreite

als Phonogramm ḥ:
z.B. - j^{c}ḥ - Mond
- wdḥ - schütten, gießen
- b^{c}ḥj [IVae inf] - fluten, fließen; im Überfluss vorhanden, Überfluss haben; überschwemmen
- msḥ - Krokodil
- rkḥ - Glut, Feuer
- ḥ3j [IIIae inf] - beklagen, klagen; beweinen; schreien
- ḥ^{c}j [IIIae inf] - sich freuen, jubeln; froh sein
- ḥbs - bekleiden, anziehen
- ḥntj [IVae inf] - gierig sein
- ṯḥnt [f] - Fayence; Glas
- ṯḥn - glänzend sein; funkeln, leuchten

Mopp
mop

Ø, sk, w3ḥ

V29

als Determinativ:

z.B.  - m^{c}r - glücklich sein, erfolgreich sein

 - ẖsr (ẖrs) - vertreiben; beseitigen

als Phonogramm w3ḥ:

z.B.  - w3ḥ - setzen, stellen, legen

 - sw3ḥ [kaus] - dauern lassen, gedeihen lassen; dauerhaft errichten

als Phonogramm sk:

z.B.  - sk - fegen, ausfegen, säubern

 - skj [IIIae inf] - vernichten, verwüsten; untergehen

 - sk - Beschwerde

 - skw - Kampfgewühl, Schlachtreihe

 - skj [IIIae inf] - (Zeit) verbringen, vergehen lassen

 - skj - mahlen

 - sk - Lanze

Korb in Aufsicht
basket in topview

Aa1 ḫ

als Phonogramm ḫ:

z.B.  - ꜣḫw - Macht, Zauberkraft; zauberkräftige Sprüche; nützliche Kenntnis; Verklärtsein

 - ꜣḫw [pl] - Uräus-Schlangen

 - ꜣḫt [f] - Horizont

 - jḫt [f] - Sache, Ding; Habe, Besitz; Opfer

 - ḫnj [IIIae inf] - sich niederlassen, niederschweben

 - ḫnw - Ruheplatz, Heimstatt; Keller; Heiligtum

 - rḫyt [f] - *Rechit*, »Kiebitzvolk« (das besiegte unterägyptische Volk der Reichseinigungszeit); Untertanen; Menschen

 - nḫt - Kraft, Stärke; Sieg

 - ḫt [f] - Feuer, Flamme; Verbrennung; Hitze (Klima)

 - ḫftj - Feind

- ḫr - bei, zu

 - ḫt - durch, quer, überall; aus

 - smnḫ [kaus] - Qualität geben; schmücken

Korb
basket

Ø, nb

V30

als Determinativ:
z.B.  - ḏnjw - ein Korb

als Ideogramm:
z.B. 𓎟𓏏𓏤 - nbt [f] - Korb

als Phonogramm nb:
z.B. 𓎟𓎟𓎟 - nbwt [f; pl] - Ägäis

𓎟 - nb - Herr; Gebieter, Vorgesetzter

𓎟𓏏 - nbt [f] - Herrin

𓎟 - nb - jeder, alle

[Kombinationen mit V30: I13, O9, S2, S4, S6, W3]

Korb mit Henkel
basket with handle

V31 k

als Phonogramm k:

z.B.  - jnk - ich

 - b3k - Diener, Untergebener; Untertan; Sklave

 - b3kt [f] - Dienerin; Sklavin

 - bjk - Falke (Bezeichnung für Gott Horus oder den König; Falkenfigur)

 - mkj [IIIae inf] - (be)schützen

 - ḥnk - schenken, beschenken; dienen

 - skj [IIIae inf] - (Zeit) verbringen, vergehen lassen

 - k3j - denken; bedenken; ersinnen

 - ksj [IIIae inf] - sich bücken; sich verneigen

 - tkn - sich nähern, nahe kommen

Korb mit Henkel (V31) (der hieratischen Schreibung entlehnt)
basket with handle (V31) (derived from the hieratic writing)

V31a k

[Gebrauch wie V31]

geflochtener Korb (Reuse?)
woven basket (weir-basket?)

Ø, msn, g3w

V32

als Determinativ:

z.B. 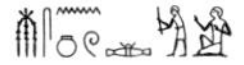 - msn - Harpunierer

 - g3w - Mangel, Not

 - g3wt [f] - Bündel, Stoffballen; Abgaben, Tribute; Erzeugnisse

als Phonogramm msn:

z.B.  - Msn - *Mesen,* Edfu

als Phonogramm g3w:

z.B.  - g3w - eng, beengt sein

Leinensack
linen bag

V33

Ø, sšr, sṯj (stj), g

als Determinativ:

z.B.  - ʿrf - Beutel, Säckchen
 - ʿrf - einpacken, umschließen

als Phonogramm sšr:

z.B.  - sšr - Leinenzeug, Stoff, Wäsche
 - sšrw - Dinge; Handlungen; Verlauf

als Phonogramm sṯj (stj):

z.B.  - sṯj (stj) - Wohlgeruch, Duft

als Phonogramm g:

z.B.  - Gbb - *Geb* (Gott)

[Zeichen kann leicht mit V6 verwechselt werden]
[Kombination mit V6: R9 ]

Leinensack (Variante zu V33)
linen bag (variant of V33)

V34

Ø, sšr, sṯj

[Gebrauch im Wesentlichen wie V33, ohne den Gebrauch als Phonogramm g]

Leinensack (frühere Variante zu V33)
linen bag (earlier variant of V33)

Ø, sšr, sṯj

V35

[Gebrauch wie V34]

Behältnis
container

Ø, ḥn

V36

als Determinativ:

z.B.  - ḥn - Pfeiler

 - ḥn - ordnen, in Ordnung bringen

als phonographisches Determinativ:

z.B.  - ḥntj [f] - Strecke; Ende; Frist

als Phonogramm ḥn:

z.B.  - ḥnt - Geschäft; Aufgabe, Funktion

Verband, Bandage
bandage

V37

Ø, jdr

als Determinativ:
z.B.  - jdr - Faden; Naht

als phonographisches Determinativ:
z.B.  - jdr - Herde

als Phonogramm jdr:
z.B.  - jdryt [f] - Strafe

[Zeichen kann mit N41 verwechselt werden]

Verband, Bandage (frühere Variante zu Aa2)
bandage (earlier variant of Aa2)

V38

Ø

als Determinativ:
z.B.  - wt - einwickeln, umwickeln; verbinden; einbalsamieren

versiegeltes Salbgefäß mit Schnurenden
sealed oil-jar with with tied ends

Ø

W1

als Determinativ:

z.B.  - mrḥt [f] - Öl, Fett; Salbe

 - md̲t [f] - Salbe

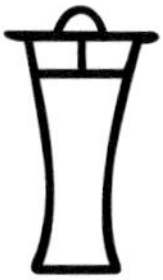

versiegeltes Salbgefäß ohne Schnurenden
sealed oil-jar without tied ends

b3s

W2

als phonographisches Determinativ:

z.B.  - b3s - Salbgefäß; Salbe

als Phonogramm b3s:

z.B.  - B3stt [f] - *Bastet* (Ortsgöttin von Bubastis)

Schale aus Alabaster
bowl of alabaster

W3

Ø, ḥb

als Determinativ:

z.B. - w3g - *Wag*-Fest (am 18. des Monats Thot, Fest des Osiris)

- psḏntjw - Neumondsfest

- šs - Alabaster, Kalzit

als phonographisches Determinativ:

z.B. - ḥbt [f] - Ritualbuch, Festrolle

- ḥbt [f] - Festordnung

als Phonogramm ḥb:

z.B. - ḥb - Fest

- ḥb - einen Triumph feiern

[Kombinationen mit W3: W4, W5]

Pavillion mit Säule (O22) und Schale aus Alabaster (W3)

pavillion with support (O22) and bowl of alabaster (W3)

Ø, ḥb (ḥ3b)

W4

als Determinativ:

z.B. - ḥbyt [f] - Festopfer; Opferverzeichnis

als phonographisches Determinativ:

z.B. - ḥb (ḥ3b) - Fang (von Fischen und Vögeln)

als Phonogramm ḥb (ḥ3b):

z.B. - ḥb (ḥ3b) - Fest

- ḥb-sd (ḥ3b-sd) - *Sed*-Fest (des Königs zum 30. Thronjubiläum)

- ḥbyt [f] - Festhof

Schlachtblock (T28) und Schale aus Alabaster (W3)

butcher's block (T28) and bowl of alabaster (W3)

ẖrj-ḥbt

W5

als Ideogramm:

z.B. - ẖrj-ḥbt - Vorlesepriester

Kessel
kettle

W6

Ø

als Determinativ:

z.B.  - wḥ3t [f] - Kessel

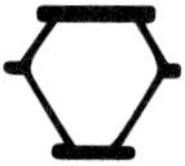

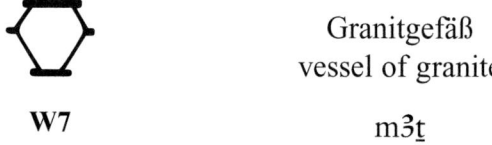

Granitgefäß
vessel of granite

W7

m3ṯ

als phonographisches Determinativ:

z.B.  - 3bw - Elephantine (Insel bei Assuan)

 - 3bt [f] - Sippe; Familie; Hausverband

als Phonogramm m3ṯ:

z.B.  - m3ṯ (m3wṯ, m3t) [f] - (roter) Granit (aus Assuan)

 - m3ṯ (m3wṯ) - erdenken, ersinnen

Granitgefäß (W7) (deformierte Schreibung)
vessel of granite (W7) (deformed writing)

W8

mꜣṯ

[Gebrauch wie W7]
[Zeichen kann mit V32 verwechselt werden]

Steinkrug mit einem Henkel
stone jug with one handle

W9

ẖnm

als Phonogramm ẖnm:
z.B. - ẖnm - sich vereinigen mit; berühren
- Ḫnm [f] - *Chnum* (Orstgott von Esna)
- ẖnmt [f] - Brunnen
- nẖnm - *Nechnem*-Öl

Becher
cup

W10 ∅, ꜥb, wsḫ, ḥnw

als Determinativ:

z.B. - jꜥb (jꜥbw) - Napf

- ꜥj (ꜥ) - Napf

- ꜥꜥb - Weihrauchschale

- wsḫ - Becher, Napf

- ḥnwt [f] - Napf, Topf

als phonographisches Determinativ:

z.B. - jꜥb (ꜥbj [IIIae inf]) - sich vereinigen, sich gesellen

- wsḫ - weit sein, weit, geräumig

- sḫw - Breite

als Phonogramm ꜥb:

z.B. - ꜥb (jꜥb) - vereinigen, vereinen

als Phonogramm wsḫ:

z.B. - wsḫt [f] - Breite Halle, Vorhof

als Phonogramm ḥnw:

z.B. - ḥnwt [f] - Herrin

[Kombination mit W10: O15]

[Zeichen kann N41 ersetzen]

Becher (W10) mit Docht in Funktion einer Lampe

cup (W10) with a wick used as a lamp

b3

W10a

als Phonogramm b3:

z.B.  - b3 - *Ba*; Seele; Seelenkraft, Beseeltheit; Macht, Ruhm

[Zeichen kann durch R7 ersetzt werden]

Becher mit Docht (frühere Variante zu W10a)

cup with a wick (earlier variant of W10a)

b3

Aa4

[Gebrauch wie W10a]

Kruguntersatz
stand for jars

W11

Ø, nst, g

als Determinativ:
z.B. - nst [f] - Königsthron, Götterthron

als Ideogramm:
z.B. - nst [f] - Königsthron, Götterthron

als Phonogramm g:
z.B. - jgp - bewölkt sein
- w3g - *Wag*-Fest (am 18. des Monats Thot, Fest des Osiris)
- sgr - schweigen
- grḥ - Nacht; nachts
- grg - gründen, neu aufbauen
- grg (glg) - Lüge, Unwahrheit; Ungerechtigkeit

Kruguntersatz (frühere Variante zu W11)
stand for jars (earlier variant of W11)

W12

Ø, nst, g

[Gebrauch wie W11]

irdener, rotfarbiger Topf
red crockery pot

Ø

W13

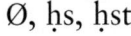

als Determinativ:
z.B. - dšrt [f] - *Descheret*-Gefäß, roter Krug

[Zeichen kann durch N34 ersetzt werden]

Wasserkrug
water-jug

Ø, ḥs, ḥst

W14

als Determinativ:
z.B. - snbt [f] - flaschenartiger Krug

als Ideogramm:
- ḥst [f] - Krug (zur Wasserspende)

als Phonogramm ḥs:
z.B. - ḥsj - loben, preisen; auszeichnen, belohnen
- ḥswt [f] - Lob, Gunst; Gunstbeweis
- ḥsj [IIIae inf] - umkehren, zurückkehren
- ḥsj [IIIae inf] - singen
- ḥs - kalt sein, frieren

Wasserkrug (W14) mit herausfließendem Wasser

water flowing from water-jug (W14)

W15

Ø, qbḥ

als Determinativ:

z.B. - snbt [f] - flaschenartiger Krug

- qbb - kühl sein, kalt; sich erfrischen

- qb - libieren

als phonographisches Determinativ:

z.B. - qbḥ - sterben, zum Himmel gehen

- qbḥ - auffliegen, emporfliegen

als Phonogramm qbḥ:

z.B. - qbḥyt [f] - dunkles Nichts

Wasserkrug mit herausfließendem Wasser (W15) auf einem Untersatz (W12)

water flowing from water-jug (W15) on a stand (W12)

W16

qbḥ

als phonographisches Determinativ :

z.B. - qbḥw [pl] - kühles Wasser

- qbḥw [pl] - Wasservögel

als Phonogramm qbḥ:

z.B. - qbḥw - Libationsgefäß

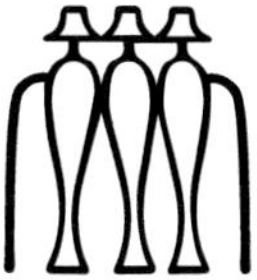

drei Wasserkrüge (W14) in einem Gestell
three water-jugs (W14) in a rack

ḫnt

W17

als Ideogramm:

- ḫnt - Ständer (für Krüge)

als Phonogramm ḫnt:

z.B. - ḫnt - Stirn, Gesicht
- m-ḫnt - vorne, an der Spitze von
- ḫnt (ḫntj) - vor, an der Spitze von
- ḫntj - vor, voranstehend
- ḫntj - Vorhalle
- ḫntj [IVae inf] - sich südwärts begeben, sich stromauf begeben
- ḫntj-š - Schonung
- ḫntj-š - Pächter, Siedler
- ḫntš - Freude
- sḫntj - voranbringen; fördern

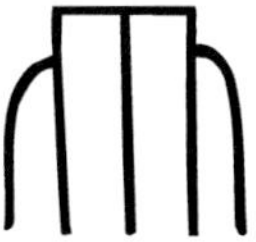

drei Wasserkrüge (W14) in einem Gestell (Variante zu W17)
three water-jugs (W14) in a rack (variant of W17)

ḫnt

W17a

[Gebrauch wie W17]

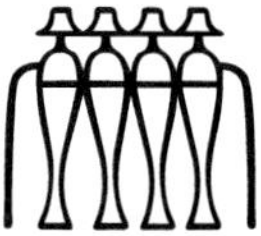

vier Wasserkrüge (W14) in einem Gestell (frühere Variante zu W17)
four water-jugs (W14) in a rack (earlier variant of W17)

W18 ḫnt

[Gebrauch wie W17]

Milchkrug in einem Tragenetz
milk-jug carried in a net

W19 Ø, mj (mr)

als Determinativ:
z.B. - mhr (mh, mhy) - Milchkrug

als Phonogramm mj (mr):
z.B. - mj (mr) - wie
- mj-qd - wie, in der Art
- mjtt - ebenso, ebenfalls
- myt [f] - Katze
- mjn (mrn) - heute
- mjnt [f] - Lehnsfeld
- smj - Meldung, Bericht; Einspruch
- dmj - berühren, treffen auf
- dmj - Ort, Ortschaft

Milchkrug
milk-jug

Ø, jrṯt

W20

als Determinativ:
z.B.  - jrṯt [f] - Milch

als Ideogramm:
 - jrṯt [f] - Milch

sog. Doppelgefäß für Wein
so-called double wine-jars

Ø, jrp

W21

als Determinativ:
z.B.  - jrp - Wein
 - ᶜbš - ein Weinkrug

als Ideogramm:
 - jrp - Wein

Bierkrug
beer-mug

W22

Ø, wdpw, ḥnqt

als Determinativ:

z.B. - wdḥw - Speiseopferspende

- qrḥt [f] - Töpferware, Keramik

als Ideogramm:

z.B. - wdpw - Aufwärter, Truchsess

- ḥnqt [f] - Bier

als Abkürzung:

z.B. - ḥnqt [f] - Bier

[Kombination mit W22: O3]

Krug mit zwei Henkeln
jar with two handles

W23

Ø, qrḥt

als Determinativ:

z.B. - wdpw - Aufwärter, Truchsess

- wrḥ - Salbgefäß (als Maß)

als Ideogramm:

z.B. - qrḥt [f] - Töpferware, Keramik

bauchiges Gefäß
bellied vessel

Ø, jn, nw

W24

als Determinativ:

z.B.  - qd - Topf

als phonographisches Determinativ:

z.B.  - nḏ - fragen

 - qd - Wesen, Art, Charakter

als Phonogramm jn:

z.B.  - jnk - ich

als Phonogramm nw:

z.B.  - jnw - Abgaben, Tribute

 - wdpw - Aufwärter, Truchsess

 - mnw - Denkmäler

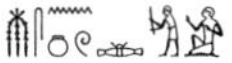 - msn - Harpunierer

 - nw (nwꜣ) - sehen, schauen, zusehen; beaufsichtigen

 - nw - Zeit; Zeitpunkt

 - nwn - Urozean

 - ḥnw - Topf

 - ṯnw - Zahl; Anzahl

bauchiges Gefäß (W24) und Wasseroberfläche (dreifach) (N35a)

bellied vessel (W24) and water surface (tripled) (N35a)

W24a m-ẖnw

als Phonogramm ẖnw (m-ẖnw):

z.B. ( ) - m-ẖnw - im Inneren, unter (einer Anzahl)

bauchiges Gefäß (W24) auf Beinen in Schrittstellung (vorwärts gewandt) (D54)

bellied vessel (W24) and legs in the position of a step (forward) (D54)

W25 jnj

als Phonogramm jnj:

z.B. - jnj - holen, herbeibringen

- jnw - Abgaben, Tribute

- jnw - Krone von Unterägypten

- jnw [pl] - Mattenbelag (für ein Dach)

- jnyt [f] - Refrain

Rundbrot
rounded loaf of bread 

t **X1**

als Ideogramm:

z.B - t (t3) - Brot

als Phonogramm t:

z.B - =ṯ (=t) [Suffixpronomen, 2. sg f] - du, dein

- bjt [f] - Biene

- pt [f] - Himmel

- ẖrt-hrw [f] - täglicher Bedarf, Tagespensum

- šwt [f] - (Vogel)feder; [coll] Geflügel

- šmt [f] - Gehen; Abreise

- t3 [Demonstrativpronomen; f sg] - diese

- twt [f] - Statue; Bild; Abbild

- tf [Demonstrativpronomen; f sg] - jene

- ḏrt (dt) [f] - Hand; Pfote

als Abkürzung:

- jt-nṯr - Gottesvater (Priestertitel)

[Kombinationen mit X1: M5, O7, O8, O9, O15, V8]

[Gruppenschreibung wird auch nur als Phonogramm t gelesen, besonders in Fremdlandnamen]

spitzes Brot
tapered loaf of bread

X2 Ø

als Determinativ/im Gruppendeterminativ:

z.B. - wḥꜥt [f] - Proviant, Versorgung

- prt-r-ḫrw (prt-ḫrw) - Totenopfer, Invokation

- rnpt [f] - jährliches Einkommen (in Naturalien)

- šꜣbw - Nahrung, Mahlzeit, Bankett

- t (tꜣ) - Brot

als Abkürzung:

z.B. - jt-nṯr - Gottesvater (Priestertitel)

- Ḏḥwtj - Thot (Schreiber- und Weisheitsgott)

[Gruppenschreibung wird besonders in fremdländischen Eigennamen als Phonogramm t gelesen]

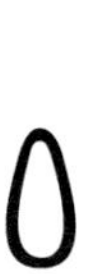

spitzes Brot (Variante zu X2)
tapered loaf of bread (variant of X2)

X3 Ø

[Gebrauch wie X2]

[Gruppenschreibung wird besonders in fremdländischen Eigennamen als Phonogramm t gelesen]

[Kombination mit X3: O3]

Kastenbrot
box-shaped bread

Ø

X4

als Determinativ:

z.B. - ᶜqw - Laibe; Einkünfte, Naturalentgelt; [coll] Brot

- wnmt [f] - Nahrung, Essbares; Futter (Tiere)

- wnmw - Nahrung, Unterhalt; Futter (Tiere)

- wḥᶜt [f] - Proviant, Versorgung

- bjt (jbt) [f] - Fladen(brot)

- prt-r-ḫrw (prt-ḫrw) - Totenopfer, Invokation

- fqꜣ - Kuchen

- ḥtp-nṯr - Opfergabe, Gottesopfer; Tempelvermögen

- mswt [f] - Abendbrot

- snw - Opferbrote

als phonographisches Determinativ:

z.B. - fqꜣ - Geschenk, Belohnung, Sonderzuteilung

- snj [IIIae inf] - vorbeigehen, passieren; überschreiten

[Zeichen kann N37, W3, X5 ersetzen]

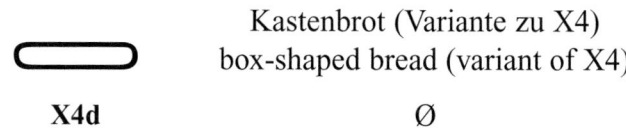

Kastenbrot (Variante zu X4)
box-shaped bread (variant of X4)

X4d Ø

[Gebrauch wie X4]
[Zeichen kann leicht mit N18 und S130a verwechselt werden]

Kastenbrot (X4) (der hieratischen Schreibung entlehnt)
box-shaped bread (X4) (derived from the hieratic writing)

X5 Ø

als Determinativ (nur im Hieratischen):
z.B.  - ^{c}qw - Laibe; Einkünfte, Naturalentgelt; [coll] Brot
 - t (tꜣ) - Brot

als phonographisches Determinativ:
z.B.  - snj [IIIae inf] - vorbeigehen, passieren; überschreiten
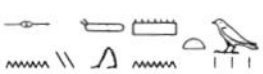 - snj-mnt - Not, Katastrophe, Umsturz
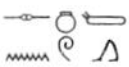 - snj - Übergangsstadium
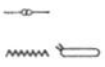 - snj [IIIae inf] - gleichen, ähneln, ähnlich sein; kopieren
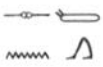 - sn - unkenntlich machen

Rundbrot mit Abdruck
rounded loaf of bread with a mark

Ø **X6**

als Determinativ:

z.B.  - p3t [f] - Opferkuchen; Opferbrot

als phonographisches Determinativ:

z.B.  - p3t (p3wt) [f] - Urzeit

 - p3t [f] - Urzeitgötterschaft

Brothälfte
half-loaf of bread

Ø **X7**

als Determinativ:

z.B.  - wnm - essen; fressen

 - wšb - sich nähren

 - pḏw - *das dargebrachte Opferbrot

 - gsw [pl] - Hälften, Brothälften

 - snw [pl] - Opferbrote, Opferanteile

als Abkürzung:

z.B.  - wnm - essen; fressen

[Zeichen kann durch N29 ersetzt werden]

kegelförmiges Brot
conical loaf of bread

X8

rd̲j (d̲j), d (d̲)

als Ideogramm:

z.B.  - rd̲j (rdj) [IIIae inf] - geben; gewähren; veranlassen; setzen, stellen, legen

als Phonogramm d (d̲):

z.B.  - rd̲w - Ausfluss

 - dqr - Frucht

mit einer Schnur zugebundene und versiegelte Papyrusrolle
roll of papyrus tied with cord and sealed

Ø **Y1**

als Determinativ:
z.B. - jẖt [f] - Sache, Ding; Habe, Besitz; Opfer
- wd̲ - Befehl; Erlass
- ẖprw - Wesen, Gestalt, Verkörperung; Verwandlung, Erscheinungsform

als Ideogramm:
z.B. - md̲3t [f] - Buch, Buchrolle, Schriftrolle; Brief; Aktenstück, Erlass

als Phonogramm md̲3t:
z.B. - md̲3t [f] - Stechbeitel

als Abkürzung:
z.B. - dmd̲ - Summe

[Zeichen kann auch senkrecht verwendet werden]

versiegelte Papyrusrolle
sealed roll of papyrus

Ø **Y2**

[Gebrauch wie Y1]

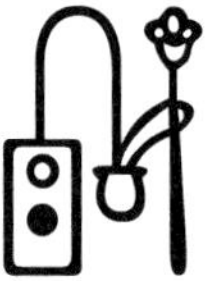

Farbpalette, Farbbeutel und Schilfrohr als Schreibgerät

palette, bag for powdered pigments and reed as writing utensil

Y3

Ø, sẖꜢ (zš, zẖꜢ, sš)

als Determinativ:

z.B. - mnhḏ - Schreibgerät, Schreibpalette

- n^{cc} - glatt; glätten; undekoriert sein

- sẖꜢ (zš, zẖꜢ, sš) - Schreibzeug

- sẖꜢw (zš, zẖꜢw, sš) - Schreiber

- ṯms (tms) - rot sein

als phonographisches Determinativ:

z.B. - ṯmsw [pl] - Böses; Übeltat

- ṯms - Kabine, Kapelle

als Phonogramm sẖꜢ (zš, zẖꜢ, sš):

z.B. - sẖꜢ (zš, zẖꜢ, sš) - schreiben

als Abkürzung:

z.B. - sn^{cc} - glätten; polieren

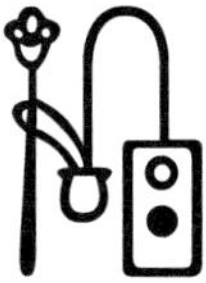

Farbpalette, Farbbeutel und Schilfrohr als Schreibgerät (Variante zu Y3)

palette, bag for powdered pigments and reed as writing utensil (variant of Y3)

Y4

Ø, sẖꜢ (zš, zẖꜢ, sš)

[Gebrauch wie Y3]

Spielbrett mit Figuren
game board with game figures

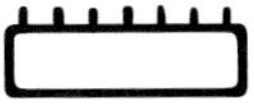

Ø, mn

Y5

als Determinativ:

z.B. - snt [f] - *Senet* (Brettspiel)

als Phonogramm mn:

z.B - Jmn - Amun (Gott)

- Jmn-ḥtp - Amenophis/*Amenhotep* (Eigenname von vier Königen der 18. Dynastie)

- mn - bleiben; fortbestehen, fortdauern

- mnjt [f] - Pflock; Pfahl

- mnj (mjnj) [eigentlich IVae inf] - landen, anpflocken; sterben; verheiraten

- mnj - Tod

- mnjwt [f] - Hafen, Hafenstadt; Landeplatz

- mnw - Denkmäler

- mnhd̲ - Schreibgerät, Schreibpalette

- mnḫt [f] - Kleid, Gewand

- smnḫ [kaus] - Qualität geben; schmücken

- snj-mnt - Not, Katastrophe, Umsturz

Spielfigur
game figure

Y6

Ø, jb3

als Determinativ:
z.B - jb3 - Spielfigur, Spielstein

als phonographisches Determinativ:
z.B. - jb3 - tanzen
- jb3w - (strenger) Tanz; Vergnügung, Vergnügen
- jb3t [f] - Tänzerin

als Phonogramm jb3:
z.B. - jb3t [f] - Tänzerin

als Abkürzung:
z.B. - jb3 - Spielfigur, Spielstein

Harfe
harp

Y7

Ø

als Determinativ:
z.B - bnt [f] - Harfe

Y8

Sistrum
sistrum

Ø, sḫm, sššt

als Determinativ:

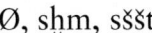

z.B. - sššt [f] - Sistrum
- sqr - schlagen

als Ideogramm:

- sššt [f] - Sistrum

als Phonogramm sḫm in:

- sḫm-jr=f - Potentat

Strich
stroke

Z1 Ø

als Determinativ:

z.B. - jw - Insel

- wꜣt [f] - Weg, Straße; Aufweg; Strecke; Richtung

- jwtn - Boden, Erdboden, Erde; Fußboden

- w (ww) - Landbezirk, Gebiet; Verwaltungsbezirk

- mjst (mjzt, mrzt) [f] - Leber

- nrt [f] - Gänsegeier

- rꜥ - Sonne

- Rꜥ - Re (Sonnengott)

- rnpt [f] - Jahr

- ḫprr - Skarabäus; *Chepri* (die morgendliche Erscheinungsform des Sonnengottes)

- spꜣt [f] - Gau; Kultbezirk; Nekropole

- sḫt [f] - Feld, Kulturboden; Flur; Land

- tꜣ - Erde; Land; Boden

- dmj - Ort, Ortschaft; Stadt; Platz, Örtlichkeit

[| kann auch als Füllstrich, als Ersatzstrich für ein gefährlich empfundenes Zeichen oder als Pronomen der 1. sg dienen]

drei horizontale Striche
three strokes arranged horizontally

Ø **Z2**

als Determinativ:

z.B. - jmntjw [pl] - die Westlichen
- ꜥprw - Ausstattung
- ꜥšꜣ - viel, zahlreich sein; zuviel sein; oft geschehen; vielartig; verschieden; reich an
- ꜥqw [pl] - Freunde, Vertraute, Klienten
- ꜥqw [pl] - Laibe; Einkünfte, Naturalien; [coll] Brot
- bwt [f] - Abscheu, Widerliches; Tabu, Verbotenes
- =n [Suffixpronomen, 1. pl] - wir, unser
- rḥw - Leute, Mitstreiter
- sꜣṯw (zꜣṯw) - (Erd)boden, Erde, Boden
- =sn [Suffixpronomen, 3. pl] - sie, ihr
- =ṯn (=tn) [Suffixpronomen, 2. pl] - ihr, euer

drei vertikale Striche (Variante zu Z2)
three strokes arranged vertically (variant of Z2)

Ø **Z3**

[Gebrauch wie Z2]

zwei diagonale Striche
two diagonal strokes

Z4 j (y)

als Phonogramm j (y):

z.B. - jrj - zugehörig zu, befindlich an

- wpwtj (jpwtj) - Bote, Beauftragter, Kurier

- bjtj - Imker, Honigsammler

- šntj - Reiher

- šwtj - Händler, Kaufmann

- Ḏḥwtj - Thot (Schreiber- und Weisheitsgott)

[gibt auch den Dual an]

geschwungener Schrägstrich
curved diagonal stroke

Z5 Ø

als Determinativ (oft als Ersatzzeichen für schwierig zu zeichnende Hieroglyphen):

z.B. - jdt [f] - Kuh

- mḥ - Nest, Vogelnest

- smsw - der Älteste

[Zeichen kann in Personennamen in hieratischen Texten B3 ersetzen und wird dann ms gelesen] am Boden liegender Mann (A14) (in hieratischer Schreibung)

man on the ground (A14) (in hieratic writing)

Ø

Z6

als Determinativ:

z.B. - mwt (mt) - sterben, zugrunde gehen; tot sein

- ḫftj - Feind, Gegner (auch Krankheitsdämon)

[Zeichen kann leicht mit F20 verwechselt werden]

Wachtelküken (G43) (in verkürzt hieratischer Schreibung)

quail chick (G43) (in abbreviated hieratic writing)

w

Z7

als Phonogramm w:

z.B. - ^{c}prw - Ausstattung

- wbd - brennen; verbrannt werden

- wpwtj (jpwtj) - Bote, Kurier, Attaché

- wtn - durchbohren, durchbrechen

- bw - Ort, Platz, Stelle

- Mḥw - Unterägypten

- ḫ3w [pl] - Kräuter

- ḫrw - Stimme; Geräusch

- Šm^{c}w - Oberägypten, Niltal, Südägypten

- t3w - Hitze; Leidenschaft

Oval
oval

Z8 Ø

als Determinativ:

z.B.  - šnw - Ring, Kreis; Umfassungsmauer; Umkreis

 - šnw - Kartusche

[Zeichen ist von N18 zu unterscheiden]

Kreis
circle

Z8a Ø, qd

als Determinativ:

z.B.  - šnj [IIIae inf] - rund sein; umkreisen, umgeben

 - qdj - umhergehen, spazieren

 - ṯ3 - Kügelchen; kleine Perle

als phonographisches Determinativ:

z.B. 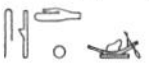 - sqdj [IIIae inf] - fahren, gehen

 - qd - bauen; bilden, schaffen, formen

[Zeichen kann mit D12 und leicht mit N33 verwechselt werden]

[Zeichen kann durch W24 ersetzt werden]

zwei diagonal gekreuzte Stäbe
two sticks crossed diagonally

Ø, wp, wr, sw3, s<u>d</u>, šbn

Z9

als Determinativ:

z.B. - wšb - erwidern, antworten

- ḥsb - rechnen, berechnen

- gmgm - zerbrechen; zerknicken; zerreißen

- t3š - Grenze, Grenzmarke; Gebiet, Gau

als Phonogramm wp:

z.B. - wp-st - im einzelnen; detailliert aufgeschlüsselt; Liste

als Phonogramm wr:

z.B. - swr - trinken

als Phonogramm sw3:

z.B. - sw3 [kaus] - vorbeigehen

als Phonogramm s<u>d</u>:

z.B. - s<u>d</u>t [f] - Feuer, Flamme; Verbrennung

als Phonogramm šbn:

z.B. - šbn - mischen, vermischen

als Abkürzung:

z.B. × - ḥsb - 1/4

zwei diagonal gekreuzte Stäbe (frühere Variante zu Z9)

two sticks crossed diagonally (earlier variant of Z9)

Z10

Ø, wp, wr, swꜣ, sḏ, šbn

[Gebrauch wie Z9]

zwei axial gekreuzte Stäbe

two stick crossed axially

Z11

jmj

als Phonogramm jmj:

z.B. - jmw - Innenwand (eines Gefäßes); Rand
- jmj - darin (befindlich) sein
- jmj - der Darinbefindliche, der Dazugehörige
- jmj-jb - Vertrauter, Liebling
- jmj-jrtj - Lotse
- jmj-wt - *Imiut*-Fetisch; Anubis (Gott)
- jmj-wrt [f] - Steuerbord
- jmj-pr - Eigentum, Besitz

durch Identität im Hieratischen mit M42:

z.B. - wnm - essen; fressen

Pustel (?)
pustule (?)

Ø, wḥ3

Aa2

als Determinativ:

z.B.  - wbnw - offene Wunde; Verletzung, Verwundung

 - wsšt [f] - Urin, Harn; Ausscheidung

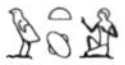 - wt - Balsamierer

 - ẖ3yt [f] - Leiden, Krankheit

 - ẖp3w - Bauchnabel, Nabel

 - ḏd3 - fett

als Phonogramm wḥ3:

z.B.  - wḥ3t [f] - Oase

als Abkürzung:

z.B.  - ẖpw - Relief, Figuren

 - ḥsb - Bruch, Fraktur

 - ḥsb - berechnen, zählen, ausrechnen; abrechnen mit

[Zeichen kann F52, M41, N32, V32, V38, W6, W7, Z10 ersetzen]

Pustel (Aa2) mit Eiterausfluss
pustule (Aa2) with matter flowing out of it

Aa3 Ø

als Determinativ:
z.B. - ꜣjs - Gehirn
- wsšt [f] - Urin, Harn; Ausscheidung
- ryt [f] - Ausscheidung
- sṯj (stj) - Wohlgeruch, Duft, Geruch; Gestank

Teil eines Gewandes mit Ärmeln (?)
part of a robe with sleeves (?)

Aa6 Ø, tmꜣ (ṯmꜣ)

als Determinativ:
z.B. - tmꜣ - Matte

als phonographisches Determinativ:
z.B. - tmꜣ (ṯmꜣ) - Kataster

unbekanntes Gerät
unknown tool

sqr

Aa7

als phonographisches Determinativ:

z.B.  - sqr - schlagen; herstellen; kneten

 - sqr-ᶜnḫ - Gefangener, Kriegsgefangener

als Abkürzung:

z.B.  - sqr - schlagen; herstellen; kneten

unbekanntes Gerät
unknown tool

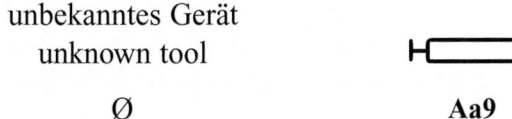

Ø

Aa9

als Determinativ:

z.B.  - wẖd - Nachsicht

 - ẖwd - reich sein

 - ẖwd - Reicher, Wohlhabender

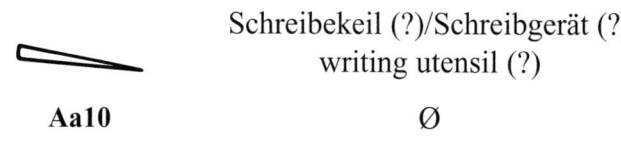

Schreibekeil (?)/Schreibgerät (?)
writing utensil (?)

Aa10 Ø

als Determinativ:

z.B. - drf - Strich, Linie; Schrift

Rippenbogen (?)
coastal arch (?)

Aa13 Ø, gs, jm/m

als Determinativ:

z.B. - jm - *Rippe

als Ideogramm:

z.B. - gs - Seite

als phonographisches Determinativ:

z.B. - jm - klagen, wehklagen, jammern

- jm - Form, Gestalt

- jmw - *Imu*-Schiff (Transportschiff)

- jmj [Imperativ zu rḏj] - gib!

als Phonogramm gs:

z.B. - r-gs - neben

- gs - salben

- gstj - Palette, Schreibpalette

Rippenbogen (?) (frühere Variante zu Aa13)

coastal arch (?) (earlier variant of Aa13)

Ø, gs, jm/m

Aa14

[Gebrauch wie Aa13]

Rippenbogen (?) (Variante zu Aa13)

coastal arch (?) (variant of Aa13)

Ø, gs, jm/m

Aa15

[Gebrauch wie Aa13]

Rippenbogen (?) (Aa13) (in verkürzter Schreibung)

coastal arch (?) (Aa13) (in abbreviated writing)

gs

Aa16

als Ideogramm:

z.B.  - gs - Seite

als Phonogramm gs:

z.B.  - r-gs - neben

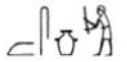 - gs - salben

 - gstj - Palette, Schreibpalette

Hering mit Ösen (?)
tent-anchor with loops (?)

Aa19 Ø

als Determinativ:

z.B.  - k3r - Naos, Kapelle, Schrein

als phonographisches Determinativ:

z.B.  - ḥr - aufschlagen (Zelt)

 - ḥr - bereit, kampfbereit sein; auf der Lauer liegen; bereitmachen, vorbereiten

 - ḥr - Absicht, Plan

 - ḥr - erschrecken; sich ängstigen, Furcht haben

 - ḥryt [f] - Schrecken, Furcht; Respekt

 - ḥryt [f] - Ofen (der Metallarbeiter)

 - ṯ3r - festmachen, befestigen, sichern

 - ṯ3rt [f] - Festung

 - ṯ3rt [f] - Kajüte

als Abkürzung:

z.B.  - k3r - Naos, Kapelle, Schrein

Troddel (?)
tassel (?)

ᶜpr

Aa20

als phonographisches Determinativ:

z.B.  - ᶜpr - ausstatten, versehen mit; ausgestattet sein

 - ᶜprt [f] - Opferausstattung, Grabausstattung

als Phonogramm ᶜpr:

z.B.  - ᶜpr - ausstatten, versehen mit; ausgestattet sein

 - ᶜprw - Schiffsmannschaft, Matrosen; Arbeitermannschaft

 - ᶜpr - *Habiru* (Hebräer); Winzer, Traubenkelterer

Kleiderständer (?)
coat-stand (?)

smꜣ

Aa25

als Ideogramm:

z.B.  - smꜣ - Stolist, Bekleidungspreister

Pflock (?)
peg (?)

Aa26 Ø

phonographisches Determinativ:
z.B. - sbj - Rebell, Frevler

[Zeichen kann durch T14 ersetzt werden]

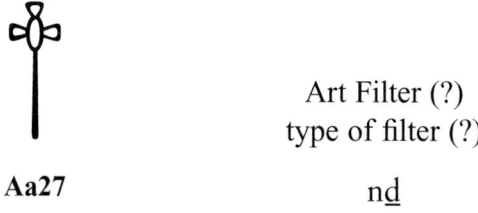

Art Filter (?)
type of filter (?)

Aa27 nḏ

als Phonogramm nḏ:
z.B. - nḏ - mahlen
- nḏw (nḏy) - Müller
- nḏ - fragen
- nḏ-ḥr - begrüßen, huldigen
- nḏ - schützen, retten
- nḏ - Faden
- nḏnḏ - fragen, um Rat fragen
- nḏnḏ - Bitte, Anfrage
- snḏ - sich fürchten, Furcht haben; Ehrfurcht haben
- snḏw - Furcht, Angst

Suchlisten hieroglyphischer Zeichen

Suchliste I: schmale Halbzeichen (schmale, längliche Zeichen – tall narrow signs)

Aa29	373	M13	197	T14	342
M40	213	M30	208	T15	343
Aa28	372	S44	328	S39	324
D16	55	S29	318	S38	324
P11	281	H6	168	T18	344
M29	207	H6a	169	T13	341
T35	354	Q7	286	M17	200
D50	78	Aa26	446	R8	291
F25	118	T19	345	T7a	334
U36	379	T20	346	S36	322
T8	335	M4	190	S35	322
T8a	335	O30	260	V24	376

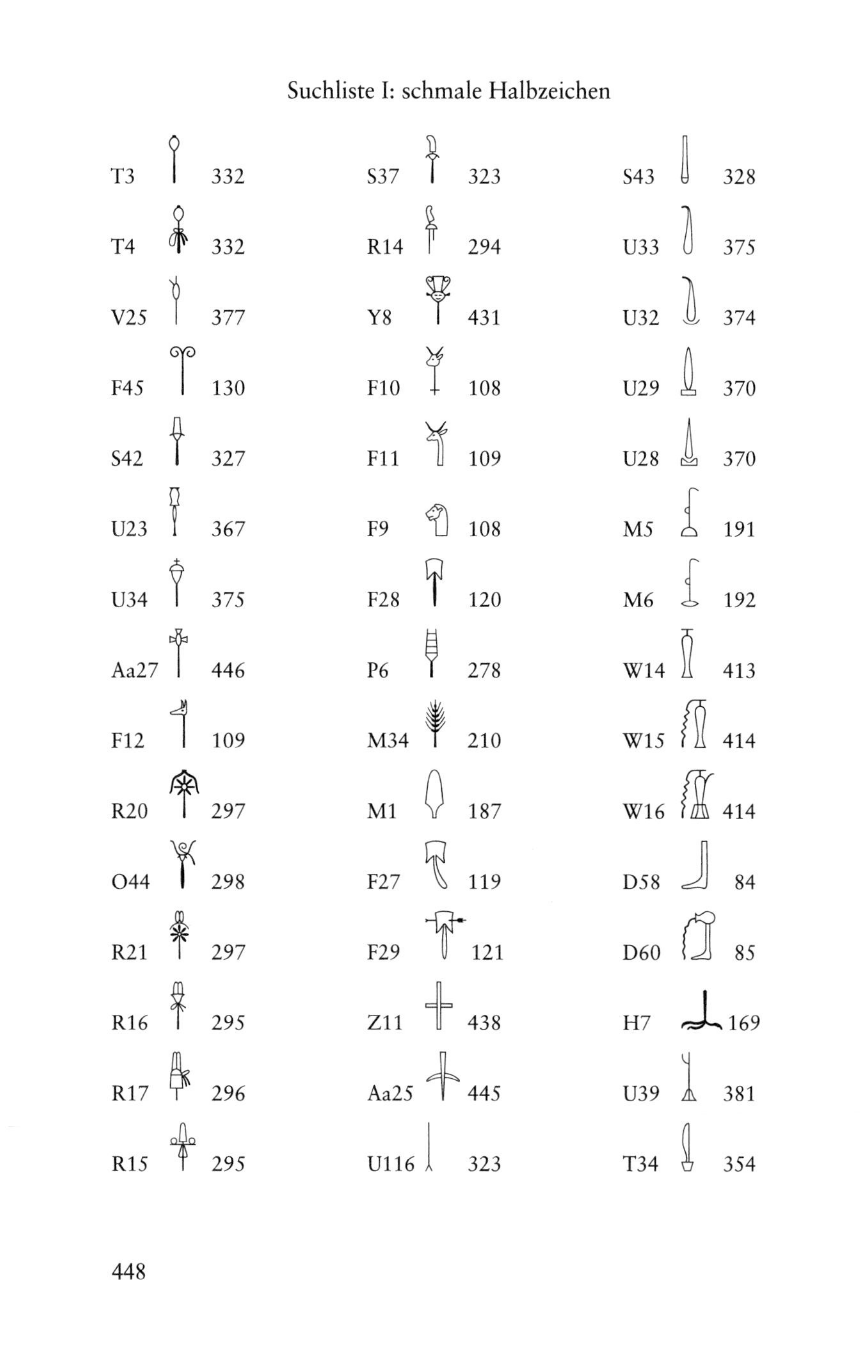

Suchliste I: schmale Halbzeichen

T3	332	S37	323	S43	328
T4	332	R14	294	U33	375
V25	377	Y8	431	U32	374
F45	130	F10	108	U29	370
S42	327	F11	109	U28	370
U23	367	F9	108	M5	191
U34	375	F28	120	M6	192
Aa27	446	P6	278	W14	413
F12	109	M34	210	W15	414
R20	297	M1	187	W16	414
O44	298	F27	119	D58	84
R21	297	F29	121	D60	85
R16	295	Z11	438	H7	169
R17	296	Aa25	445	U39	381
R15	295	U116	323	T34	354

Suchliste I: schmale Halbzeichen

M12	196
A53	31
U40	382
Aa21	371
R50	293
R9	292
M22	203
M23	204
M26	205
M16	199
M15	198
U27	369
U26	369
U24	368
U25	368
M28	207
S40	325
S41	326
R19	326
V28	396
V29	397
M32	209
V17	393
L7	185
M18	201
W25	420
I12	177
W19	416
F35	124
F36	125
V5	385
V18	393
S34	321
V39	321
F31	122
S16	309
S17	310
S27	316
O36	264
O6	248
O7	248
O11	250
V36	403
O21	254
O20	254

O26	257	V38	404	Q1	282
R11	293	M44	215	C19	45
W1	405	X8	426	C20	45
O28	258	O24	256	A21	13
Aa20	445	T25	348	A27	17
O25	257	Aa30	329	S1	300
U41	382	Aa31	330	S9	304
T22	347	W20	417	S5	302
T23	347	Aa32	337	S8	304
P8	279	N12a	223	S3	301
S33	320	Y7	43	S45	329

Suchliste II: flache Halbzeichen
(flache, breite Zeichen – low broad signs)

Aa12	267	N38	242	S32	320
N37	242	N39	243	Y2	427

Y1	427	P1	273	X4	423
R4	288	P4	276	D8	51
N1	216	Aa9	441	N16	225
Q5	284	T9	336	X5	424
O1	245	T9a	336	G49	162
O17	252	Aa11	267	M8	193
N36	241	Aa15	443	N20	227
N24	230	Aa13	442	Aa10	442
N31	236	Aa14	443	N35	239
Y5	429	Aa7	441	Aa8	231
O16	252	N17	226	O34	262
Aa17	340	N18	226	R22	298
U17	358	X4d	424	R23	299
U18	359	N19	227	S24	315
O31	260	S130a	317	V27	378

Suchliste II: flache Halbzeichen

W8	409
V32	401
V26	377
R24	299
S22	312
T10	337
K5	181
D21	58
D22	58
D23	59
D4	49
D5	50
D6	50
D7	51
D9	52
D25	60
D24	59
N11	222
N12	223
F42	128
N62a	223
V30	399
W3	406
V31	400
V31a	400
O37	264
F44	129
K4	180
K3	180
T30	351
T31	352
T33	353
Z6	435
P10	280
F33	123
T2	331
T7	334
D15	54
D13	54
U20	365
M3	189
U31	373
T11	338
T1	331
O29	259

Suchliste II: flache Halbzeichen

F32	122	T21	346	E15	94
F4	105	I9	175	E21	97
F19	114	D51	79	E23	98
A54	32	D48	77	I3	172
D36	68	D46	76	I5	172
D42	74	R5	289	I5a	173
D37	69	D46a	77	G11	141
D38	70	U37	380	G12	142
D39	71	D47	76	E9	91
D40	72	T16	343	G36	154
D44	75	F16	111	G37	155
D45	75	F18	113	L4	185
D43	74	A15	9	E34	103
D41	73	U15	363	Q2	283
D35	67	U16	364	Q19	286

A55	32	H5	168	V3	384
Aa23	378	L5	186	I15	178
Aa24	379	D52	80	V16	392
V13	391	D53	80	O42	268
F46	131	M9	194	F38	126
F47a	132	U19	364	F37	126
F47	132	U21	365	F39	127
F46a	132	F24	118	F40	127
F49	134	V12	390	D61	85
F48	133	D17	55	D63	86
M11	195	I14	178	N33a	238
U14	362	V2	384	M33	209

Suchliste III: Viertelzeichen
(enge, runde Zeichen – low narrow, rounded signs)

Q3	283	N23	229	O39	265
O4	247	O5	247	Z8	436

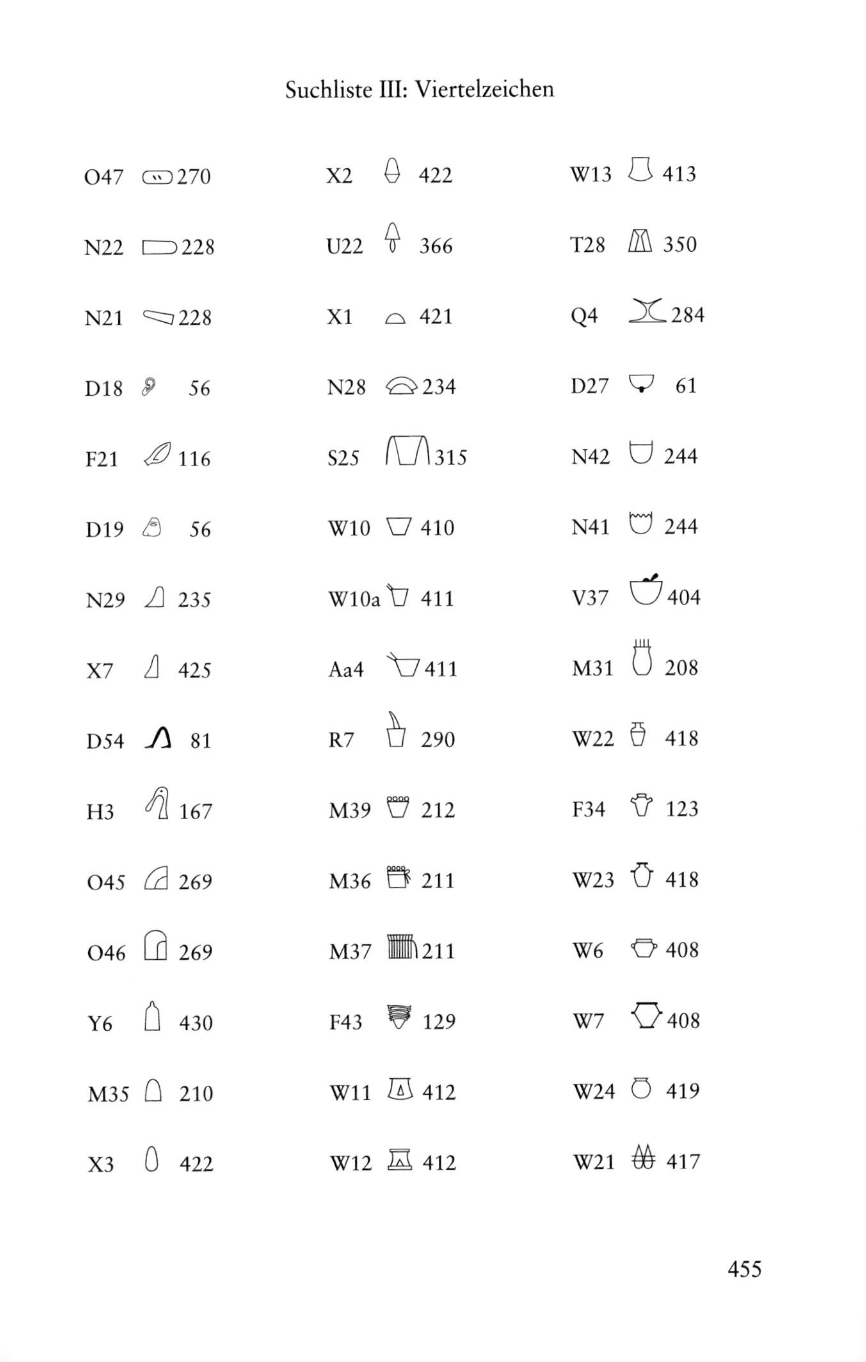

Suchliste III: Viertelzeichen

O47	270
N22	228
N21	228
D18	56
F21	116
D19	56
N29	235
X7	425
D54	81
H3	167
O45	269
O46	269
Y6	430
M35	210
X3	422
X2	422
U22	366
X1	421
N28	234
S25	315
W10	410
W10a	411
Aa4	411
R7	290
M39	212
M36	211
M37	211
F43	129
W11	412
W12	412
W13	413
T28	350
Q4	284
D27	61
N42	244
N41	244
V37	404
M31	208
W22	418
F34	123
W23	418
W6	408
W7	408
W24	419
W21	417

Suchliste III: Viertelzeichen

N26 ⌒ 233	F41 ≣ 128	Aa16 ⌒ 443
D28 ∪ 62	N34 ⌒ 238	I6 ⌁ 173
F13 ∨ 110	U30 ⌂ 372	D49 ⌒ 77
V6 ⌀ 386	V35 ⋀ 403	F3 🐊 105
T12 ⋈ 339	H8 ⚬ 170	F22 ⋀ 117
V7 ⚲ 387	F51 ⸯ 134	Z9 × 437
V8 ⚲ 387	M41 ⸺ 213	Z10 ⋈ 438
S20 ⚲ 311	L6 ⋁ 186	M42 ⸸ 214
V20 ∩ 395	D14 ⊳ 54	N33 ○ 237
V19 ⊓ 394	D11 ⊲ 53	Z8a ○ 436
Aa19 ⌒ 444	K6 ⬦ 182	D12 ○ 53
Aa2 ⬭ 439	Z4 \\ 434	S21 ◎ 312
Aa3 ⬭ 440	Z5 \ 434	N10 ⊖ 222
N32 ⋓ 237	D26 ⸔ 60	N5 ⊙ 219
W9 ⋓ 409	U9 ⋯⌂ 359	O48 ⫲ 270

N9	221	V9	388	V34	402
Aa1	398	S10	305	D1	46
O49	271	N6	220	F1	104
O50	272	N8	221	H1	165
N15	225	S11	306	H4	167
N13	224	D2	47	V1	383
N14	224	F52	135	Z7	435
X6	425	V33	402		

Suchliste IV: Voll- und Dreiviertelzeichen (Quadrat füllende Zeichen – square filling signs)

N35a	240	O38	265	C11e	3
O10	141	O33	261	O3	246
O13	250	O18	253	O22	255
O15	251	O19	253	S15	309
O14	251	O23	256	O27	258

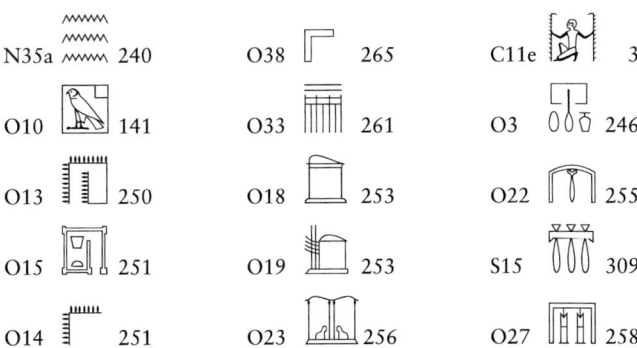

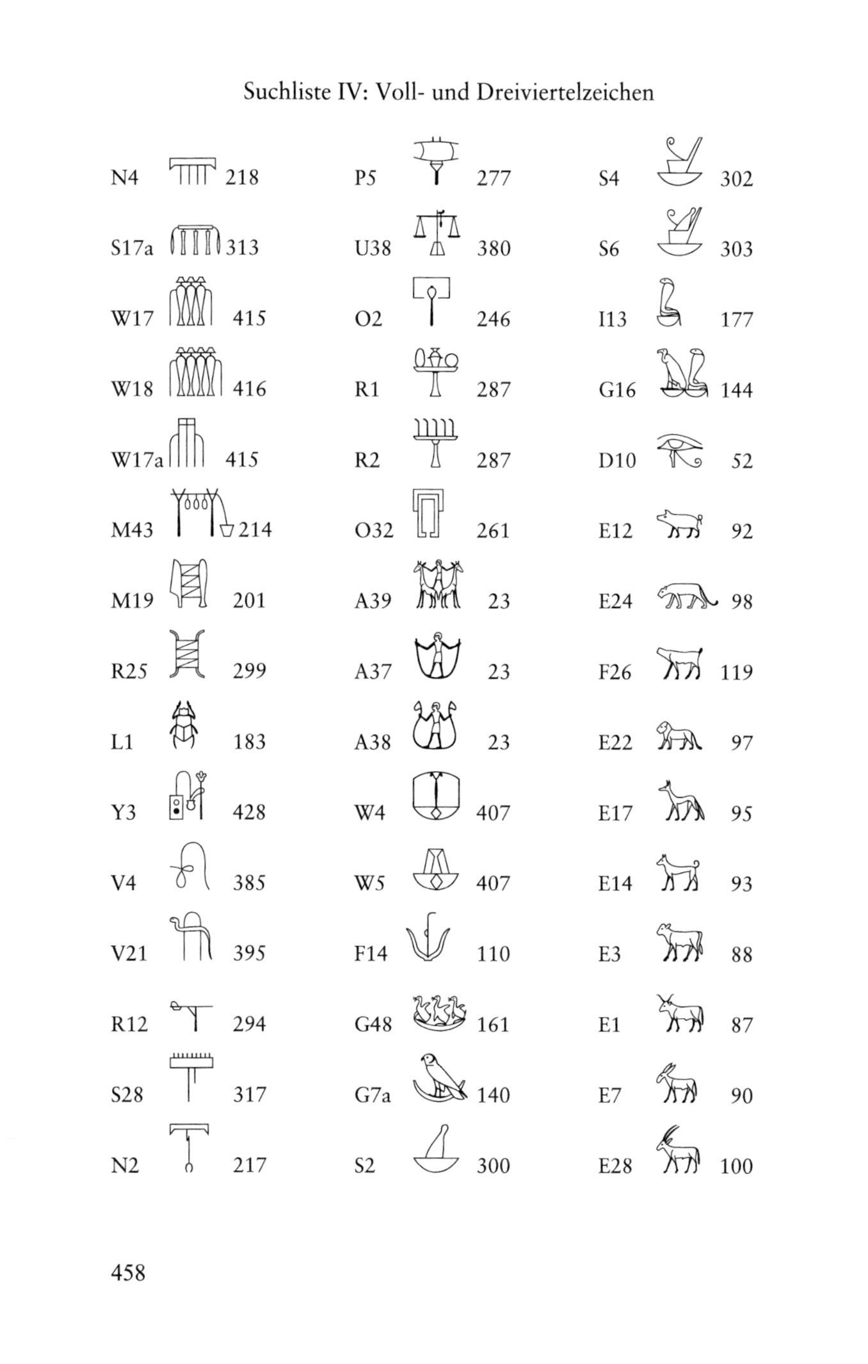

Suchliste IV: Voll- und Dreiviertelzeichen

N4	218	P5	277	S4	302
S17a	313	U38	380	S6	303
W17	415	O2	246	I13	177
W18	416	R1	287	G16	144
W17a	415	R2	287	D10	52
M43	214	O32	261	E12	92
M19	201	A39	23	E24	98
R25	299	A37	23	F26	119
L1	183	A38	23	E22	97
Y3	428	W4	407	E17	95
V4	385	W5	407	E14	93
V21	395	F14	110	E3	88
R12	294	G48	161	E1	87
S28	317	G7a	140	E7	90
N2	217	S2	300	E28	100

E30	101	V10	388	S12	307
E10	92	I8	174	S13	307
E2	87	K7	182	S14	308
E32	102	I7	174	S14a	308
E26	99	I1	171	G26	149
E6	89	D3	48	E18	95
E5	89	I10	176	E19	96
E4	88	F20	115	A1	1
E16	94	F30	121	A41	24
I4	173	V22	362	A43	25
G10	275	V23	363	A45	26
G32	152	M10	194	A40	37
G51	163	D32	64	B1	33
G54	164	S18	310	C1	38
I2	171	S19	311	C2	38

Suchliste IV: Voll- und Dreiviertelzeichen

G1	136	G22	146	T32	353
G4	137	G23	147	G45	160
G5	138	G43	159	G19	145
G38	156	G47	161	D57	352
G39	157	G40	157	M14	197
G29	150	L2	184	P9	279
G30	151	G41	158	S30	319
G21	146	G24	147	U35	376
G26a	148	E13	93	F50	319
G25	148	E20	96	T5	333
G17	144	E27	100	S31	319
G53	164	E8a	91	P7	278
G15	143	T17	343	Aa22	371
G6	138	U13	361	U11	360
G9	141	T29	350	U12	360

Suchliste IV: Voll- und Dreiviertelzeichen

Aa18	340
N40	243
V15	392
O35	263
S26	316
S7	303
F2	104
F5	106
F7	107
D33	65
M2	188
Aa6	440
S23	314
Aa5	280
L3	184
N30	235
O51	272
O41	266
Q6	285
R3	288
N7	220
R18	296
R10	292
N27	234
M21	202
M20	202
N25	232
O40	266
T26	349
T27	349
U1	355
U3	356
U4	356
V11	389
T24	348
F17	112
U7	357

Liste der Einkonsonantenzeichen
list of uniconsonantal signs

ꜣ	136/G1
j	200/M17
y	M17a
y	434/Z4
ꜥ	68/D36
w	159/G43
w	435/Z7
b	84/D58
p	283/Q3
f	175/I9
m	144/G17
m	442/Aa13
m	145/G19
m	145/G20
m	70/D38
n	239/N35
n	301/S3
n	302/S4
r	58/D21
h	247/O4
ḥ	396/V28
ḫ	398/Aa1
ẖ	122/F32
s	318/S29
s (z)	262/O34
s (z)	263/O35
š	242/N37
q	235/N29
k	400/V31
g	412/W11
t	421/X1
ṯ (t)	391/V13
ṯ	391/V14
d	76/D46
ḏ	176/I10
ḏ	69/D37

Liste der Zweikonsonantenzeichen
list of biconsonantal signs

ꜣꜣ	136/G2
ꜣw	127/F40
ꜣb	367/U23
ꜣb	120/F28
ꜣb	408/W7
ꜣḫ	148/G25
ꜣs	134/F51
jw	91/E9
jp	110/F13
jm	442/Aa13
jm	187/M1
jn	179/K1
jn	419/W24
jn	17/A27
jr	49/D4
jḥ	348/T24
js (jz)	213/M40
ꜥꜣ	259/O29
ꜥꜣ	260/O31
ꜥb	111/F16
ꜥb	84/D59
ꜥb	410/W10
ꜥn	51/D7
ꜥḥ	348/T24
ꜥḥ	222/N11
ꜥq	153/G35
ꜥd	180/K3
ꜥd	377/V26
ꜥḏ	378/V27
ꜥḏ	180/K3
ꜥḏ	377/V26
wꜣ	385/V4
wꜣ	236/N31
wꜥ	160/G45
ww	160/G44
wp	110/F13

Liste der Zweikonsonantenzeichen - list of biconsonantal signs

wn	103/E34
wn	214/M42
wr	154/G36
wr	437/Z9
ws	134/F51
wd	376/V24
wḏ	376/V24
wḏ	197/M13
wḏ	197/M14
bꜣ	150/G29
bꜣ	411/W10a
bḥ	113/F18
bs	181/K5
pꜣ	157/G40
pr	245/O1
pḥ	117/F22
pḏ	336/T9
mꜣ	355/U1
mꜣ	137/G3
mꜣ	356/U3

mj	416/W19
mj	145/G19
mj	145/G20
mj	69/D37
mj	70/D38
mj	241/N36
mw	240/N35a
mm	145/G18
mn	429/Y5
mn	331/T1
mr	357/U6
mr	367/U23
mr	241/N36
mḥ	362/V22
ms	122/F31
mt	80/D52
mt	143/G14
md	328/S43
mḏ	395/V20
mḏ	395/V21

Liste der Zweikonsonantenzeichen - list of biconsonantal signs

nj	73/D41	ḥn	403/V36
nw	419/W24	ḥr	47/D2
nw	364/U19	ḥr	216/N1
nb	399/V30	ḥḥ	43/C11
nm	354/T34	ḥs (ḥz)	413/W14
nn	M22a	ḥd	332/T3
nḥ	146/G21	ḥḏ	332/T3
ns	115/F20	ḥḏ	333/T5
nḏ	446/Aa27	ḥḏ	308/S14
rw	98/E23	ḫꜣ	196/M12
rs	341/T13	ḫꜣ	186/L6
rs	205/M24	ḫꜥ	234/N28
hb	361/U13	ḫw	74/D43
ḥꜣ	199/M16	ḫm	298/R22
ḥw	113/F18	ḫt	189/M3
ḥb	406/W3	ẖꜣ	180/K4
ḥm	379/U36	ẖn	119/F26
ḥm	244/N41	ẖn	65/D33
ḥn	188/M2	ẖr	350/T28
ḥn	358/U8	sꜣ	157/G39

Liste der Zweikonsonantenzeichen - list of biconsonantal signs

sꜣ	340/Aa18
sꜣ (zꜣ)	392/V16
sw	204/M23
sp	272/O50
sf	319/S30
sm	202/M21
sm	202/M20
sn	347/T22
sš	428/Y3
sk	397/V29
st	282/Q1
st	312/S22
st	121/F29
sṯ	312/S22
sṯ	121/F29
šꜣ	193/M8
šꜣ	169/H7
šw	168/H6
šn	387/V7
šs	386/V6
šs	402/V33
šd	121/F30
qn	231/Aa8
qs	345/T19
qd	372/Aa28
kꜣ	62/D28
kp	289/R5
km	173/I6
gb	156/G38
gm	150/G28
gs	442/Aa13
gs	443/Aa16
tꜣ	372/U30
tꜣ	225/N16
tj	375/U33
tw	137/G4
tp (ḏp)	46/D1
tp (ḏp)	335/T8
tm	363/U15
ṯꜣ	161/G47

Liste der Zweikonsonantenzeichen - list of biconsonantal signs

ṯs	315/S24
dw	233/N26
db	146/G22
ḏꜣ	370/U28
ḏw	233/N26
ḏb	146/G22
ḏr	211/M36
ḏd	293/R11
ḏḏ	176/I11

Liste der Drei- und Vierkonsonantenzeichen (in Auswahl) list of triconsonantal and fourthconsonantal signs (in selection)

ꜣbd	222/N11
ꜣpd	165/H1
jꜣm	187/M1
jꜥb	410/W10
jwn	258/O28
jmꜣ	187/M1
jmꜣḫ	127/F39
jmj	438/Z11
jnj	420/W25
jrj	49/D4
jsw	129/F44
jṯj	392/V15
jdn	116/F21
jdr	404/V37
ꜥwt	324/S39
ꜥbꜣ	327/S42
ꜥpr	445/Aa20
ꜥnḫ	321/S34
ꜥnḏ	377/V26
ꜥrq	390/V12
ꜥḥꜥ	278/P6
ꜥḥꜥ	278/P7

ꜥšꜣ	171/I1
wꜣḥ	397/V29
wꜣs	325/S40
wꜣḏ	197/M13
wꜣḏ	197/M14
wbꜣ	369/U26
wḥꜣ	439/Aa2
wḥm	118/F25
wsr	109/F12
wsḫ	410/W10
wsḫ	306/S11
wṯs	381/U39
wḏb	227/N20
wḏb	131/F46
bꜣs	405/W2
bjꜣ	364/U16
bjt	184/L2
pḫr	131/F46
mꜣꜥ	267/Aa11
mꜣꜥ	356/U4
mꜣw	160/G46
mꜣṯ	408/W7
mnw	331/T1
msn	401/V32
nfr	124/F35
nnj	10/A17
nḫb	203/M22
nḏm	207/M29
rwd	339/T12
rwḏ	339/T12
ḥꜣb	255/O22
ḥꜣt	105/F4
ḥnt	410/W10
ḥrj	216/N1
ḥrw	216/N1
ḥqꜣ	324/S38
ḥtp	288/R4
ḥtm	282/Q1
ḥḏḏ	333/T6
ḫpr	183/L1

ḫnt	415/W17	sḏm	116/F21
ḫnt	56/D19	šmꜥ	205/M26
ḫrw	279/P8	šmꜥ	206/M27
ḫsf	375/U34	šms	344/T18
ẖnm	409/W9	šsp	268/O42
sjꜣ	320/S32	šsm	313/S17a
sbꜣ	224/N14	šsr	386/V6
spr	128/F42	qrs	345/T19
smꜣ	125/F36	kꜣp	289/R5
smꜣ	319/S31	grg	358/U17
snḏ	164/G54	tjw	137/G4
sḫm	327/S42	dwꜣ	224/N14
sḫm	431/Y8	dbꜣ	348/T25
sšm	352/T31	dbn	131/F46
sšm	353/T32	dsr	149/G27
sšp	268/O42	dqr	79/D51
sšr	402/V33	ḏꜥm	326/S41
sšr	386/V6	ḏꜥm	325/S40
stp	365/U21	ḏbꜣ	348/T25
sṯꜣ	384/V2		

Liste der Zahlzeichen (Numeralia)

Kardinalzahlen

1	wᶜ/wᶜjw	𓏺
2	snw/snwj (sntj)	𓏻
3	ẖmt/ẖmtw	𓏼
4	jfdw	𓏽
5	dj	𓏾
6	sjs/srs	𓏿
7	sfẖ/sfẖw	𓐀
8	ẖmnw	𓐁
9	psḏ/psḏw	𓐂
10	mḏ	𓎆
11	mḏ-wᶜ	𓎆𓏺
12	mḏ-snw	𓎆𓏻
20	ḏbᶜtj/ḏwt	𓎆𓎆
30	mᶜbꜣ	𓎆𓎆𓎆
40	ḥm	𓎆𓎆𓎆𓎆
50	dj	𓎆𓎆𓎆𓎆𓎆
60		𓎆𓎆𓎆𓎆𓎆𓎆
100	št/šnt	𓍢
200	štj	𓍢𓍢
1 000	ẖꜣ	𓆼
10 000	ḏbᶜ	𓂭
100 000	ḥfn	𓆐
1 Million	ḥḥ/ḥḥw	𓁨

Ordinalzahlen

erste(r)	tpj	
zweite(r)	snnw	𓏻𓏌
dritte(r)	ẖmtnw	𓏼𓏌
zehnte(r)	mḥ mḏ	𓎔𓎆

Ab der Ordinalzahl 10 wird die hieroglyphische Schreibung mit dem vorgestellten Partizip mḥ (𓎔) gebildet.

Bruchzahlen

Teil (von x)	rꜣ [Zahl]	𓂋
3/4	ẖmt-rw	𓂘
2/3	rꜣwj	𓂗
Hälfte	gs	𓐛
1/4	ḥsb	𓏴

Johanna Dittmar

Hieroglyphen-Schreibfibel

Vielen Ägyptologen – und nicht nur den Anfängern – fällt es schwer, Hieroglyphen korrekt und gut lesbar zu schreiben.

Tatsächlich ist das aber nicht so schwierig wie es aussieht, meistens fehlt nur eine brauchbare Anleitung. Diesem Mangel möchte die Schreibfibel abhelfen.

Um das Schreiben zu erleichtern, mussten die Hieroglyphenformen auf das Wesentliche reduziert werden. Vorgeführt wird nur eine Auswahl von Zeichen, darunter vor allem die Menschen- und Tierfiguren. Aus Gründen der Platzersparnis wurde jedem Zeichen nur eine Zeile reserviert, für die unerlässlichen weiteren Schreibübungen besorge man sich Notenhefte. Die Notenlinien haben sich als gutes Hilfsmittel erwiesen, um das Gefühl für die richtigen Proportionen zu festigen.

Nach altbewährter Methode wurde für den Schreibkursus jedes Zeichen in Phasen zerlegt, die den Ablauf der Linienführung zeigen. Es ist wichtig, die Phasen einzeln zu üben, z. B. so:

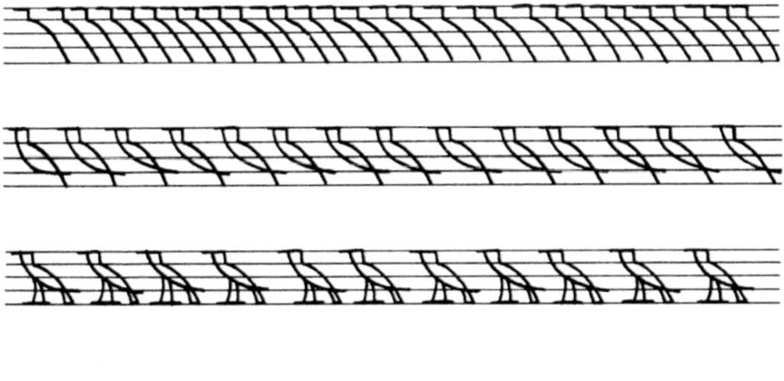

A 1

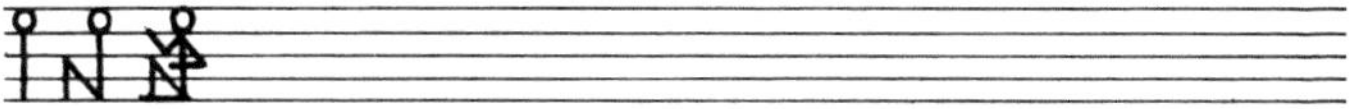

A 2

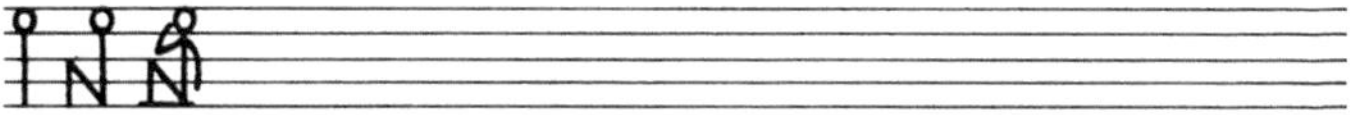

A 3

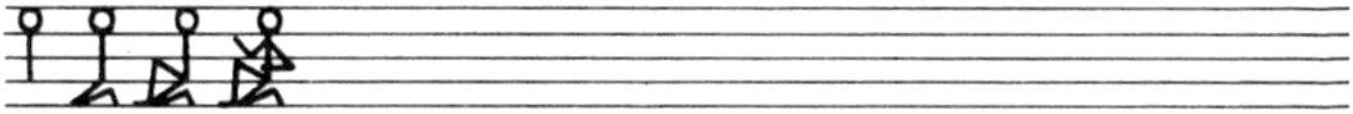

A 7

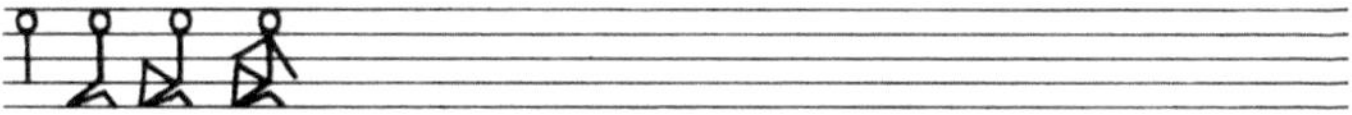

A 9

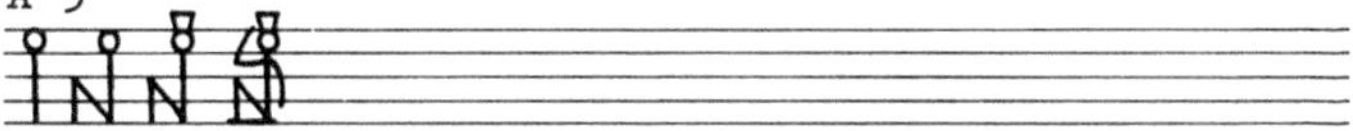

A 12

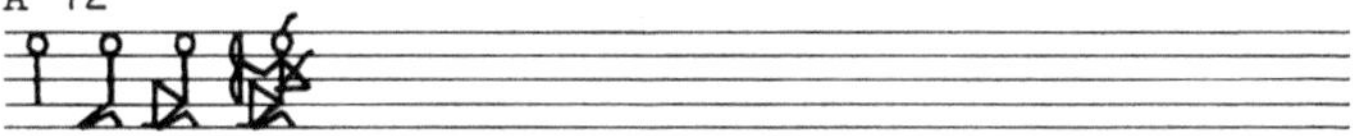

A 14

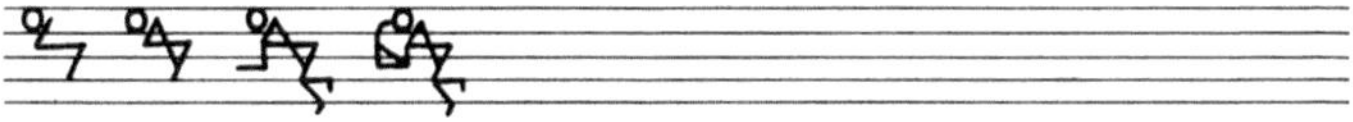

A 15

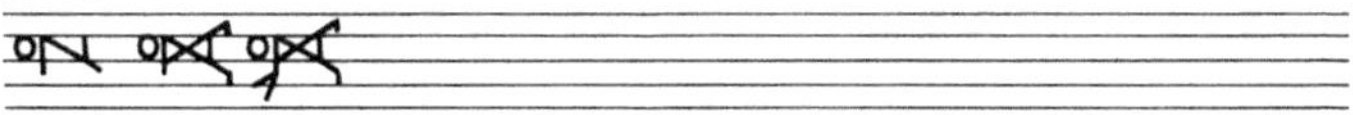

A 17

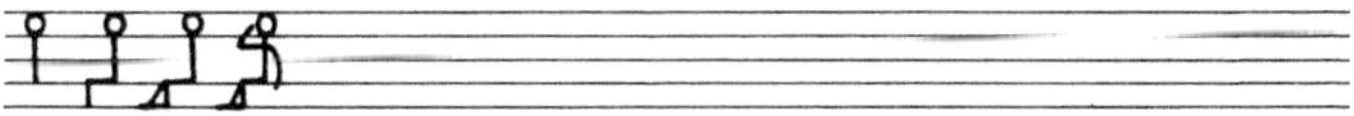

A 19

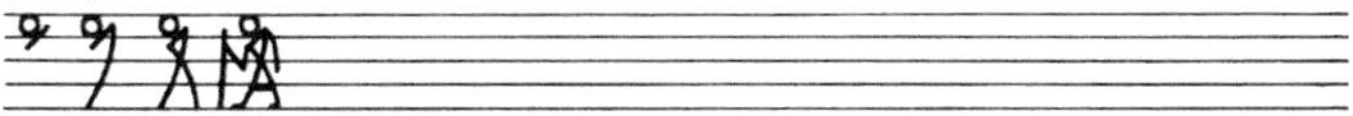

A 21

A 22

A 24

A 25

A 28

A 30

A 35

A 40

A 51

A 52

A 53

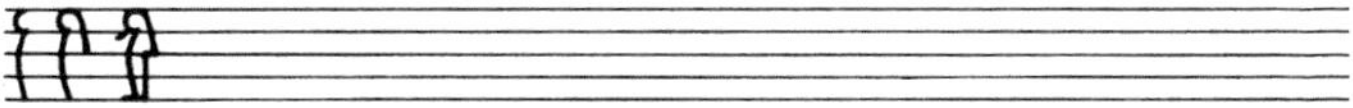

A 55

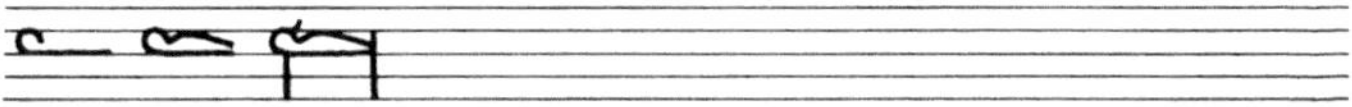

B 1

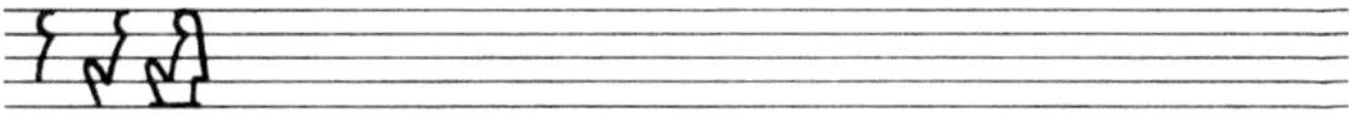

B 3

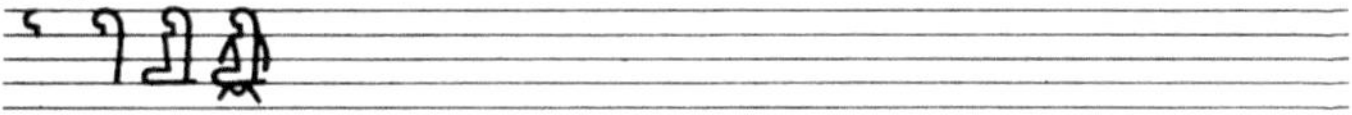

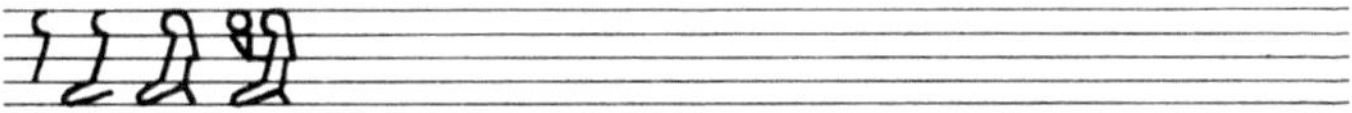

C 1

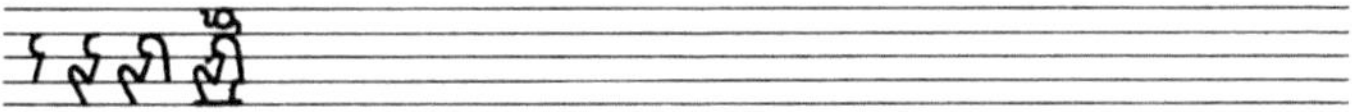

C 2

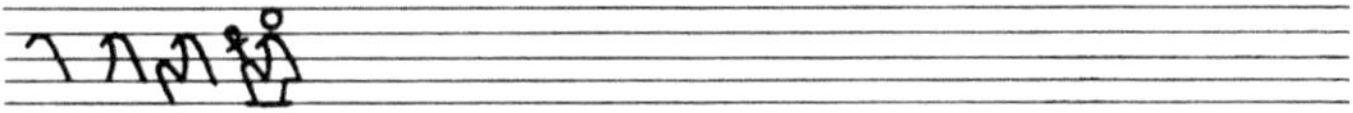

C 11

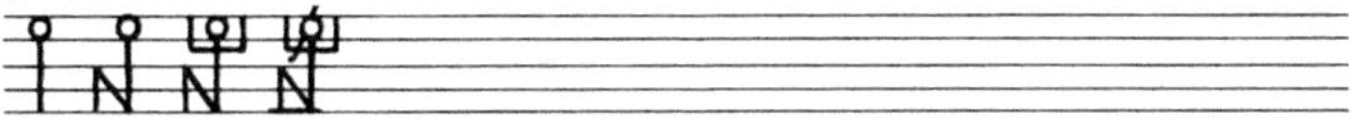

D 1

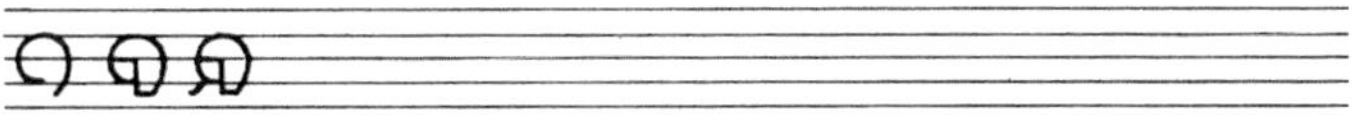

D 2

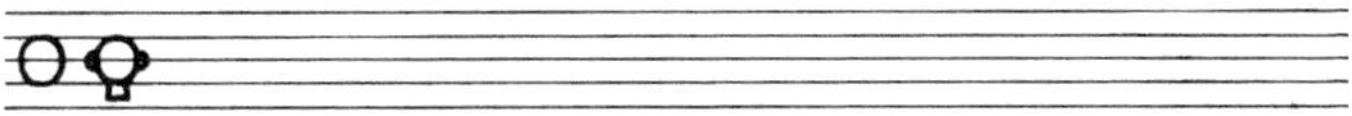

D 4

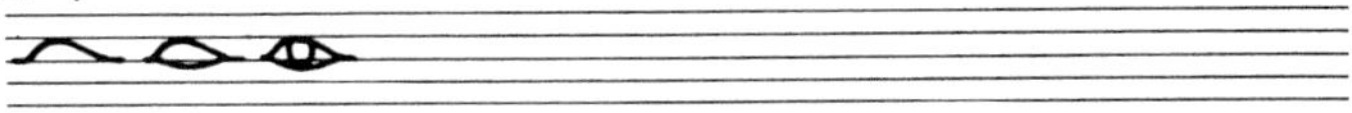

D 20

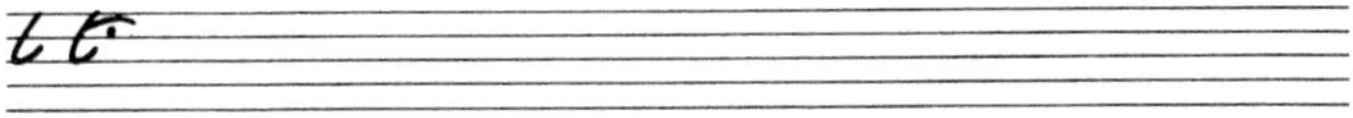

D 33

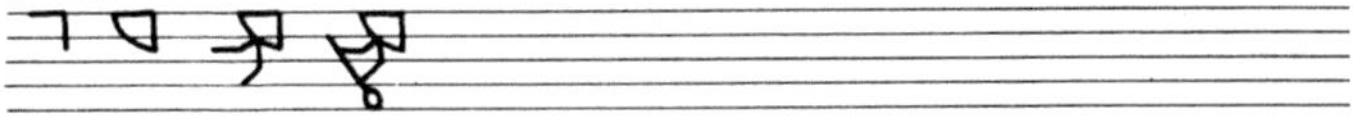

D 34

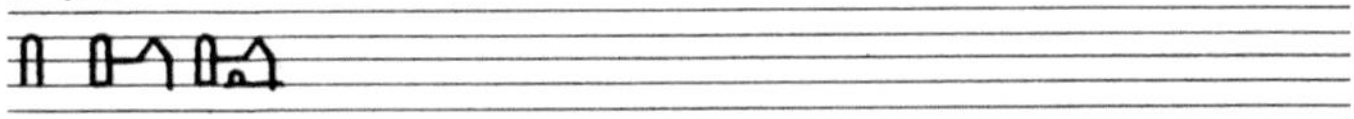

D 39

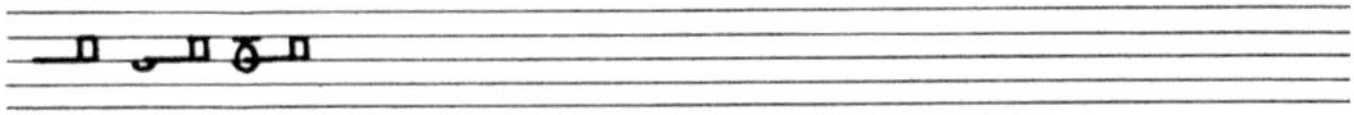

D 46

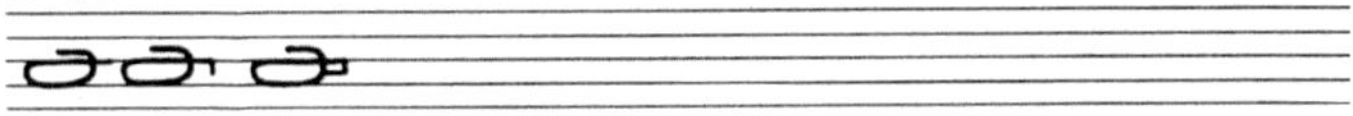

D 49

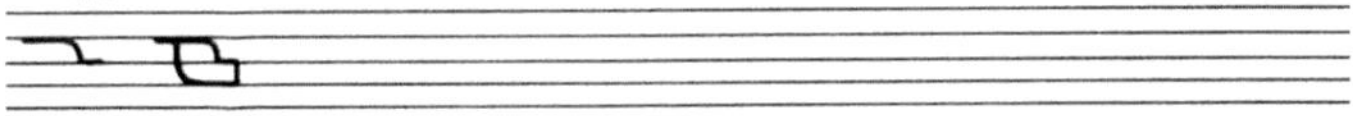

D 50

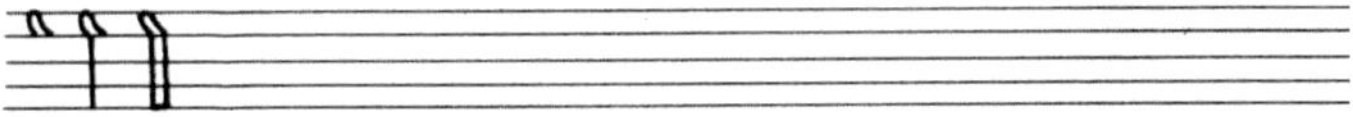

D 52

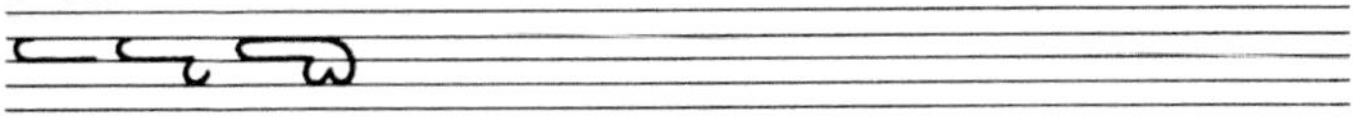

D 56

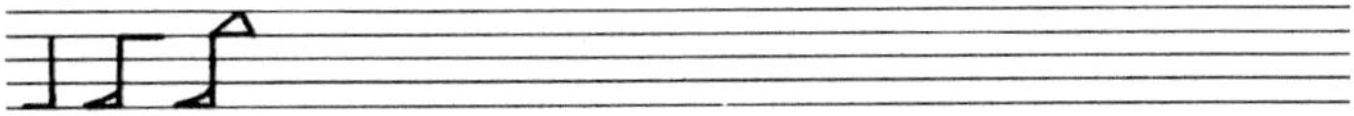

D 60

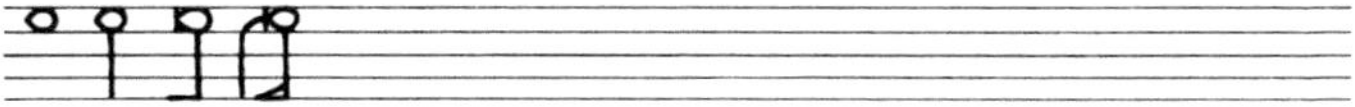

E 1

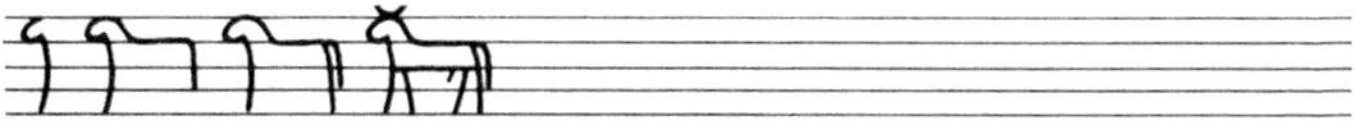

E 3

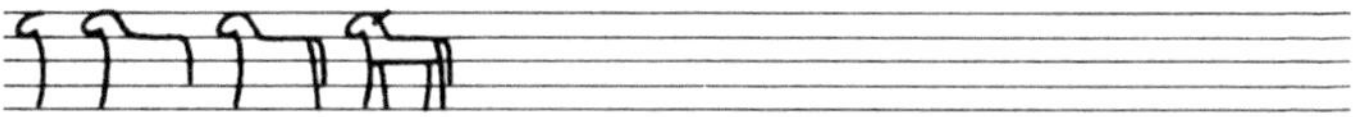

E 6

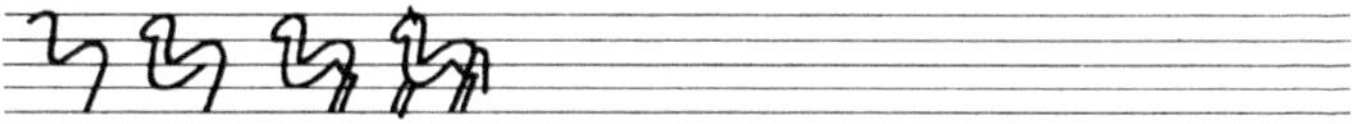

E 7

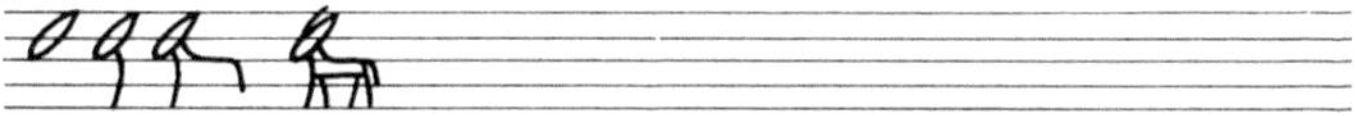

E 8

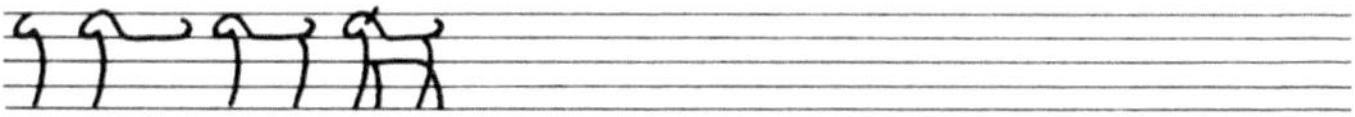

E 9

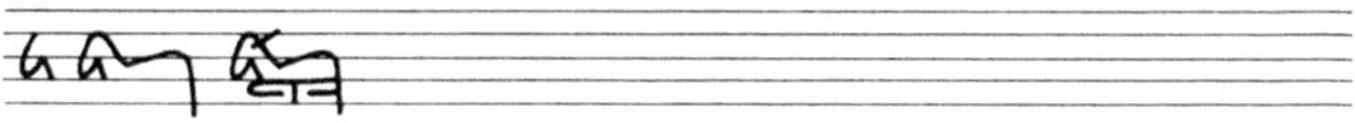

E 13

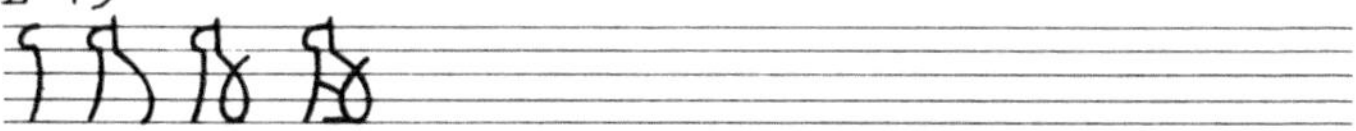

E 14

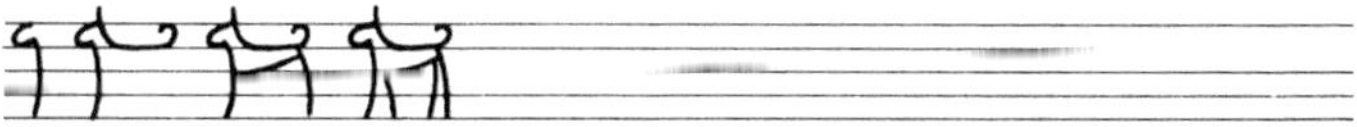

E 15

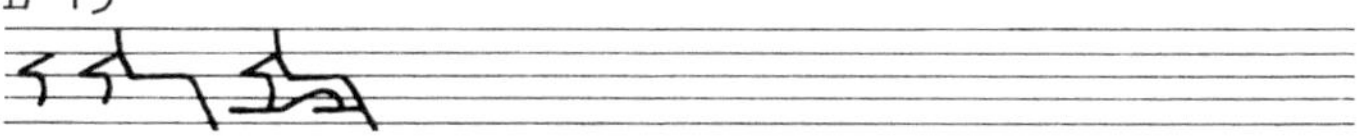

E 16

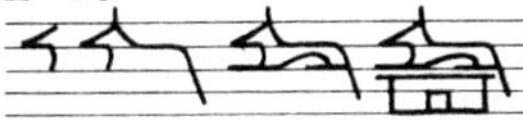

E 17

E 18

E 20

E 21

E 22

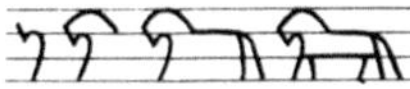

E 23

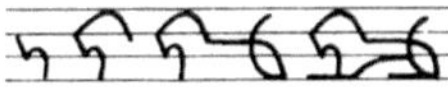

E 26

E 27

E 31

E 32

E 34

F 1

F 3

F 4

F 5

F 8

F 9

F 1o

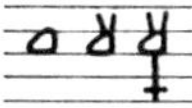

F 12

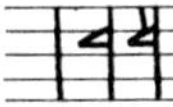

F 16

F 20

F 21

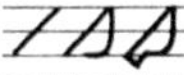

F 22

F 23

F 25

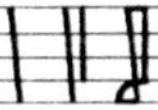

F 26

F 27

F 30

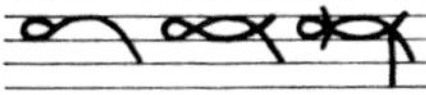

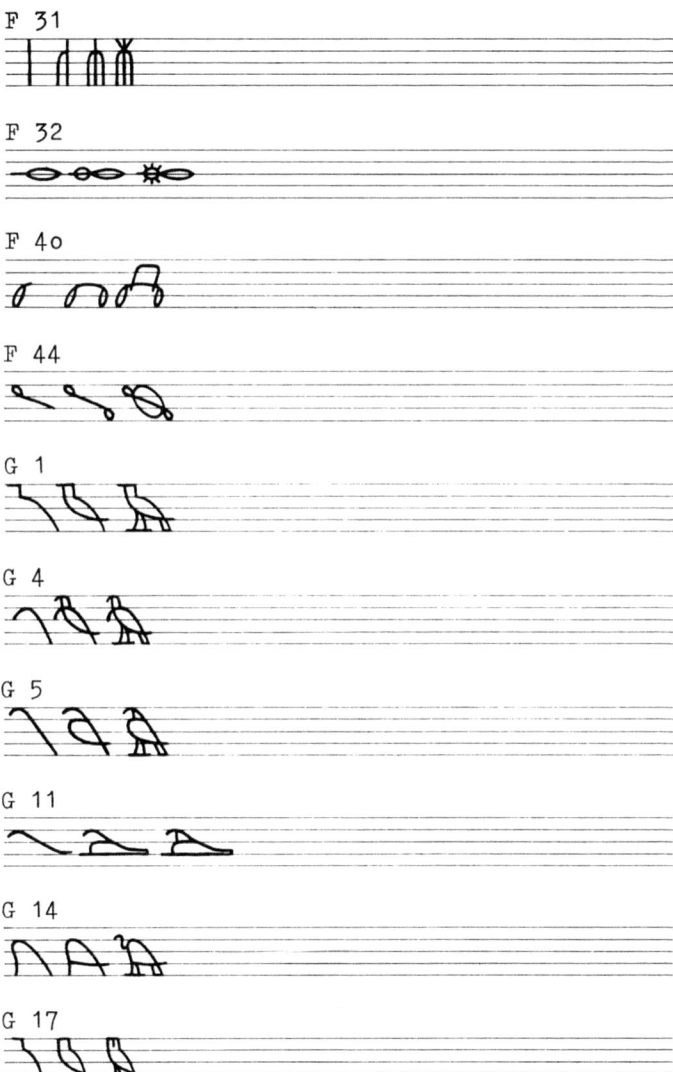

F 31

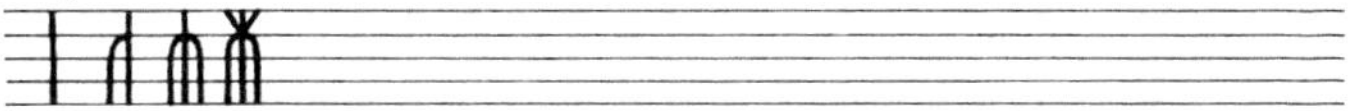

F 32

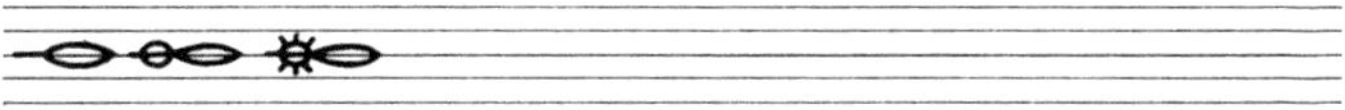

F 40

F 44

G 1

G 4

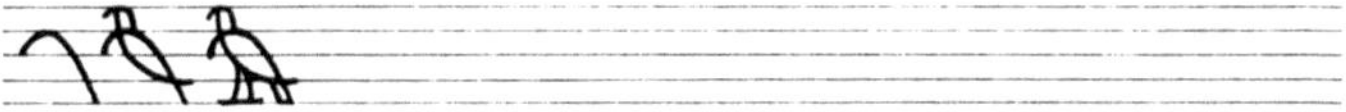

G 5

G 11

G 14

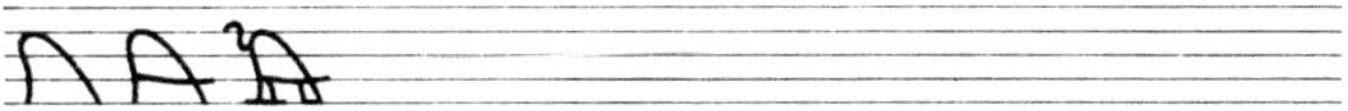

G 17

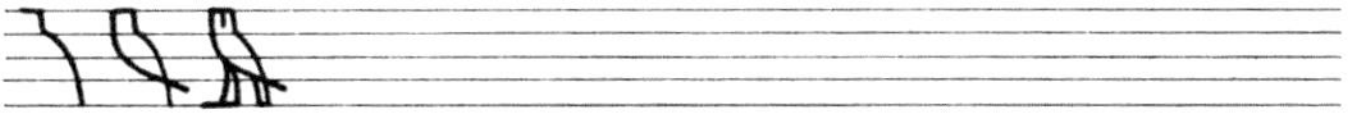

G 21

G 22

G 23

G 24

G 25

G 27

G 28

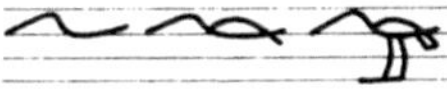

G 29

G 34

G 35

G 36

G 37

G 38

G 40

G 41

G 43

G 47

G 49

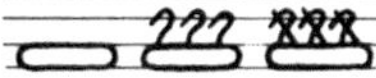

G 51

G 53

G 54

H 2

H 3

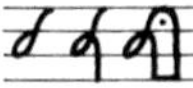

H 4

I 1

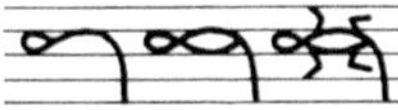

I 3

I 8

I 9

I 12

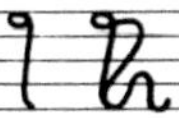

K 1

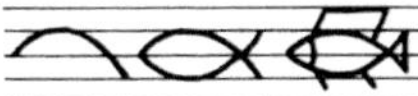

K 2

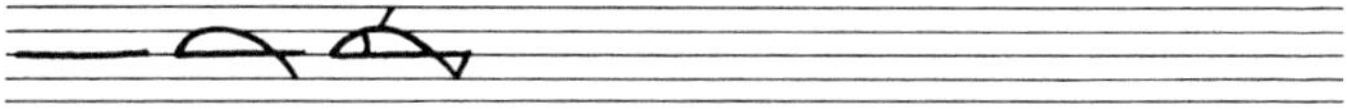

K 3

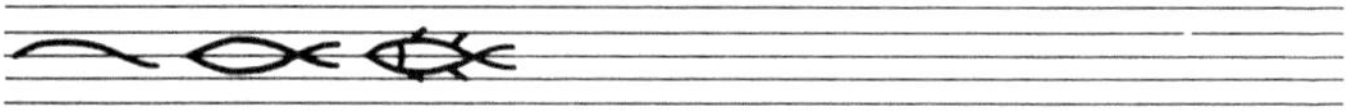

K 4

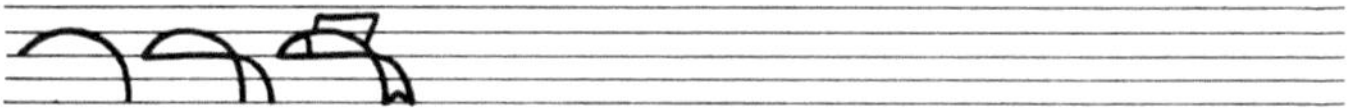

K 5

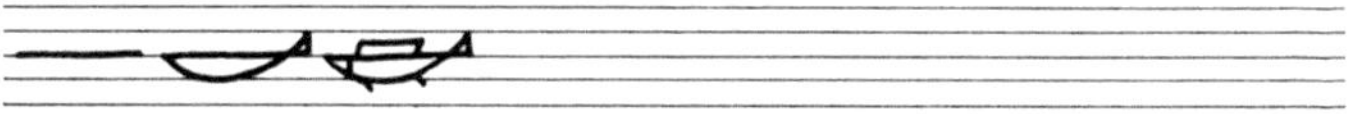

L 1

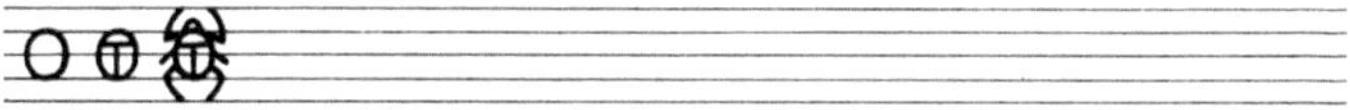

L 2

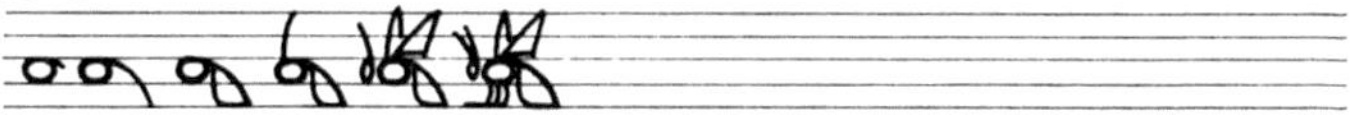

L 7

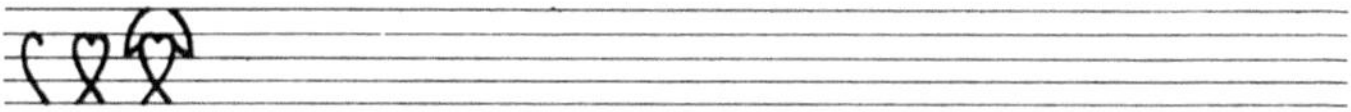

M 13

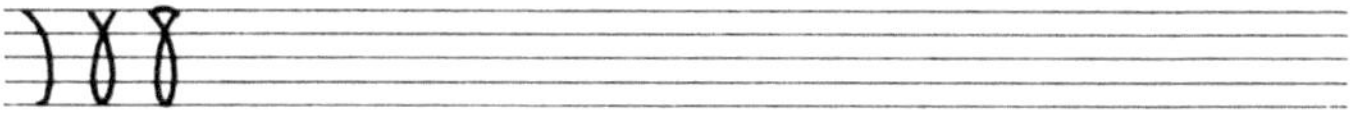

M 15

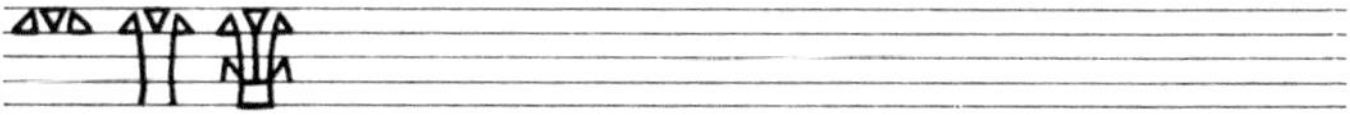

M 29

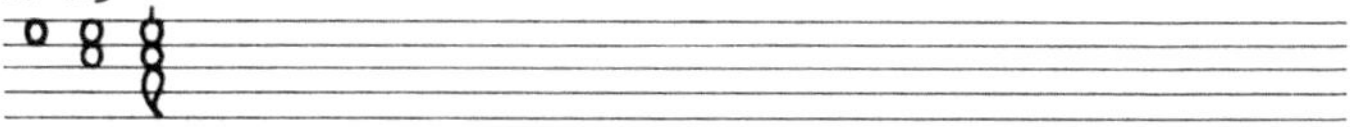

M 30

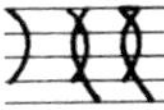

M 42

M 43

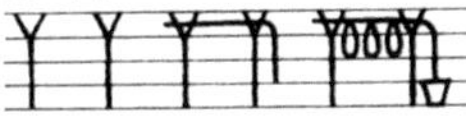

O 29

P 1

P 2

P 5

S 1

S 3

S 11

S 12

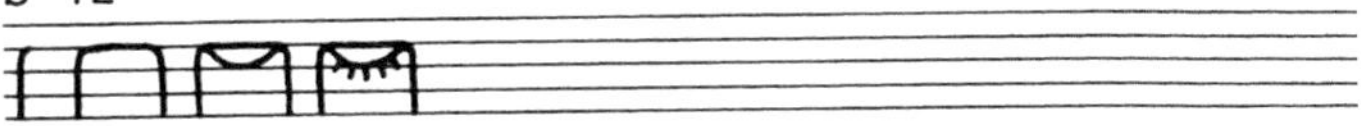

T 12

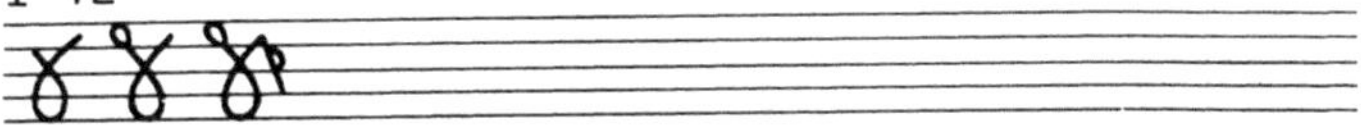

T 24

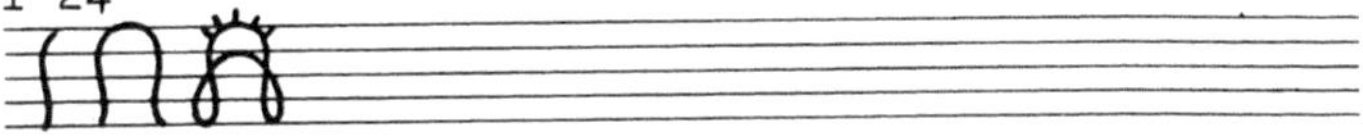

T 25

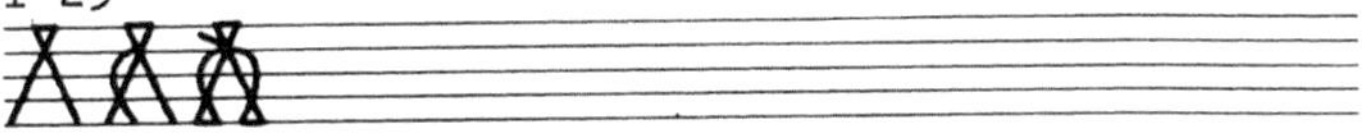

U 38

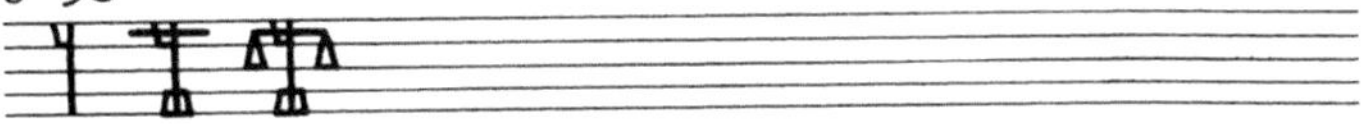

V 4

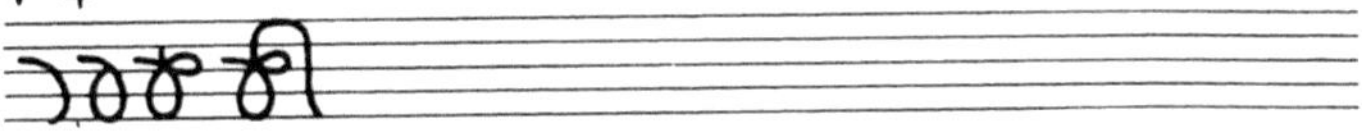

V 12

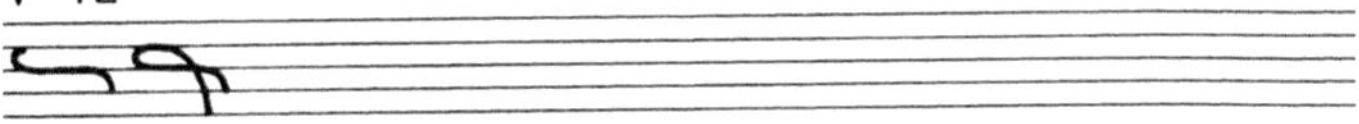

V 22

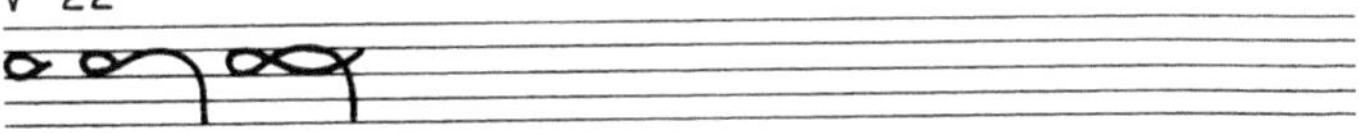

V 28

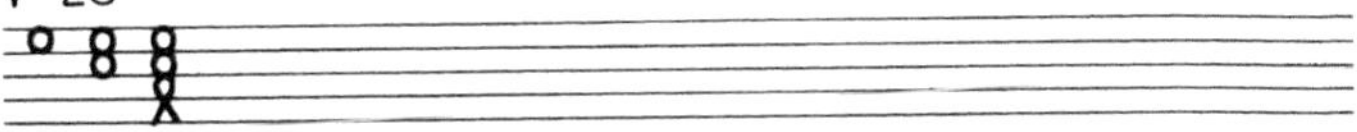

V 32

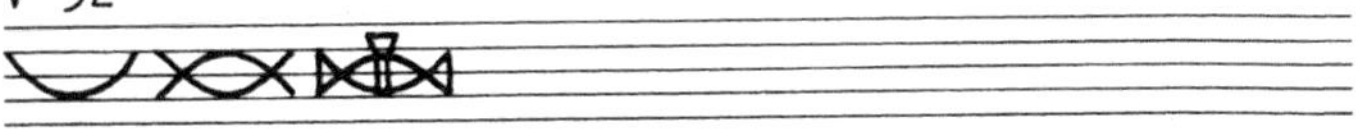